国家社科基金重大项目阶段性成果
（项目编号：11&ZD171）

大数据时代农村公共危机防控：信息化标准

刘玮 著

北京理工大学出版社
BEIJING INSTITUTE OF TECHNOLOGY PRESS

图书在版编目（CIP）数据

大数据时代农村公共危机防控．信息化标准/刘玮著．—北京：北京理工大学出版社，2016.3

ISBN 978-7-5682-1680-7

Ⅰ.①大…　Ⅱ.①刘…　Ⅲ.①农村－突发事件－公共管理－信息化－标准－中国
Ⅳ.①D63-39

中国版本图书馆CIP数据核字(2015)第313531号

出版发行 / 北京理工大学出版社有限责任公司
社　　址 / 北京市海淀区中关村南大街5号
邮　　编 / 100081
电　　话 / （010）68914775（总编室）
82562903（教材售后服务热线）
68948351（其他图书服务热线）
网　　址 / http://www.bitpress.com.cn
经　　销 / 全国各地新华书店
印　　刷 / 北京紫瑞利印刷有限公司
开　　本 / 710毫米×1000毫米　1/16
印　　张 / 15
字　　数 / 298千字
版　　次 / 2016年3月第1版　　2016年3月第1次印刷
定　　价 / 55.00元

责任编辑 / 钟　博
文案编辑 / 钟　博
责任校对 / 周瑞红
责任印制 / 边心超

总　　序

洪涝灾害、地震、泥石流等自然灾难；突发动物疫情、人畜共患流行病等公共卫生突发事件；突发工矿灾难等事故灾难；土地、拆迁等引发的群体性事件等各种公共危机事件在农村频频发生，在农村区域，公共危机已由“非常态化的偶发”转变成了“常态化的频发”事件。加强农村公共危机防控已成为农村社会建设的重要方面。现代信息技术的快速发展，为农村公共危机防控提供了新的、可资运用的有效工具。在农村公共危机防控中，由于危机产生的原因复杂，种类繁多，公共危机信息呈现出海量、多源、异构等特点，传统的分析与处理方法显得力不从心，信息技术发展的新趋势——大数据技术则能为解决信息化时代公共危机防控提供最新的技术支持。在大数据时代来临之际，大力推进农村公共危机防控信息化建设，既是加强农村信息化建设的新方向，也是促进公共危机防控科学化的必然要求。

总体来说，我国农村信息化水平不高，信息技术应用是农村公共危机防控领域的一大短板，在大数据技术在各行各业和社会各领域大放异彩的情况下，如何推进农村公共危机防控信息化建设呢？这是我和我的团队近些年来一直思考的问题和努力的方向之一。由我担任首席专家的国家社科基金重大项目“突发性动物疫情公共危机演化机理及应急公共政策研究”团队的部分成员历经两年时间撰写完成的“大数据时代农村公共危机防控信息化”系列著作，即对这一问题的回应。

大数据时代农村公共危机防控信息化建设需要有清晰的战略。“不谋全局者，不足以谋一域”。大数据时代农村公共危机防控信息化建设是一项复杂的系统工程，需要从战略上进行科学谋划。李立清教授牵头负责，吴松江副教授、周贤君博士、江维国博士三位青年学者参与撰写的《大数据时代农村公共危机防控：信息化战略》在对中国农村公共危机防控进行战略分析的基础上，提出了标准化战略、“互联网+危机产业”发展战略、智慧城镇化战略、人才制胜战略、信息化示范省建设战略五大具体战略，并运用大数据理念和战略分析工具，对五大具体战略的战略目标、基本内容、实施环境及战略过程等进行了充分论证并搭建了基本架构。

大数据时代农村公共危机防控信息化建设要找准关键问题所在。习近平同志指出，“深化改革要有强烈的问题意识”，要“以重大问题为导向，抓住重大问题、关键问题进一步研究思考，找出答案”。进行大数据时代农村公共危机防控信息化建设是深化农村公共危机防控体系改革的重要内容，同样需要强烈的问题意识。胡扬名副教授撰写的

《大数据时代农村公共危机防控：信息化问题》聚焦于大数据时代我国农村信息化建设存在的主要问题，即主体作用问题、基础设施建设问题、资源开发利用问题、服务队伍建设问题、建设运行效率问题及农村公共危机管理信息化问题，然后对这些基本问题进行调查和资料整理分析，了解其基本情况、分析其具体问题的表现和原因、探索解决问题的对策，最后从整体上对农村信息化建设问题进行归纳总结，揭示其规律，旨在促进我国农村信息化建设的有序高效发展。

大数据时代农村公共危机防控信息化建设需要明确的标准。大数据的内在特点之一就是“数据共享”，而“共享”的前提则是标准化。标准化是消除和规避“信息孤岛”“信息烟囱”现象的必然要求，是进行信息化建设的依据，也是进行绩效考核和管理控制的依据。刘玮副教授撰写的《大数据时代农村公共危机防控：信息化标准》既从“应然”视角通过文献资料分析了农村信息化标准体系建设的基本内容，又从“实然”视角通过实地调查,分析了农村信息化标准体系建设取得的成就和存在的问题，采取决策实验室分析法和受限因变量模型对当前影响我国农村信息化标准体系建设的内生性和外生性因素进行了综合分析和整理，探索相应对策。

大数据时代农村公共危机防控信息化建设要讲究绩效评价。著名的管理大师德鲁克曾明确指出：“你如果无法度量它，就无法管理它。”大数据时代农村公共危机防控信息化绩效评价不仅是一定阶段建设成效的显示，也是建设战略实施的导航系统、系统控制的仪表盘、建设过程管理的指示器。周晓迅博士、贺林波教授合著的《大数据时代农村公共危机防控：信息化绩效》针对我国大数据时代农村公共危机防控信息化绩效的理论基础、建设实践和目标建构等，进行了深入的文献研究和规范研究。同时，该书还以湖南省农村信息化建设绩效为例，从宏观与微观两个层面，采用计量经济研究方法，分别从影响绩效的内生变量与外生变量两方面，进行了严密的实证研究。

大数据时代农村公共危机防控信息化建设重在能力的提升。信息技术的发展和大数据的利用，为政府、社会和民众有效掌控农村公共危机信息提供了可能。而将“可能”变为“现实”的关键就在于大数据时代农村公共危机防控信息化能力建设。熊春林副教授撰写的《大数据时代农村公共危机防控：信息化能力》对大数据时代农村公共危机防控信息化能力进行宏观（SWOT）和微观（AHP）分析，结合我国农村信息化发展和农村公共危机防控的实际情况，提出了实现思维转变、完善建设机制、创新运行体系、加快技术研发、壮大人才队伍等强化大数据时代农村公共危机防控信息化能力建设的对策。

SARS事件、禽流感事件、汶川地震、天津港爆炸事件还历历在目，深圳工业园山体滑坡事件又近在眼前，这些公共危机事件告诉我们危机就在身边，加强公共危机防控已成为政府的常态化工作和社会各方的共同责任。农村是公共危机频发区域，同时又是防控的薄弱环节。聚焦大数据时代农村公共危机防控信息化建设，既是避免产生城乡新的“信息鸿沟”的需要，也是补齐公共危机防控领域“短板”的必然要求。我翻阅了“大数据时代农村公共危机防控信息化建设”系列五本著作，发现字里行间都倾注了作者们的责任感、热忱、心血和汗水。这五本著作逻辑上一脉相承，相辅相成，体现了系统性和整体性，同时，每本著作又自成特色，各有侧重点，呈现了内容上的丰富性。如前所述，大数据时代农村公共危机防控信息化建设是一项崭新的事业，同时又是在实践与理论上都亟待加强的薄弱环节，这就决定了这套著作的撰写是一项探索性的工作，也决定了这套著作难免存在缺点、不足、疏漏甚至谬误。作者们也曾因此而惴惴不安，然而我以为，毋论正误与功过，完成这样一项探索性的工作，哪怕作为引玉之砖、垫脚之石，那也是贡献，若能为理论界和实践部门提供些许建设性的意见和有益的启发，其功莫大焉！如何做到思想火花升华成系统理论，理论更好地服务于实践，路漫漫其修远兮，吾侪当共努力！

是为序。

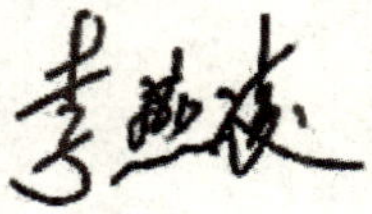

国家社科基金重大项目首席专家
湖南农业大学公共管理与法学学院院长

目　录

第1章　绪　论

1.1　选题缘起与研究意义

1.1.1　选题缘起

20世纪80年代以来，信息技术对人类文明的影响超过了其他任何高新技术，信息化发展水平，已成为衡量一个国家或地区现代化水平和综合国力的重要标志。随着信息技术，尤其是互联网的飞速发展与普及，数据超越了过去呈直线增长速度，正以几何级数方式增长，并以不同形式表现出来。这些海量数据在过去只是单纯地出现在固定领域，如今它快速地进入到大众视野中，学术界将之称为“大数据”。大数据不仅在信息科学、互联网领域成为热门词汇，如今也正由技术领域扩展到市场运营、公共服务、国家治理等诸多领域。

信息化作为一项大型的系统工程，在建设过程中，政府面临的主要问题是如何使信息化建设工程科学有效地进行。要解决这个问题，首先要理清思想，要明白信息化建设工作中的核心是什么，怎样有效地开发和利用农业信息资源、开发农业信息技术和发展农村信息产业，怎样加强信息化基础设施的建设，怎样保证信息化建设中优质高效的服务，怎样确保人与网络、政府与农户、人与信息等系统间相互联通，怎样保障信息的安全性、真实性和可靠性等。

面对这些问题，国外的信息化建设采取的基本措施是建立和完善一整套的信息化标准体系，这是由信息化建设本身的发展规律所决定的。有效地运用标准化方法，构建出信息化标准体系，“人才+资源”的前期工作才能得以开展，从事信息化服务的队伍才会高效，信息化建设的资源才会得以充分利用，信息化建设才能呈现与现代农业一致的步伐。在现代农业技术日益完善的今天，如果忽视了标准体系的构建或各地区实施了不合适的标准，不但会造成资源浪费，信息资源不能共享，而且农民也无法享有现代农业技术带来的益处。

1.1.1.1　党中央高度重视大数据信息建设的推动工作

农村信息化是个不断发展的过程，它是指在第一产业中，农村生活和生产过程从传统型发展到现代型进而向信息化农业演进的过程。一直以来，农村信息化建设工作受到了党和国家的高度重视。党的十五届五中全会明确指出：“大力推进国民经济和社会信息化，是覆盖现代化建设全局的战略举措。以信息化带动工业化，发挥后发优势，实现社会生产力的跨越式发展。”2009年，科技部（科学技术部）、工信部（工业和信息化部）、中组部（中央组织部）联合启动了国家农村信息化示范省建设。2010年，在国家科技部的主持下，中组部和工信部三部门一起在全国范围内启动了以省或直辖市为单位的全国农村农业信息化示范省的选点工作，并将农村信息化纳入了科技部“十二五”重大专题予以支持，明确示范省的建设要按照“三网融合”的要求和农村信息服务“平台上移、服务下延”的原则，以全国农村党员干部现代远程教育网络为基础，形成农村信息化服务的长效运行机制。《农村农业信息化行动计划（2010—2012年）》由工信部、农业部、科技部、商业部和文化部于2010年共同发布，计划指出目前我国农业农村信息化发展总体上仍处于起步阶段，面对新形势新任务，急需将信息化转化为农村改革发展新的动力。2010年10月，《中国共产党第十七届中央委员会第五次全体会议公报》提出：“发展现代产业体系、提高产业核心竞争力，改造提升制造业，培育发展战略性新兴产业，加快发展服务业，加强现代能源产业和综合运输体系建设，全面提高信息化水平”。

2011年12月，农业部正式发布《全国农业农村信息化发展“十二五”规划》（以下简称《规划》）。《规划》提出，到2015年，农业农村信息化建设取得明显进展，全国农业生产经营信息化整体水平翻两番，农业农村信息化总体水平从现在的20%提高到35%，基本完成农业农村信息化从起步阶段向快速推进阶段的过渡。《规划》提出了“十二五”时期农村信息化发展的重点任务，包括了五个方面：一是夯实农业农村信息化基础，如农村信息化基础设施建设，农业基础设施与信息化融合，网络信息安全保障；二是加快信息技术武装现代农业步伐，包括加快推进种植业信息化，加快推进养殖业信息化，加快发展农业信息技术；三是助力农业产业化经营跨越式发展，包括提升农业企业信息化水平，开展农民专业合作社信息化示范，加快农产品批发市场信息化进程，大力发展农业电子商务；四是推进农业政务管理迈上新台阶，包括推进农业资源管理信息化建设，加强农业行业管理信息化建设，提高农业综合执法信息化水平，加快农产品质量安全监管信息化建设，完善农业应急指挥信息化建设；五是开创农业信息服务新局面，包括打造农业综合信息服务平台，完善信息服务体系，探索信息服务长效机制。

2013年4月，工信部等八部门联合发布了《关于实施宽带中国2013专项行动的意见》，意见中指出2013年的目标是新增通宽带行政村18 000个，实现5 000所贫困农村地区中小学宽带接入或改造提速。从该专项可以看出，下一阶段互联网普及工作将进一步向农村地区推进，未来农村人群使用互联网数量将得到进一步提升。同时，我国连续12个中央一号文件也对农村信息化作了解读（表1-1）。

表 1-1 2004-2015 年中央一号文件对农村信息化的解读[①]

文件名称	农业信息化建设的相关规定
2015年中央一号文件	推动新型工业化、信息化、城镇化和农业现代化同步发展
2014年中央一号文件	从农业发展和市场需求角度，提出了工业化信息化城镇化建设对于我国农业现代化的发展具有重要的意义，应建设“以农业物联网和精准装备为重点的农业全程信息化”，并“启动农村流通设施和农产品批发市场信息化提升工程”
2013年中央一号文件	从农业信息化试点建设、产品流通渠道建设以及农村信息化基础设施建设等方面，锁定“发展现代农业”，围绕“创新服务方式和手段”，特别强调“加快用信息化手段”推进现代农业建设，启动金农工程二期，推动国家农村信息化试点省建设
2012年中央一号文件	从提高信息服务水平的角度，包括农业生产经营、质量安全控制、市场流通等，提出促进农业农村信息化的全面推进，加速国家农村信息化示范省建设步伐，以基层涉农信息服务站点和信息示范村为重心，积极完善农村信息服务体系
2011年中央一号文件	从强化水文气象和水利科技支撑的角度提出，“推进水利信息化建设，全面实施‘金水工程’，加快建设国家防汛抗旱指挥系统和水资源管理信息系统”，提升水资源调控水平，加强管理水利信息化工作，以水利信息化为基础，促使水利现代化的不断发展
2010年中央一号文件	从加强农村水电路气房建设的角度提出“推进农村信息化，积极支持农村电信和互联网基础设施建设”，日益完善农村信息服务体系
2009年中央一号文件	从加快农村基础设施建设的角度提出“加强农村信息化建设”
2008年中央一号文件	再次强调积极推进农村信息化，通过整合资源、共建平台、健全农村信息服务体系、推进“金农”“三电合一”、农村信息化示范和农村商务信息服务等工程建设，积极探索信息服务进村入户的途径和办法
2007年中央一号文件	强调“用信息技术装备农业”，并提出“加强农村一体化的信息基础设施建设，创新服务模式，启动农村信息化示范工程”
2006年中央一号文件	要积极推进农业信息化建设，充分利用和整合涉农信息资源，强化面向农村的广播电视电信等信息服务，重点抓好“金农”工程和农业综合信息服务平台建设工程
2005年中央一号文件	从加强农村基础设施，改善农业发展环境的角度提出“加强农业信息化建设”
2004年中央一号文件	强调“为农产品出口企业提供信息服务”

2015年5月，国务院下发《加快高速宽带网络建设推进网络提速降费的指导意见》，引导和推动电信企业通过定向流量优惠、闲时流量赠送等多种方式降低流量资

① 参考2004—2015年中央一号文件

费水平，提升性价比。2015年7月，国务院发布的《关于积极推进“互联网+”行动的指导意见》提出了11项行动、40项重点发展任务、7方面政策举措、25项具体措施，并指出，“互联网+”现代化农业，培育多样化网络化服务模式，“推动数据资源开放，提升国家大数据掌控能力”。2015年8月，国务院在《关于加快转变农业发展方式的意见》中指出，开展“互联网+”现代农业行动，大力实施信息进村入户工程。

伴随着对信息化发展的重视，顺应国际发展潮流，大数据也开始出现在政府工作中。“大数据”一词首次出现在2014年全国两会的《政府工作报告》中，多位代表和委员提交了相关提案，建议将大数据上升为国家战略。2014年6月，全国政协召开双周协商座谈会，就“利用大数据技术提升政府治理能力”提出了有关建议。2014年11月，李克强总理主持国务院常务会议时，提出在疾病防治、灾害预防、社会保障、电子政务等领域开展大数据应用示范。2015年9月，国务院印发了《促进大数据发展行动纲要》，部署大数据发展工作，指出“信息技术与经济社会的交汇融合引发了数据迅猛增长，数据已成为国家基础性战略资源”，“加强农业农村大数据建设，完善村、县相关数据采集、传输、共享基础设施，建立农业农村数据采集、运算、应用、服务体系”。

农村日益成为我国信息化建设的关键，全球信息化浪潮的不断高涨使得农村信息化建设正逐步成为我国建设现代化“三农”的落脚点。农村信息化是经济社会发展的重要组成部分。而农村信息化标准体系是信息化发展的基石，更是实现农业现代化的战略选择。特别是在标准制定方面，十八届三中全会报告明确提出“政府要加强发展战略、规划、政策和标准等的制定和实施”，凸显了标准制定在社会经济发展和管理中的地位。由于农村信息服务化的总体发展水平是一个国家和地区农村信息化水平的重要体现，所以作为农村信息化建设的基础性工程，农村信息化标准体系建设在一定意义是提升信息化发展水平的关键。

1.1.1.2　农村社会经济的发展以农村信息化标准化发展为驱动力

随着改革开放的不断推进，我国国民经济的发展呈现平稳快速的特点，综合国力也不断增强，我国已从低收入国家迈入中低收入国家行列，农业农村社会经济得到了跨越式的发展。2012年国内生产总值达到568 845亿元，比上年增长7.7%。其中，第一产业增加值56 957亿元，增长4.0%；第二产业增加值249 684亿元，增长7.8%；第三产业增加值262 204亿元，增长8.3%。第一产业增加值占国内生产总值的比重为10.0%，第二产业增加值比重为43.9%，第三产业增加值比重为46.1%，第三产业增加值占比首次超过第二产业。全年农村居民人均纯收入8 896元，比上年增长12.4%，扣除价格因素，实际增长9.3%；农村居民人均纯收入中位数为7 907元，增长12.7%[①]。经济发展速度不断加快的趋势在农村也体现出来，特别是信息发展的速度更加明显。截至2013年12月，我国

① 2013年国民经济和社会发展统计公报。注：人均收入中位数是指将所有调查户按人均收入水平从低到高顺序排列，处于最中间位置的调查户的人均收入。

网民中农村人口占比28.6%，规模达1.77亿，相比2012年增长2 101万人。2013年，农村网民规模的增长速度为13.5%，城镇网民规模的增长速度为8.0%，城乡网民规模的差距继续缩小，我国农村人口在总体人口中的占比持续下降，但我国农村网民在总体网民中的占比却保持上升，反映出农村互联网普及工作的成效。2013年，中国农村互联网普及率为27.5%，延续了2012年的增长态势，城乡互联网普及差距进一步减少，农村地区依然是目前中国网民规模增长的重要动力①。在农村农业快速发展的今天，农村信息化建设日益成为推动农村经济发展的重要驱动力，而信息化的良性发展更要取决于信息数据的规范性、可靠性和信息传输的快速性和便捷性，这就要依赖于信息化发展的标准体系建设。

1.1.1.3 现代农业的发展需要以标准的、规范的大数据信息为支撑

从学术界到产业界，从民间到政府，大数据的热潮已经滚滚而来。甚至有人断言：大数据时代已经来临，它将引领新的一轮变革②。同样，大数据也将在农业领域中发挥巨大的作用。随着农业网站、农业数据库、涉农平台的日益增多，对农村信息进行标准化处理就显得不可或缺。农村信息化标准体系建设是以先进、科学的技术和管理经验为基础，运用简化、统一、协调、优选的原理，结合农民需求，对信息服务进行标准化、专门化管理，并形成综合性体系。农村信息化标准体系建设对于农业生产的产前、产中、产后的过程标准化起着规范性的作用，最终以取得良好的经济和社会效益为目标。

标准体系建设使信息化操作成为标准化的操作，通过对农业产业、科技、市场信息进行标准化收集，避免虚假信息的出现，确保信息的可靠性和真实性。当信息按照标准化规范收集后，再进行持续的数据传输和交换。各个涉农信息网站、数据库、平台在进行信息传输时，最便捷、最经济的方式就是资源的整合共享，因此对农业信息的格式、传输方式、发布方法进行标准化处理，最大化信息的使用频度就显得尤为重要。因此，为了创新农村信息化服务与管理方式，提升服务效率，应该加强农村信息化标准体系建设规范的科学构建，这对现代化农业保持持续健康发展具有非常重要的意义。针对我国农村信息化发展实际，开展完善农村信息化标准体系建设的相关研究，已经成为信息化理论研究和具体实践的重点之一。

在此背景之下，农村信息化标准体系建设已经成为现在和将来我国农村信息化发展的必经之路。因此，作为农村信息化发展基础的农村信息化标准体系建设，应遵循着我国农村信息化“平台上移、服务下延”的发展战略，深入研究该标准体系建设的现状及存在的问题，并对影响农村信息化标准体系建设的成因进行分析和发掘，可以加快农村信息化标准体系建设的速度，对于推进我国农村发展、促进农村经济发展、实现农业现代化具有重要的推动作用。

① 2014年CNNIC第33次互联网报告。

② 维克托·迈尔·舍恩伯格，肯尼思·库克耶. 大数据时代[M]. 盛扬燕，周涛，译. 杭州：浙江人民出版社，2012.

1.1.2 研究目的与意义

1.1.2.1 研究目的

虽然农村信息化建设工作得到了从中央政府到基层行政村的重视和支持，然而，在这个庞大的系统工程建设过程中，如何建设农村信息化？如何确保各信息系统间的互连、互通和互操作？如何确保信息的安全与可靠？如何评价农村信息化服务工作？能否科学、有效地利用农业生产、农业经营、市场流通等信息资源？这些类似问题都是大数据时代农村信息化建设面临的关键问题。在农村信息化发展过程中，这些问题的解决都与农村信息服务标准体系建设的统一性和规范性密切相关。

农村信息化标准体系建设研究是一个既有边缘性又表现出多学科交叉性的研究领域。一方面，边缘性体现在其既属于管理学的一个分支，又属于农业科学的一部分，它要运用管理学中的标准体系理论、方法和规程等来阐述和解决问题，并与现代农业领域标准化的发展进程相一致，协调发展；另一方面，农业信息标准体系建设是农业标准化整体进程中所面临的新问题，是农业发展的新趋势，它与单纯的农业标准化不是一回事，不是简单的数据、信息和技术问题，也不是传统意义上网络的传输、协议，它实际上是农业标准化与信息技术标准化的结合。当前，信息的标准化已成为影响全社会各个领域标准化进程的基础环节，而农村信息的标准化与农村社会生活的各个方面发生着直接的联系，它影响到农村经济的发展、农业组织的运转及农民收入的增长等方面。总之，农村信息化标准体系建设是管理学、信息学、农业推广学、社会学、经济学等多学科理论的交叉。

本文意图在研究国内外学者观点的基础上，对农村信息化标准体系建设研究的成果进行梳理，对标准体系实施的影响因素进行综合分析，明确大数据时代我国农村信息化标准体系建设存在的主要问题，并探讨影响标准体系实施和推广的途径。通过对调查资料进行整理分析，从整体上对农村信息化标准体系建设进行归纳总结，旨在促进大数据背景下我国农村信息化标准体系建设的科学、高效地发展。

1.1.2.2 意义

1．理论意义

本研究旨在讨论农村信息化标准体系建设的基本内容，包括农村信息化标准体系构建的基本框架，不同地区的信息化标准体系的不同维度，以及农村信息化标准体系在实施过程中的影响因素。本研究具有以下理论意义。

1）为促进大数据时代农村信息化标准体系建设提供了理论基础

农村信息化建设是当前新农村建设的重要任务，也是发展“数字农业”的重要保证。构建农村信息化标准体系是实现农村信息化建设的有效手段。面对农村信息化发展现状，信息化标准理论亟待进一步发展和创新。标准化作为农村信息化建设的基础和核心，明确其对农村信息化发展的作用是发展和完善信息化标准建设理论的前提。当前，现有研究对该问题的直接讨论并不多，加之学者们对农村信息化标准体系的界定也各不相同，这在一定程度上影响了农村信息化标准理论的发展。本文设计了农村信息化标准体系的系列指标，构建出“农村信息化标准体系理论模型”，通过实证研究对以上核心问题进行了解答，进一步创新和完善了农村信息化标准理论，并为后续研究提供了理论和实践基础。

2）为自上而下的农村信息化标准体系建设和管理提供了理论指导

农村信息化标准体系推进主体的管理能力的提升、工作能力的增强，有助于加强整个信息行业建设的理论和实践水平。本文构建了农村信息化标准体系内容框架，并以此为基础分析了农村信息化标准体系建设的内生性和外生性影响因素，从而为增强农村公共服务能力提供了统一衡量的标准，指导新农村在加快信息化建设方面能够合理地进行自我评价并提升自身能力。

3）为改善农村信息化标准体系的服务水平提供了新思路和目标

虽然我国现阶段农村信息化的发展已经取得了一定的成效，但是其标准体系的构建才刚刚处于起步阶段，各地区都还在不断摸索的过程中，农村信息化标准的制定速度缓慢，标准体系内容不完善，结构不合理，主体不明确，也没有既定的目标，导致这种结果的主要原因是缺乏对农村信息化加以规范的标准。农村信息化标准体系的建设与实施常被当作是一个整体，而暂时忽略了这是一个动态过程。若要研究这个动态过程，本文以满足“三农”发展的需要，构建主体明确、内容完整、实施通畅的体系为目标，深入探讨信息化标准体系的建立对农村信息化建设的重要作用，并引入技术标准、工作标准和管理标准等分类变量，通过实证研究揭示农村信息化标准体系建设的原因，有利于对当前分化的农村信息化知识进行整合，并将之统一到标准体系的大框架中，从而为提升农村信息化服务水平提供新的思路和目标。

2. 实践意义

从实践角度而言，农村信息化标准体系的建设具有以下重要意义。

1）大数据时代农村信息化标准体系构建有助于促进现代农业的可持续发展

农业现代化是农业生产力发展到一定阶段的产物。农村信息化可以有效整合农业资源，农村信息化的标准体系建设则能规范性地、有步骤地提高现代农业的发展能力。农业信息化的标准建设可以帮助并指导农民采取科学的范式进行农业生产，了解市场供求信息，减少盲目生产的可能性，降低生产成本，提升生产效率，提高农民收入。同时，农业信息化的标准建设也能规范性地带动农业经济的可持续发展。现代农业科技是靠信息技术进行传播的，信息数据的传送通过信息流的方式，以龙头企业、专业大户、农户等为传播对象进行传播渗透和反馈，以带动农业科技的发展。现代信息网络的快速发展，加大了农产品生产规模，也推动了农产品市场的扩大化，标准化过程使农业技术操作更加规范，农业经营更加合理，农业信息技术不断发展。因此，加强农村信息化标准体系建设的研究，形成相应的技术工作和管理标准体系，把农业可持续发展的观念与之相融合，可以促进现代农业的可持续发展。

2）大数据时代农村信息化标准体系构建有助于从顶层设计上实现大环境建设

信息标准体系的建立是农村信息化发展的基础，建立农村信息化标准有助于促进农业领域中大量有价值的信息在信息系统中完整、有效地被记录和表示；建立信息标准体系基本框架，有助于从农村信息标准的顶层设计方面实现信息标准与国际标准的统一，从而实现农村信息系统与系统外资源之间的互通互联，形成一个有利于信息数据的采集、交换、整合的大环境。按照经济学家Freeman（1984）提出的“利益相关者理论”，标准制定和实施中所涉及的各利益相关者都会更加关注各自的利益所在。在这个过程中，怎样在顶层设计时做好各方利益的协调工作，怎样达成各方利益的对等性，这些问题就需要政府各级部门采取科学有效的措施面对标准体系建设的长期性和复杂性等困难，追求多重目标的一致性。实施农村信息化标准体系建设，可以自上而下地通过相应标准的制定、采用和实施，并从主体和客体两个层面达成对标准的认同，从而实现信息大环境的相统一。

3）大数据时代农村信息化标准体系构建有助于提高信息化行业人员的服务效率

目前，农村信息化服务与管理面临的主要问题是服务水平低、管理效率差的问题，这也是农村信息化各部门管理工作中的薄弱环节。供方，即服务队伍方面，专家学者、信息员、科技特派员等服务主体主要以基本工作量，比如发布信息的条数等作为评价日常工作的指标，但是，在实际工作中，信息化的服务是一个非常庞大的工程，各地区评价指标的不同直接导致了信息化服务水平和发展水平的差异。求方，即农户方面，由于农村信息化建设工程起步较晚，信息化建设缺乏对政府行为、服务队伍、服务资源的规范性，这直接导致了农村信息化服务管理水平低下，进而造成了农户无法充分认同信息化的结果和目标；此外，由于信息化需要外部环境和长效机制的支持，而这两大机制还处于缺失状态，无论是大学生村干部，还是龙头企业的技术人员，或者是基层工作人员，由于缺乏系统的、规范的培训，也很难获得相关的专业知识，使其无法快速掌握农村信息化管理的方法，很难保证造出稳定的精品工程。农村信息化标准体系的建设可以将不同的信息化项目的开展进行总结形成标准，便于从业人员在实践过程中遵照标准实施，有助于提高工作人员的效率水平和执行能力，从而促进信息化行业的健康有序发展。

4）大数据时代农村信息化标准体系构建有助于支持国家农村农业信息化示范省建设

我国为了推动国家农村现代化和信息化发展的有序进行而启动了“国家农村农业信息化示范省”项目，这在全国引起了高度关注和广泛影响，并已经明确写入了2012年中央一号文件。示范省建设将按照“平台上移、服务下延、公益服务、市场运营”的基本思路，以全国党员干部现代远程教育网络为基础，搭建“三网融合”的信息服务快速通道，构建“资源整合、统一接入、实时互动、专业服务”的省级综合平台，而标准化体系设计是实现我国示范省建设的基本内容，因此，本研究正是顺应了国家农村信息化示范省建设的战略要求，构建标准体系的基本内容，并分析影响标准体系建设的基本要素，提出完善标准体系建设的策略，对农村信息化建设的推进起到了一定的实践意义。

1.2 国内外相关研究文献述评

随着经济和科学技术的发展，信息化热潮正席卷全球，并已经成为衡量一个国家综合国力和现代化水平的重要标志。大力推进农村信息化标准体系建设对提高现代科学技术在农村的普及程度和推广应用水平，丰富广大农民的精神文化生活，提升农民的整体素质，促进农村经济社会实现又快又好发展，具有十分重要的意义。近年来，随着农村信息化工程的持续推进，国内外与农村信息化相关的研究和成果也大量出现。国外农村信息化建设较为完善，并且见诸文献的研究及建设成果很多，但我国农村信息化标准体系建设正处于蓬勃发展期，亟须理论方法上的指导。因此，相关学者、专家以及各级政府、组织对此非常关注。

1.2.1 国内相关研究文献述评

国内专家学者对农村信息化标准体系建设的研究有很多方面，为了反映国内外农村信息化及其标准化研究的现状，并分析农村信息标准化的研究成果，笔者利用一些重要数据库，包括中国期刊全文数据库、优秀博硕士论文全文数据库、会议论文全文数据库、重要报纸全文数据库等网络文献，对与农村信息化、标准化和农村信息标准化相关的期刊论文、学位论文、会议论文等数据进行了统计，具体统计数据为：从2003—2014年3月的十年间，以“农业信息化”为主题的期刊文章为3 131篇，重要会议论文184篇，优秀博硕士学位论文613篇；以“农村信息化”为主题的期刊论文2 060篇，会议120篇，博硕士学位论文369篇；以“标准化”为主题的期刊有50 811篇，优秀博硕士学位论文1 624篇，会议1 947篇；以“农业信息标准”期刊40篇，优秀博硕士学位论文50篇，会议22篇。近十年的具体分布情况见表1-2。

表 1-2 近十年农村信息化及标准化研究期刊数量统计表

	关键词	2003	2004	2005	2006	2007	2008	2009	2010	2011	2012	2013	2014
中国期刊全文数据库	农业信息化	128	141	189	328	263	233	297	198	331	258	330	22
	农村信息化	18	38	67	100	234	167	391	231	319	215	217	13
	标准化	2 038	2 053	2 185	2 546	2 712	3 171	3 217	3 540	3 846	3 958	4 110	395
	农村信息标准	1	1	1	1	3	2	2	21	4	2	7	3
资料来源：http://www.cnki.net。													

从以上统计数据可知，十几年前就有学者渐渐开始对农村信息化进行了研究，且成果丰富，其中大部分是定性的研究，对标准化的研究开始的也较早，但是对农村信息标准化的研究并不多，从近几年才开始出现，主要集中在以下几个方面。

1.2.1.1 关于大数据的研究

大数据的发展，我国早在“十二五”期间已有部署。从科技部（科学技术部）部署了关于物联网、云计算的相关专项开始，在经济全球化背景下，我国学术界亦捕捉到大数据在社会发展中的作用，许多学者都对大数据及大数据在不同领域中的应用进行了研究和阐述。

随着大数据在全社会各行业的渗透，学者们的研究也日益广泛。涂子沛在《大数据：正在到来的数据革命》中以信息化为背景，描述了美国的开放创新历程，并提到了大数据正在作为一波新浪潮给我国带来一定的思考和启示[①]（徐子沛，2014）。杨宏将大数据与智慧酒店管理相结合进行了探讨，意图实现商业管理的数据化[②]（杨宏，2015）。高志鹏等分析了大数据分析相关的前沿技术和处理工具[③]。曾宇从大数据产业发展和数据经济特性等方面论述了产业结构优化的机理，验证了大数据对区域经济提升的效用[④]（曾宇，2015）。

当前，大数据已经成为信息科学、互联网领域的热门词汇，它不仅是一种资源和生产要素，也是一种思维方式，由技术领域开始向组织管理、公共服务等诸多领域漫延[⑤]（万静，2015）。

基于大数据的资源观和管理的视角，大数据是一类能支持管理决策的重要资源[⑥]（杨善林等，2015）。随着大数据与公共服务的相结合，对于政府管理和服务，大数据时代促进了各级政府管理趋向于向科学决策、高效开放信息服务的目标态势发展。大数据的发展加强了对信息的整合、共享与利用，政府一改传统的凭经验定决策的做法，转向为借助于大量可靠的数据来进行分析，从而实现精准化的社会管理和提供更加优质高效的公共服务[⑦]（齐爱民等，2015）。对于国家治理，大数据的主要意义在于“数据治国”思维和模式的确立[⑧]（贺宝成，2014）。

对于大数据的研究，大部分学者是从技术、信息处理、数据分析等角度进行的研究，也有一些聚集于市场经济价值，从管理和政府公共服务等角度进行的探讨并不多。

---

① 徐子沛．数据之巅：大数据革命、历史、现实与未来[M]．北京：中信出版社，2014：265．

② 杨宏．大数据与智慧酒店管理[J]．科技创新与应用，2015（19）．

③ 高志鹏，等．面向大数据的分析技术[J]．北京邮电大学学报，2015（3）．

④ 曾宇．大数据与区域经济发展[J]．首都师范大学学报，2015（4）．

⑤ 万静．大数据：大学变革的机遇[J]．国家教育行政学院学报，2015（4）．

⑥ 杨善林，周开乐．大数据中的管理问题:基于大数据的资源观[J]．管理科学学报，2015，18（5）：3.

⑦ 齐爱民，盘佳．大数据安全法律保障机制研究[J]．重庆邮电大学学报，2015（3）．

⑧ 贺宝成．“大数据与国家治理”，http：//tech．gmw．cn/2014-03/27/content_10813090.htm，2014年3月27日，光明网.

1.2.1.2 信息化的现状和作用研究

20世纪90年代，信息化浪潮席卷全球，我国的经济发展战略也受到其影响，很多学者专家开始对信息化进行研究。

农村农业信息化的涵盖面非常广，学者们对它的理解也很不同。曾小红等认为由于农业信息涉及面广，包括一定意义上的信息内容、大量的信息资源以及信息管理决策等[①]，所以在其发展过程中，相应地存在着一些问题：信息化投入不足；法规制度建设滞后；政府主体作用不足；农业信息资源没有有效开发利用，服务水平较低[②]（王淑芹，2009）。其中，政府作用对于信息化建设非常重要，当前，政府主导作用发挥不够，在农村信息化建设投入方面资金来源渠道单一，投资不足[③④]（王玉珍，2005；白桂清，2010），同时，社会力量参与农村信息化建设的力度也不够[⑤]（张立新，2011）。李傲霜、张冬青在提出我国农业信息化基础建设不够完善，信息平台发挥的作用不充分，以及农业信息化管理模式还没有完全形成等问题的同时，分析了3G发展现状及其特点，阐述了农业应用3G进行信息化建设的优势，并提出了建立基于信息对称的3G农业信息服务模式，拓展3G网络在农村的覆盖面及增强信息队伍的建设、提高信息使用者的素质的应用对策，以促进我国农业产业化和信息化的发展建设[⑥]。农村基层信息设施建设滞后，当信息化设施进入县一级以后，下乡、进村、入户面临困难，农村信息化的脚步最终难以真正走到农民的家中，这常被称为农村信息化建设的“最后一公里问题”。农村信息化建设的“最后一公里问题”是被大家所公认的农村信息化建设的重点，也是工作难点，它在很大程度上会制约着农村信息化工作建设的步伐（谢方等[⑦]，2005；王恒玉[⑧]，2005；郭婧等[⑨]，2006；李道亮[⑩]，2008；王来等[⑪]，2011）。

信息化对于社会发展起着不可忽视的作用。关欣等人在研究信息化与科学技术的关系时指出，信息化与科技进步二者之间表现为相互联系、相互依存的关系，信息化能够促进经济社会进步，提升综合科技进步水平，研究表明信息化发展指数体系与科技进步指数体系内在要素之间存在正向影响作用，且作用关系具有显著的地区性差异[⑫]（关

---

① 曾小红，王强，方佳．国内外农业信息标准化建设研究进展[J]．世界农业，2010（9）：24.

② 王淑芹，丁玲，段建军．我国农业信息化发展探析[J]．现代化农业，2009（9）：36-37.

③ 王玉珍．我国农村信息化建设存在的问题及对策研究[J]．农业网络信息，2005（9）.

④ 白桂清．新农村信息化建设模式与对策研究[J]．情报科学，2010（7）.

⑤ 张立新．试论农业和农村信息化建设[J]．农业经济，2011（2）.

⑥ 李傲霜，张冬青．3G在我国农业信息化建设中应用策略研究[J]．黑龙江史志，2011（17）：79-80.

⑦ 谢方，等．农业信息到户“最后一公里”问题探讨[J]．西北农林科技大学学报（社会科学版），2005（4）.

⑧ 王恒玉．甘肃农业信息基础设施建设问题研究[J]．开发研究，2005（3）.

⑨ 郭婧，等．农业信息化“最后一公里”问题的典型调研与分析[J]．河北农业大学学报（农林教育版），2006（4）.

⑩ 李道亮．中国农村信息化发展报告（2008）[M]．北京：电子工业出版社，2008.

⑪ 王来．农村信息化发展“最后一公里”问题浅议[J]．农业科技管理，2011（3）：64-65.

⑫ 关欣，乔小勇，等，信息化发展对科技进步的影响作用机理及地区性差异研究——基于我国内地31个省（直辖市、自治区）的面板数据[J]．科技进步与对策，2013（7）：6-9.

欣，2013）。具体到农业信息化领域，贾善刚分析了农业信息化对农业经济的发展的推动作用，即信息是促进农业经济增长的战略性资源、会迅捷地推广新型农业科技成果、会促进市场经济的快速稳定发展等[①]（贾善刚，1999）。李道亮认为应通过信息化带动农业现代化的实现，现代信息技术的充分应用能促进农业增长方式的转变，进而实现农业高效与可持续发展[②]（李道亮，2008）。因此，综合学者们的观点来看，针对这些问题，主要做法是：应加快农业信息化基础设施建设；强化政府的信息化意识；培养农业信息化服务人才[③]（王淑芹，2009），加快农业信息化发展规划和建设规划的设计[④]（陈晓华，2010），强调农村信息化建设应坚持一定的工作原则[⑤]（张立新，2011）。只有大力推进农业信息化，才能促进农业产业结构的调整，最终实现农业现代化[⑥]。

1.2.1.3 标准化及农业标准化的应用

标准化（Standardization）的历史源远流长，从人类发展的历程来看，标准化应该起源于人类学会使用工具的时候，可以追溯到几十万年前的旧石器时期，这个时期标准化工作就进入了人类的生产和生活之中。人们在制作石器、发明弓箭和贝壳项链的时候，无意中开始形成了规范。当人们发现一种工具的工作效率最高时，大家都会竞相仿制，参照原型重新打制。据史书记载，我国早在五帝时期，就开始出现早期的标准并使用。黄帝设立了度、量、衡、里、亩五个量，夏禹以自己的身长和体重分别作为长度和重量的标准[⑦]。“标准”在我国古代被称为“规矩”，“规”是画圆用的圆规，“矩”是画直线用的尺，没有规矩，不成方圆。凡是可以用来做依据和标准，统称规矩。“规矩，方圆之至要也；对人，人伦之至也”[⑧]。历史上对于冶炼、铸钱、煮盐等加工制造业，以及手工日用制造业的生产都是通过法律的形式，加以统一规定，称为工律。“为器同物者，其小、大、短、长、广亦必等”[⑨]。在音乐方面也有“不以六律，不能正五音”[⑩]的规定。

春秋战国时期，秦始皇制定车辆轮距和度量衡等日常生活事物的标准，开创了我国古代标准化工作的开端。秦始皇统一六国后规定“车同轨，书同文”，这是标准化工作的重大进展，进一步促进各地的沟通与民族融合。在计量方面，秦朝统一了度、量、衡，这一系列举措使华夏文明渐渐成为世界古代标准化的典范。随着社会的发展，国家

---

① 贾善刚．农业信息化与农业经济发展[J]．农业经济问题，1999（2）：48-50.

② 李道亮．现代农业与农业信息化[J]．中国信息界，2008（5）：66-68.

③ 王淑芹，丁玲，段建军，我国农业信息化发展探析[J]．现代化农业，2009（9）：36-37.

④ 陈晓华．推进农业信息化促进现代农业发展[J]．农村工作通讯，2010（12）.

⑤ 张立新．试论农业和农村信息化建设[J]．农业经济，2011（2）.

⑥ 王淑芹，丁玲，段建军，我国农业信息化发展探析[J]．现代化农业，2009（9）：36-37.

⑦ 世界技术标准体系版图．世界技术标准体系版图[M]．北京：中国社会科学出版社，2007：4.

⑧ 《孟子．离娄上》

⑨ 《睡虎地秦简》

⑩ 《孟子．离娄上》

越来越重视在维护安全、保障国家利益等方面的管理，工具的使用也发挥着重要的作用。为了加强军事力量，加大工具的产量，标准化在推动社会发展方面的作用开始显露出来。世界上最早的“标准化”产物，是秦朝时期的兵器。明朝时期，宋应星所著的综合科技著作《天工开物》正是对古代生产技术标准化的工作经验的集中体现。

现代意义上的标准化起源于西方国家。200多年前，美国还处于手工业生产时期，为了在短时间内完成40 000多支毛瑟枪的制造，当时惠特尼说服政府，采用分工协作的标准化方式代替传统手工方式进行生产，并与总统签订了协议书，保证如期完成任务，惠特尼因此被称为“标准化之父”。英国工程师J・B惠特沃思是世界上第一个专业生产机械工具的人。1840—1850年，他制作了能测量一英寸百万分之一误差的标准螺旋规，于1841年建议英国采用统一的“螺纹制度”。从这个时期开始，包括英国在内的欧洲其他国家渐渐开始采用“惠氏螺纹”。英国在1870年建立了“公差制”。1900年，美国的泰勒首创了劳动时间管理标准，成为管理领域中的“科学管理之父”。1901年，英国标准委员会成立，成了世界第一个国家标准化组织；同年，美国成立了国家标准局。1902年，英国纽瓦尔（Newall）公司编制了纽瓦尔标准《极限表》，实现了零件加工装配的可互换性。1906年，英国颁布了国家公差标准——BS27。从此，工业标准化大规模生产开始了[①]。1982年，英国标准化专家学者表示，中国是世界标准化的源头[②]。

人类社会的和平和生活都在发生着重大影响的变革，其中，世界范围内的信息技术革命和经济全球化也日渐成为变化的核心，标准化的新时代慢慢开始走近，越来越多的组织和学者也开始研究这个问题。

标准化是世界各国发展到特定阶段的必经之路，各行各业都应该具备生产、销售、购买过程的规范性要求，它也是国际信息安全、市场发展的重要支撑。因此，研究者们对标准化的探讨越来越深入。

我国对标准化的研究始于20世纪70年代，李春田先生最先开始研究这个问题，他根据现实经验，发表了有关标准化的系列文章。作为我国最早的系统论述标准化的著作《标准化概论》就是在1987年出版的。2013年7月16日，工业和信息化部公布了《电信和互联网用户个人信息保护规定》（中华人民共和国工业和信息化部令第24号），规定了电信和互联网用户个人信息的保护范围，进一步明确电信业务经营者、互联网信息服务提供者收集、使用用户个人信息的规则和信息安全保障措施等，完善了电信和互联网行业个人信息保护制度。该项规定也是我国对信息安全所做的规范性文件。

标准化是为在既定范围内获得最佳秩序，促进共同效益，对现实问题或潜在的问题确立共同使用和重复使用的条款以及编制、发布和应用文件的活动[③]。标准化不是一

① 岳高峰，赵祖明，邢立强．标准体系理论与实务[M]．北京：中国计量出版社，2011：11.

② 农业部农村社会事业发展中心．农业标准化理论与实践[M]．北京：中国农业出版社，2011：8.

③ 国家标准.GB/T 20000. 1—2014标准化工作指南 第1部分：标准化和相关活动的通用术语[S].北京：中国标准出版社，2014.

个单一的事物，而是一个动态的过程，主要是制定标准、组织实施、监督评估，进而修订标准的过程。因此，这个过程是一个不断循环、螺旋上升的运动过程[①]。具体来说，标准制定首先是取决于社会需要，在一定的组织下，将标准推入实施环节，并且有固定的部门对它进行监督和评估，当社会经济状况发生变化时，为了使标准能够适应新的社会需要，需要被修订，标准化就是这样一个循环往复、不断扩展的过程[②]（刘晓利，2012）。

标准化是应运而生的，使用之能够使过程和结果达到最理想状态，并且在满足人们需求的过程中，处理和解决出现的各种矛盾以最简、最省的方式进行，最终体现各个方面的利润与效益最大化[③]。目前，对农业领域标准化的研究多数集中在农业标准化方面。农业标准存在的主要问题包括标准发展快，数量多；标准发展不平衡；标准规定的指标少；标准制修订周期长；存在标准重复冲突现象[④]（谢翔燕等，2007）。所以，要重视农业标准化发展的实质性作用。其实质就是要按照系统化、协调性等为基本原则，把新型科技手段和科技成果与各个过程相结合起来，针对农业发展中的不同需求来构建一个有机的标准体系，并使之演化成实际推动力，最终达到提升全方位的效果[⑤]（郝春荣，2005）。学者们相继提出了一系列措施，杨曙辉和宋天庆在系统分析了影响农业标准化建设的主要障碍因素的基础上提出了加速标准化进程，促进农业可持续发展的建议：完善法规和质量标准系统建设；建立健全农产品质量检验检测体系；加强农业标准化意识等[⑥]。张玉香从农业领域研究了标准化的建设路径，指出应从标准制定、组织实施和体系建设三个方面进行农业标准化建设，即建立权威的农业标准体系、加大农业标准的实施力度和完善标准体系的建设[⑦]。田文勇、张会幈等认为农业标准化的实现，首先要求标准化实施主体的积极介入，包括农业企业、专业大户及普通农民等；另一方面，标准推进过程中，可能会发生一些问题，如信息处理的不合理等，这时政府就应该采取一定的措施从管理层面上解决问题。他们以农民专业合作社为例，认为合作社标准化是在技术推广的不同流程中，依照操作规定、管理手段和技术约定来对成员行为加以规范，提高产品质量，使农民收益得以增加[⑧]。李鑫、袁锋认为农业标准化的实施，首先要建立规范的农业标准，且各标准间协调、彼此关联，其次要以达到体系结构最优、

① 国家标准化管理委员会．农业标准化[M]．北京：中国计量出版社，2004：27.

② 刘晓利．吉林省农业标准化问题研究[J]．吉林农业大学学报，2012（06）：16.

③ 农业部农村社会事业发展中心．农业标准化理论与实践[M]．北京：中国农业出版社，2011：9.

④ 谢翔燕，刘雪涛，吴慧敏．北京市标准体系建设研究[J]．中国标准化，2007（7）：8.

⑤ 郝春荣．辽宁市农业标准化的工作实践与思考[J]．农业经济，2005（11）：11-12.

⑥ 杨曙辉，宋天庆．加速标准化建设，促进农业持续发展——大理州农业标准化建设的实践与思考[J]．产业与科技论坛，2008（2）：96-99.

⑦ 张玉香．关于加强农业信息化、标准化和市场化建设的思考[J]．农业经济问题，2005（9）：49.

⑧ 田文勇，张会幈，李冬梅．实施农业标准化生产行为的影响因素分析——基于四川省种植类农民专业合作社的实证研究[J]．开发研究，2013（4）：87.

运转秩序最佳和运行效果良好为目标[①]。章家恩、陈建军等认为我国农业标准化建设对经济社会的发展具有重要的意义，具体表现为：农业标准化是全面实现小康社会伟大目标的必然要求；是农业科学发展的专业化路径；是确保农业市场繁荣的后备力量；是深化农村经济体制改革，解决“三农问题”的必然要求[②]。

1.2.1.4 信息化标准建设的作用及措施研究

标准化对于不同领域的建设发展都具有重要的战略意义，尤其是正在发展的信息化领域。在标准制定形成之前，农村信息化政策常常发挥着规范和界定的作用。目前国内与农村信息化政策相关的研究分布于电子政务、农村农业与图书情报等领域，采用的研究方法包括制度分析、内容分析、实证分析等。

有学者从政策规定方面，分析了农业信息的规范性。石嫣分析了我国多年以来的农业与农村信息化政策，以定性的方法研究发现了信息资源不足、组织结构与信息化发展之间不对称，以及当前政府主导的建设模式等问题，这些问题在很大程度上由我国的城乡二元结构所导致[③]。宋钟亮等具体探讨了我国七年来的农村信息化政策，认为我国农业与农村信息化政策的制定是从中央层层向下，最后向各地方政府自由发展逐步转变[④]。林宁对全国信息技术标准化技术委员会20多年来采用国际标准的经验进行了阐述和分析，指出应积极跟踪研究分析，做好采标预研工作[⑤]。

中国农业大学中欧农业信息技术研究中心主任李道亮表示：农业信息标准化工作的建设是发展农业信息化的战略基础，是在当前我国各政府部门对农业信息管理各自为政的大背景下，为了满足农村生活现状和农业生产现状而提出来的。要推动农业信息规范化、标准化，应该从建立制度、完善管理、加大透明程度等方面进行，一是应该提高信息获取的完整性、可获得性、及时性和适用性；二是应该实现信息处理和信息利用的准确性、可靠性、通用性和有效性；三是应该实现信息采集一致化、存储系统化、信息内容共享化、传递和发布标准化[⑥]。郭新宇还对我国农业信息管理和使用的现状、农业信息标准化工作的一般原则和目标以及农业标准化工作的现状与对策做了分析，但是对于如何建立农村信息化标准体系没有做进一步的探讨分析[⑦]。马莉、郭莎莎等人又指出标准是信息化实现的标杆，标准化是促进信息化发展的前提。只有加快标准化建设，推动标准体系的完善，才能最大化地利用投入信息化建设的财力、物力、人力等资源；如

---

① 李鑫，袁锋．农业标准体系结构研究初探[J]．世界标准化质量管理，2003（11）：23.

② 章家恩，陈建军，骆世明．我国农业标准化发展面临的机遇、挑战及其战略思考[J]．农业现代化研究，2004（3）：157-159.

③ 石嫣．中国农业与农村信息化的政策和问题研究[J]．市场论坛，2007（10）：25-26.

④ 宋钟亮．中国农村信息化政策回溯性分析（一）（二）[J]．科技创业，2007：89-99.

⑤ 林宁．全国信息技术标准化技术委员会采用国际标准工作经验[J]．信息技术与标准化，2008（4）：1-2.

⑥ 李道亮．农业信息资源开发利用[J]．中国信息界，2008（6）：68.

⑦ 郭新宇，赵春江，王素英．数字农业信息标准研究[J]．农业信息科学，2005，Vol.21No.5：404-407.

果忽视了信息的标准化建设，不同部门、不同岗位可能会各自为政，自行建设，结果变成了重复工程，造成资源浪费[①]。陈晓玲认为信息标准化是农业信息化的基础工程，信息标准、方案、流程、规范等是推动信息化发展的核心。如果没有统一的、公众认可的标准，那么信息资源的整合、各部门的信息互动将难以实现[②]。赵苹认为，信息标准化主要解决的是对大部分使用对象经常使用的信息加以规范，这个过程是与信息的收集、存储、加工、传递、显示技术与过程密切相关的。衡量农村信息标准化的水平包含两方面内容：一是农业信息技术在农村农业中被采用的标准化水平，二是农业产业生产、加工和销售等环节的标准化建设水平。同时，农村信息的标准化还有一系列的问题需要应对，包括：专业用语的统一规定、信息传递的硬件技术支撑、数据交换流程、农业信息分类与代码、商品农产品和农用数据收集、使用和传播规范等[③]。郦晶等人指出，我国农业信息化标准缺失，具体表现为：①农业行业标准中，与信息化相关的标准少；②农业信息的描述、定义、获取、表示形式尚未形成统一标准；③信息实施环境、共享方式、农业信息化管理方式等尚未形成统一的标准[④]。因此，实现农业信息标准化，就是对农业信息活动的各个环节实行标准化管理，将信息获取（内容和方法）、传递、存储、分析和利用等不同活动阶段有效地衔接，从而切实有效地开发和利用农业信息资源，扩大信息共享范围。对信息进行标准化处理可以从源头上查明信息的可靠性，避免虚假、恶意信息的出现；可以避免信息因类别不清、字段设置模糊而无法查找或重复发布；有利于各个涉农信息网站、数据库、平台进行资源整合共享，减少信息资源的重复减少，扩大信息的使用范围[⑤]（曾小红，2010）。同时，还应该从市场主体、主体责权利关系、法律法规、市场机制、信息资源管理等方面来对农村信息化进行规范化管理[⑥]（安森东，2011）。所以，对农业信息进行标准化处理对发展农业具有很大的促进作用。

总结可以发现，虽然针对农业标准的研究已有很多，但是对农村信息化领域的标准性研究却非常少。

1.2.1.5 标准体系在不同领域的研究

随着现代网络技术的快速发展，农业生产、农业经营及管理等过程需要大量的信息资源作为支撑。这种传统的以地域为划分的信息资源渐渐无法满足现代农业的发展速度，农业信息资源开始呈现出以规范化、标准化形态取代过去资源零散形态的趋势。当前，为了能够促进农业发展，更好地为农业部门、农业生产者、农业科研系统和有关政

① 马莉，邬莎莎，等．煤炭行业信息化标准体系研究[J]．煤炭工程，2010（12）：115.

② 陈晓玲．关于推进农业信息标准化的思考[J]．农业经济问题，2006（3）：75-77.

③ 赵苹．我国农业信息的标准化建设[J]．管理世界，2002（5）：88-90.

④ 郦晶，朱海鹏等．农业信息化标准分类方法研究[J]．安徽农业科学，2007（31）：1044.

⑤ 曾小红，王强，方佳．国内外农业信息标准化建设研究进展[J]．世界农业，2010（9）：24.

⑥ 安森东．区域性农业信息化建设模式研究[D].中国海洋大学，2011.

府部门提供服务，应务力研究与农业信息相关的标准化的服务系统。

对于标准体系的研究，在不同领域，学者们都开展了一系列研究。魏延栋，史亚军在对北京都市型现代农业标准体系建设研究中指出农业标准体系应扩大范围，以农业为中心，拓宽标准化领域，包括农产品加工标准，农业服务标准等①。谢翔燕，刘雪涛等人表示北京市农业标准体系建设原则是协调统一、系统配套；分类科学、方便适用；重点突出、持续发展②。依据上述研究可知，农业标准体系的构建应包括两个层级：灰色模糊的大范围标准体系的产生和明确中心的重点标准体系的产生③。高显连、彭松波（2008）认为，森林资源管理信息化标准体系可由6大类、18小类、57大项标准（大项标准可以进行细化）组成④。曹学章、唐晓燕等人（2008）在论述开发建设生态保护与恢复标准体系框架构建原则，分析生态破坏型开发建设活动的主要类型及其生态保护与恢复技术内容以及我国开发建设生态保护与恢复标准现状的基础上，提出了我国开发建设生态保护与恢复的标准体系。开发建设生态保护与恢复标准体系是生态环境标准体系的分体系，它与生态环境质量标准、生态监测方法标准和生态环境基础标准3个分体系共同构成生态环境标准体系。他们指出开发建设生态保护与恢复标准体系框架构建要遵循全面成套、层次恰当、划分明确、针对生态破坏和以现有标准为基础的五大原则。同时提出我国开发建设生态保护与恢复标准体系在结构上包括适用于两个或两个以上生态破坏型开发建设活动大类的通用标准和只适用于某一大类生态破坏型开发建设活动的专用标准两个层次，体系表中共有标准35项，其中现有标准15项，新设标准20项⑤。梁菲（2012）认为，行政服务标准化由“行政服务”与“标准化”两个定义组成，实质上是标准化在行政服务领域的应用，其理论研究内容包括编制、发布和实施标准，以及科学搭建行政服务标准体系，将单一的行政服务标准按照有序、科学、优化的原则进行重组，以标准体系的构建和运行来实施优化服务程序，改进服务质量的目标⑥。景东升、毕思文等人（2003）构建了一个医药信息标准体系框架，框架内容涉及管理、数据、信息技术和系统构建共四个方面的标准⑦。成燕辉（2005）提出了地理信息标准体系关联模型，将国际标准、域组织标准及相关国家标准三个层面与技术标准分别相对应，包括通用基础标准、专用基础标准和应用专业标准三个方面，并且为了理顺信息技术标准系统内的关系，构建出了UML图式，即地理信息技术标准系统的结构模型⑧。

---

① 魏延栋，史亚军．北京都市型现代农业标准体系建设研究[J]．中国农学通报，2010（14）：415-416.

② 谢翔燕，刘雪涛，吴慧敏．北京市标准体系建设研究[J]．中国标准化，2007（7）：8-9.

③ 李鑫，袁锋．农业标准体系结构研究初探[J]．世界标准化质量管理，2003（11）：23:24.

④ 高显连，彭松波．全国森林资源管理信息化标准体系研究[J]．林业资源管理，2008（2）：28-31.

⑤ 曹学章，唐晓燕，张更生．开发建设中生态保护与恢复标准体系研究[J]．生态与农村环境学报，2008（4）：11-12.

⑥ 梁菲．行政服务标准体系构建及应用研究[D]，山东大学，2012（10），13-14.

⑦ 景东升，毕思文．数字人体信息标准化体系和内容研究[J]．中国医学影像技术，2003，19（204）：146-149.

⑧ 成燕辉．符合共享和一致性原则的地理信息标准体系研究[D].武汉：武汉大学，2005.

这些不同领域的标准体系研究表明，标准和标准体系的理论研究几乎已经涵盖了人类生活的大部分内容，这些理论虽然促进了标准体系研究的不断深化，但是多数是基于定性的研究或案例研究，相应的理论假说还缺乏实证分析的方法。

1.2.1.6 农村信息化标准体系研究

当前，农业科技已成为提高农业生产力的重要因素之一，并渗透到农业生产的各个环节，将从本质上改变我国传统的农村生产方式，农业发展也将面临较大选择。然而，农业技术的推广普及需要农村信息作为基本支持，因此，必须建立专业化、标准化和共享化的新型数据采集体系、集成体系、处理体系，其核心是构建农村信息化标准体系。

在数据信息标准方面，我国将科学数据共享标准框架模型指定为由指导标准、通用标准和专用标准组成。其中，指导标准用于把握某领域系列标准的方向；通用标准用于确定标准具体实施的方面，可将之细分为数据标准、服务标准、管理与建设标准；专用标准则用于规范特定领域的工作，包括医学、农业、气象等应用领域的信息标准,它们是与通用标准相整合而形成的[①]。这种标准框架从科学数据共享标准体系的构成和标准间的相互关系加以描述。邢立强（2007）提出数据标准化由数据内容、交换格式、形式化表示、数据库维护机制与平台这几项内容构成[②]。文立玉（2005）从信息标准技术出发，对信息安全评估标准和管理标准及其应用进行研究和探索[③]。杨辉认为信息技术的基础标准、信息资源标准体系、网络通信标准体系、信息安全标准体系、应用标准体系和管理标准体系可以构造成我国的信息标准体系[④]。吴志刚（2005）从信息化标准体系的分析视角指出了信息化需求、信息通信技术与业务应用相关标准与规定、信息通信技术相关标准规范的关系[⑤]。

农村信息标准化是农业农村信息化的重要基础，只有统一标准和构建完善的农村信息化标准体系，才能实现信息资源共享、信息系统互联互通、农业生产管理流程和业务部门之间的有效协同，进而推动农业农村信息化健康有序地发展。郭新宇、赵春江（2005）等以农作物生产为中心，用专业术语和标准数据元描述了管理的方式，提出了规范化的信息获取方法，从而实现了农业信息在语义上、标准上和内容上的统一[⑥⑦]。魏清凤（2008）分析了信息资源的分类组织、质量控制、描述存储等方面的问题，并将这些问题看作是重要问题，同时，为了提高信息录入速度和提升信息管理利用水平，还设

---

① SDS/T 1001.1—2004《科学数据共享工程技术标准》.

② 邢立强．数据标准化框架研究[J]．世界标准化与质量管理，2007（12）：37-39.

③ 文立玉．信息标准技术研究与信息安全法律研究[D].成都：电子科技大学，2005.

④ 杨辉．浅议我国信息标准体系的完善[J]．信息化建设，2008，（9）：29-31.

⑤ 吴志刚．我国信息化标准体系建设的思考[J]．信息技术与标准化，2005（8）：51.

⑥ 郭新宇，赵春江，王素英．数字农业信息标准研究[J]．农业信息科学，2005，Vol.21No.5：404-407.

⑦ 赵春江．数字农业信息标准研究-作物卷[J].北京：中国农业出版社，2004.1-3.

计了信息自动编码系统①。

我国目前对农村信息化标准体系的研究还处于摸索时期。钱巍等（2006）从技术和管理的角度，将信息资源开发和资源的支持政策等结合起来，形成了农业信息资源标准体系理论模型，内容涉及资源分类、信息描述、存贮等②。刘世洪、郦晶等（2006）对农业信息化标准体系标准分类体系框架进行了研究，认为体系框架是三维结构，包括农业行业（对象）、信息化内容（内容）和标准层次（级别）三个部分，并结合信息化的特点进行派生和完善，这三个属性维都是相对独立的。它们之间相互结合而构成的立体区域就是农业信息化标准的内容范围，$f（x，y，z）$坐标决定一个点，这个点在标准体系框架中一般是一个子框架③。

目前，由于农业生产的区域性特点明显，针对具有地方特色的农村信息标准化的标准更是缺乏，导致了各地农业农村信息化资源交换、共享和有效利用的困难④。这种实际操作的缺失正是由于理论研究的滞后造成的。国内虽然关于农村信息化和标准化研究的成果较多，而且主要集中在从不同视域理解农村信息化的发展、农业标准体系建设研究、不同行业的标准体系研究等方面，但是通过以上研究可以看出，国内学术界对于农村农业信息的标准化研究工作的重视程度不够，针对农村信息化标准体系建设的研究比较少，因此，本文的研究正是基于这一点进行的。

1.2.2 国外相关研究文献述评

农业信息作为农业科研、生产进行可持续发展的重要支柱，从20世纪80年代开始，发达国家和国际科学组织就开始重视和加强信息在采集、管理、发布与服务中的标准化工作。各国在本国农业发展情况的基础上，积极研究适于农业科研生产的信息标准，实时地发布和出台相关的标准规范，一方面有利于本国农业信息活动各个环节的标准化管理和有效衔接，切实有效地开发和利用农业信息资源；另一方面也对国际农业信息资源的共享提供契机，有助于国际农业信息的资源流通共享。

笔者通过对联合国世界粮食及农业组织（Food and Agriculture organization of the United NationS，FAO）、国际食品法典委员会（Codex Alimentarius Commission,-CAC）、世界贸易组织（WTO）、国际标准化组织（ISO）、美国国家标准学会（American National Standards Institute，ANSI）等官方网站进行搜索，并通过SpringerLink和EBSCOhost两个外文数据库进行检索，并没有找到关于“农业信息标准化

① 魏清凤．农业网络信息资源现状与标准化思考[J]．农业图书情报学刊，2008（3）．

② 钱巍，盛苏伦．农业信息资源开发和利用的标准体系探讨[J]．信息技术，2006（6）：82-83.

③ 刘世洪，胡海燕，郦晶，等．农业信息化标准体系框架研究[J]．农业网络信息，2006（2）：13-17.

④ 杨国才．农业农村信息化云服务平台集成关键技术研究[D].西南大学，2011.

（Agricultural information Standardization）”和“农业信息化标准体系”两个关键词的研究。因此，本文仅从信息化、标准化及标准的作用这几个方面进行阐述。

1.2.2.1 大数据的研究

2009年，联合国启动了“全球脉动计划”，计划通过大数据来推动落后地区的发展。麦肯锡全球研究所于2011年5月最早提出“大数据”时代，发表了专门的研究报告《大数据：下一个创新、竞争和生产率的前沿》①（孙海华，2015）。随后，这个词快速地在全世界传播开，并不断引领着社会各行各业的发展。Jim Cray博士是一位数据库专家，也曾是图灵奖获得者，他曾预言“未来每18个月产生的数据总量等于有史以来数据总量之和”②。

在政府管理领域中，2012年奥巴马政府也紧跟大数据步伐，公布了“大数据研发计划”（Big Data Research and Development Initiative），意图增强联邦政府收集海量数据、分析萃取信息的能力③（李健等，2013）。与此同时，英国牛津大学成立了首个综合运用大数据的医药卫生科研中心，该中心的成立有望给英国医学研究和医疗服务带来创新性的变化，以提升服务效果。2014年，欧盟呼吁各成员国积极研发大数据体系，并采取相应策略发展大数据业务。

除了政府部门的高度重视以外，产业界也开始关注大数据的应用。美国数据专家卡利乌·李塔鲁（Kalev Leetaru）于2012年对社交媒体平台—— 推特（Twitter）上所产生的数据量进行分析与统计，发现该社交媒体一天会产生80亿个单词的信息量，而《纽约时报》电子平台在过去的50年间，一共才产生30亿个单词的信息量④（徐子沛，2014）。IBM公司提出大数据是一种新型的自然资源⑤，高德纳咨询公司（Gartner）也指出大数据主要表现为一种信息资产⑥。

综上所述，从世界范围来看，欧美等发达国家的政府和组织对大数据的探索和分析已走在前列，各国政府已将大数据发展提升至战略高度，并制定了相应的方针以促进大数据产业的发展。

1.2.2.2 关于信息化的研究

信息化在国外的研究中具有一定的领域性。有的学者关注信息在农村的使用，有的学者关注信息化对农民的影响。1976年，Baumolan ordover指出，信息传播活动包含着规模经济因素在内的一种活动。1996年，Caroline Haythomth waite认为，信息与传播技术是通过采用社会网络方法，使有效的信息资源在不同社会群体或社会对象之间进行双

---

① 孙海华.“大数据”时代观点综述[J]. 经济研究参考，2015（26）：75.

② [日]城田真琴，等.大数据的冲击[M]. 北京：人民邮电出版社，2013：3.

③ 李健，王丽萍，等. 美国的大数据研发计划及对我国的启示[J]. 中国科技资源导刊，2013，45（1）.

④ 徐子沛. 数据之巅：大数据革命、历史、现实与未来[M]. 北京：中信出版社，2014：265 .

⑤ IBM.Big data:The new natural resource[EB/OL].http://www.ibmbigdatahub.eom/infographic/big-data-new-naturalresource，2013.

⑥ Gartner.Big data[EB/OL].http://www.gartner.corn/it-glossary/big-data/，2013.

向传递的方法和技术。1998年，Variant提出，信息在农村信息化发展的过程中起着非常重要的作用，而且，在市场体系中，信息中介或信息组织在一定程度上使信息的有效传播更加具备可能性和合理性①。

Kursat Demiryurek等利用相关性分析的方法，说明农村信息的缺乏会影响农户对农业信息资源的获取，阻碍农民之间的信息和传播技术的交流，因此农业信息化系统间的信息源应该有着必要的、更强大的合作，才可以激励传统的奶牛养殖方式转换成现代化的养殖方式②。

David Just等认为农民通常必须依靠公共和私人来源的信息网络以获得必要的信息来管理自己的农场，因此农业信息化会改变低估最终用户的状态，更大程度地为农户提供信息③。加拿大明尼妥巴大学则开发了一个可以当作农民顾问的农业专家系统，帮助农民正确地将各种肥料混合使用，以适应不同的土壤基础和含水量。自20世纪80年代中期以来，农业专家系统在美国、英国、日本、加拿大等国家迅速发展起来，农业专家系统研制并投入使用主要在作物栽培、畜禽饲养、农产品市场销售管理、农业经济效益分析等领域④。

以信息技术的广泛应用为特征的虚拟农业和精准农业是国外研究的热点。虚拟农业是由被称为"改变未来的十大技术"之一的"虚拟现实"延伸而来。D.A.Holt和S.T.sonka（2003）将虚拟农业定义为，"在高效、功能强大的并且廉价的通信网络支持下，将农业生产、加工、销售以及农业技术研究等各个部门的合作者连接在一起的网络计算机平台"⑤，这个平台由于得到了农业生产过程各个环节的农业专家支持和协作从而能实现增值。精准农业（Precision Farming或Precision Agriculture），又称精确农业、精细农业，它是于20世纪90年代发源于美国，是信息技术与农业生产全面结合的一种新型农业。它是在完整、准确的农业生产信息采集的基础上，利用农业科学与技术研究的成果⑥，采用精确农业将遥感技术（Remote Sensing，RS）、地理信息系统（Geography Information Systems，GIS）和全球定位系统（Global Positioning Systems，GPS）、计算机技术、自动化技术、网络技术等新型的科学技术应用到农业生产中，逐步实现精确化、集约化、信息化的现代农业。这些先进技术的核心是

---

① WangYadong-Research on the construction of agricultural in-forma China [J], Journal of the China Society for Scientific and Technica，2002，121（2）: 18.

② Kursat Demiryurek, Huseyin Erdem, Vedat Ceyhan, Savas Atasever and Osman Uysal，Agricultural information systems and communication networks: the case of dairy farmers in the Samsun province of Turkey，http://www.informationr.net/ir/13-2/paper343.html.

③ David Just and David Zilberman，Information Systems in Agriculture，Giannini Foundation of Agricultural Economics，3-6.

④ ShiPP JL.Clarlce ND，Jarvis WR.Expert system for integrated crop management of green house cucumber[J]. Bulletin-OILB-SROP，1992，16（2）:149-152.

⑤ Holt D A，Sonka.S T.Virtual，agriculture: Developing and transferring agricultural technology in the 21st century [EB/OL]. http://www.agr.uiuc.edu/virtagl.html，2003.

⑥ B.S.Blackmore，"An Introduction of Precision Farming"，Outlook on Agriculture，Vol.23，No.4，1994.

指及时地获知每块地中的土壤和农作物状况，辨别不同时空下农作物的生长情况的差异，并依照得出的结论为每个地空间设计出工作流程，最高限度地提高各种肥料的使用效率，减少环境污染（Robert P.C，2009）①。

农村信息化的发展离不开政策的支持。Rowlands从三个角度对信息政策进行了分类，分别是基础设施角度、水平角度与垂直角度，他将所有的信息政策聚类提取为五个子类：信息安全保护、市场、传播媒介、公共信息以及基础设施②。Xia J对于中国“村村通（信息）”计划和农村信息化政策进行了回顾和总结，提出应建立一体化、可持续的农村信息化制度，并提出以制度形成、激励方式、管理组织、实施路径与推行步骤等方面为出发点③。

1.2.2.3 标准的研究

标准是构成国家核心竞争力的基本技术要素，是规范经济和社会发展的重要技术规范④。如果一个系统内部没有统一的标准，那么从全社会角度来看，同一领域、不同部门之间可能发生一系列标准竞争，这将会造成标准实施之间的不协调，造成市场分割，从而无法充分地利用网络信息经济⑤。信息系统内部的竞争也可能会导致技术停留在低水平上，降低相应标准的质量⑥。因此，标准日益成为行业必须重视和大力推进的问题。

对标准的研究似乎是一个枯燥和狭义的事情，事实上，已经有越来越多的学者开始从一个纯粹技术的角度进行研究，因为“这是专业的技术问题，是远离道德和政治的大社会的领域”。所以，Loconto和Busch提出，标准就是用来识别和约束生产前的准备、生产中的流程、生产后的产品及生产主导者的一个体系⑦。

De Vries首先从标准的适用性方面对标准进行了分类，将标准包括用于解决产品性能的标准和描述解决办法的标准，其中，描述解决办法的标准又可进一步分为干预标准、兼容标准和质量标准。其次，他又从人与标准二者之间的关系方面，将标准分为正式标准和事实标准。实际上，事实标准是大多数领域根据生产和市场的需要制定的标准，而正式标准在社会生产中的研究并不多，目前，只有Bonner和Pottcr、DIN、DeVires

① Robert P.C, Rust, R.H.etc.Precision Agriculture. ASA-CSSA-SSSA, 2009.

② Rowlands I.Understanding Information Policy:Concepts,frameworks and research tools[J],Journal of Information Science,1996,22（1）:13-25.

③ Xia J.Linking ICTS to Rural Development:China’s rural information policy[J].Government Information Quarterly,2010,27:187-195.

④ 魏凤，等，基于计量学的技术标准体系布局及方法研究——以太阳能技术标准为例[J]．科技管理研究，2011（6）：169.

⑤ Shapiro，C．and H．R．Varian.The art of standards wars，Califomia Management Review,1999，4 1（2），8-32.

⑥ Sinn，H．-W.The Subsidiarity Principle and Market Failure in Systems Competition ，Dissussion Paper NO．1 03MVnchen：1 996．CES（Center for Ecnomic Studies）.

⑦ Loconto A, Busch L. Standards, techno-economic networks, and playing fields: Performing the global market economy[J]. Review of International Political Economy, 2010, 17（3）: 507-536.

研究了正式标准化，但大部分的研究局限在事实标准化①。

标准制定之前，需要遵循一定的原则，Tom Dawe（2009）就提出标准制定前应遵循SMART原则，即具体的（Specific）、可衡量的（Measurable）、可以实现的（Achievable）、客观的（Realistic）、及时的（Timely）②。这些原则在现代标准制定领域得到了广泛的应用。

1.2.2.4 标准的作用

随着国际贸易市场竞争的不断加剧，标准化在克服技术壁垒、加大国际影响力、扩大贸易规模等方面发挥着重要作用③。标准化被学者们认为是直接服务于国家战略的重要途径④。

David（1987）⑤和Tassey（1982）⑥从标准实施后对经济的影响角度对标准进行分类，这种分类方法对研究标准化的经济动机及经济效果具有理论和现实意义。他们将标准分为兼容性接口标准、最低质量要求标准、品种简化标准及信息标准等四种类型。在标准化经济效果方面，人们已经总结出许多规律性的理论。如著名的卡柯物定律师事务所和卡柯特定律和卡柯特——松浦四郎公式，就是从品种简化、扩大批量与降低成本的关系上阐明标准经经济效果的规律。另外，古川光等人提出的“标准化对象涉及的人越多，标准化的效果就越大”，也是标准化经济效果方面的一个规律⑦。Swann（2000）从标准所要解决的经济问题入手，对标准的经济作用及方式进行了分析。Swann在Dvadi工作的基础上，从经济作用角度把标准分为兼容性标准（Compatibility Standards）、最低质量/安全标准（Minimum Quality/safty Standards）、降低多样性标准（Variety Reduction）以及信息/测度标准（Infomation Meauser）⑧，并通过这四种标准的形成过程和作用方式分析，揭示了网络技术发展给标准带来的变化，特别是兼容性标准分类的提出，展示了网络型技术标准化过程中的利益博弈过程。

Kindleberger（1983）的观点与David大致相同，他认为标准不仅降低了市场交易成

① De Vries．Stnndardization：A BusinessApp roach to the Role of Naional Standards Organizations Schweizer Fran2 ken：KluwerAcademil Publishers，1999.

② Tom Dave．Performance Management and Measurement in Small Comities．Government Finance Review．2009，2：54-59.

③ CLEMENTS M T．Inefficient Adoption of Technological Standard: In-ertia and Momentum Revisited . Economic Inquiry，2005，43（3）：50-518.

④ ROBERT H ALLEN，RAM D SRIRAM．The Role of standard in in-novation.Technological Forecasting and Social Change，2000，64（2-3）：171-181.

⑤ David.Somenevv standards of the economics of standardization in the information age, in. PDasugPta & RStoneman（eds）Economic Policy and Technological Peorfmrnace[M].Cambridge University Press.1987.

⑥ Gregory Tassey.The role of govemment in supporting measurement standards for high-technology industrites [J].ResearhcPolicy Volume11（1982）,5:311-320.

⑦ 金雪军，等．提高国际竞争力的技术标准体系战略研究——以浙江省为例[M]．浙江：浙江大学出版社，2006：68.

⑧ Swann.The Economics of Standardization,Final RePort for Standards and Technical Regulations Directorate De- Partment of Trade and Industries.2000.

本，而且随着交易量的增加有可能形成规模经济[①]。Hudson and Jones（2001）认为最低质量和分等分级标准还可以降低交易成本和搜寻成本。如果产品标准缩小了产品特性范围，它就可以降低消费者的不确定性，最终减少消费者购买产品前的搜寻成本。当交易者对正在交易的商品特征完全自信时，他不必查看商品就能购买大量商品[②]。

Dosi（1982）认为标准的使用可以使企业调整预期开发技术的路径，同时也是其市场开发和成长的工具[③]。

1.2.2.5 关于标准化的研究

标准化是通过形成共同的、系列的规则来对实际存在的、试图改进的问题加以解决的活动过程，它是一个动态发展的过程，主要包括制定、发布及实施。标准化是有一定政治意义的，它们包含知识、价值、利益和假定[④]。因此，国外很多学者对标准和标准化都进行了研究。

Golinski提出，标准化过程也是客观性的表现。客观性意味着不是由某个人的判断决定。对于兼容性的认识，不仅要考虑技术之间的相互作用，而且还应该考虑不同地区之间事实和知识的要求，可以发现，标准化与客观性之间是相联系的。对客观性的探索表明，可以依据共同的计量、惯例和试验标准对在不同地点产生的数据进行比较（Golinski，1998）[⑤]。

标准化通常被看作为是达到这种难以把握的客观性的一种手段。Berg，M.& Timermans（1997）指出，标准旨在引起"随时间和地点而变化的可比较性"，没有共同标准，所有知识都将是局部的知识[⑥]。

Egyedi（1996）认为，在20世纪20～40年代期间，标准化被认为是创造秩序的手段和发展的理性工具[⑦]。整个社会都产生了通过标准化计量来创造和实现公正的运动，人们认为，计量方式的统一将会带来和平与思想的统一。尽管这次标准化运动并未取得成功，但这种思想在很长时间内以多种形式再现。标准化被认为是技术和社会发展的一种手段。如1911年，贝尔电话公司的一个广告声称，"贝尔民众的每个成员都有相同的交

① Kindlebergre. Standards as Public,Collective and Private Goods[J].Kyklos,1983,Vol.36,377-397.

② Johns Wilson.Advancing the WTO Agenda on Trade and Standards:A Developing Country Voice in the Debate [R].The World Bank.2001:3-8.

③ Dosi,Giovnani.Technological Paradigms and technological trajectories[J].Research Policy,1982,11:85-93.

④ Disco C., Meulne B., Getting New Technologies Together: Studies in Making Sociotechnical order, London: Water de Gruyter,1998.

⑤ Golinski J., Making Natural knowledge: Constructivism and the History of Science, Cambridge: Cambridge University Press, 1998.

⑥ Berg, M., standardization in action: Achieving local Universality through medical protocols, Social Studies of science, 1997, 27（2）:273-305.

⑦ Egyedi T., Shaping Standardization: A Study of Standards Processes and Standards Policies in the Field of Telematics Services: Dissertation for Ph.D.,Amsterdam; Delft University, 1996.

流机会，虽然被距离所限，但是声音依然能够被有效地传输”（Feng，P.，2003）[①]。

波兰的约·沃吉次基最早提出的标准化三维空间概念，认为标准化范畴由对象或领域、内容、级别三维空间组合而成[②]。

Kreutzer（1988）认为，标准化主要包括两个方面：管理过程的标准化及营销组合要素的标准化[③]。

德国汉堡大学Laszlo Goerke和Manfred J.Holle在《对标准化投票》的论文中，基于Farrell-Saloner标准化模型（该模型考虑了网络效应和标准化对技术多样性的约束）的理论框架，对产品标准的投票进行均衡分析，论证了标准化实现的社会福利与决策程序高度相关，以及决策规则的重要性虽然无法保证最好的结果，但可以避免最坏的结果[④]。

Peter Grindle在《标准战略与政策：案例和事件》一书中提出了标准战略的分析框架，通过2×2矩阵所提供的四种策略作为战略分析的起点，讨论了工商企业在标准导向的市场中的战略选择：在选择标准时，跟随开放标准还是私有标准；在标准变迁时，采取领先市场策略还是市场跟随策略[⑤]。

综上所示，经过持续不断地建设，国外发达国家的信息标准化理论研究日益完善，实践经验也不断丰富，已形成了较为完整的信息化发展支撑体系。国外的农业信息化标准建设可以为我国的农村信息标准的形成提供一定的借鉴。同时，基于我国的特殊国情，我国是一个人口众多且自然地理条件复杂的国家，进行农村信息化服务取决于一定的社会条件，信息化标准体系的建设就成为开展农村信息化服务的前提条件。因此，我国应该因地制宜地，结合各地的自然经济条件和社会条件建立切实可行的、持续发展的农村信息化标准体系。

1.3 研究内容及基本框架

1.3.1 研究内容

若要发挥标准化对农村信息化建设的推动作用，标准制定部门应按照标准化自身的理论和实践特点，把握标准体系的主要结构性要素—— 标准的管理体系、技术体系和工作体系的标准编制工作。为此，本论文以国内农业信息化标准建设的现状为基础，分析

① Feng，P.，Studying standardization: a review of the literature. In: Standardization and Innovation in Information Technology，Burnaby: IEEE，2003. 99-112.

② 张洪程．农业标准化概论[M]．北京：中国农业出版社，2004.

③ Kreutzer,RalfThomas．Marketing-Mix Standardization：An Integrated Approach in Global Marketing．European Journal ofMarketing，22（10），1988，19-29.

④ GoerkeL,M.Holler.Voting on Standardization[J].PublicChoice.1995,83:337-351.

⑤ Peter Grindle. Standards Strategy and Policy:Casesand Stories[M].oxofrd:Oxoford University Press,1995.Chpater 2:Framework for Standards Strateg.

影响我国农村信息化标准体系发展的主要因素，构建出农村信息化标准体系的框架。本文的研究内容包括以下几点。

1.3.1.1 理论角度——大数据时代农村信息化标准体系的理论支撑

本文展开研究的基本前提包括了三个方面的内容：界定农村信息化标准体系建设的相关概念，明确农村信息化建设的作用、意义和理解农村信息化标准体系建设研究的相关理论。

本文通过对农村信息化的初步研究，从清晰地界定它们的内涵，揭示其特征、方法、发展趋势出发，界定了农村信息标准化及农村信息化标准体系的含义，阐述了农村信息化标准体系的作用和意义，结合标准化的基本理论原理，使之成为农村信息化标准体系建设的基本支撑，并将此作为研究的重要出发点。农村信息化服务涉及政府服务和企业服务，因企业服务不在本文研究范围之内，本文仅仅以政府实施的农村信息化为落脚点进行研究。农村信息化标准体系建设应该按照具体目标，遵循科学的理论，这是因为明确农村信息化标准体系建设的前提就是应设定目标体系，把握标准化理论、公共品理论、系统论、信息资源规划论和“双螺旋”理论等标准化和信息化的相关理论作为本文的具体分析工具，只有这样才能保证农村信息化标准体系建设的高效进行。

1.3.1.2 应然角度——大数据时代农村信息化标准基本内容的确定

通过对农村信息化标准体系支撑理论的研究，为进一步研究农村信息化标准体系框架建设奠定了理论基础。为了更好地促进我国农村信息化发展，提升农村信息化发展水平，加强农村信息化的规范管理，就必须制定一套技术内容完整、工作内容规范、管理内容系统相配套的标准，这将形成一套自上而下的、覆盖面广泛的、相互影响、相互作用的有机整体。本文以农村信息化标准体系的构建原则、方法、途径为基础，按照将技术层、服务层、管理层相贯通的思路，构建了一个农村信息化标准体系的理论模型，并确定了农村信息化标准的内容，这是本研究的重点内容之一。本文通过对国内外标准制定的现状、农村信息化服务的特点和目标进行分析，从农村信息化标准内容的确定这方面进行分析研究。其中，农村信息化标准的上四分位数是标准设定的基本方法。

1.3.1.3 实然角度——大数据时代农村信息化标准体系建设的现状

通过对农村信息化标准体系建设的现状的分析和总结，探讨了我国农村信息化及其标准的发展情况。运用纵向研究法和横向研究法，对我国31个省市直辖市所制定的关于农村信息化的政策和标准进行梳理，了解标准体系建设、内容建设和实施建设三个方面出现的问题。

1.3.1.4 原因角度——大数据时代农村信息化标准体系建设的影响因素

农村信息化标准体系的建立是一个烦琐复杂的工程，它不仅包括标准，还包括标准体系表，这个体系在多方面的作用之下持续运转着。本文通过对湖南省118个县区的农业信息化标准建设进行调研获得了一手资料，并在此基础上进行定性和定量分析，明确了农村信息化标准体系的建设和实施受到标准本身的内生性和社会环境的外生性两方面的重要影响，并阐述了哪些因素会直接或间接地影响农村信息化标准体系的建设。

1.3.1.5 实施角度——大数据时代农村信息化标准体系的实施和建设的优化途径

本文一方面从农村信息化标准体系的实施主体、实施客体、实施的条件、方法和措施等层面构建了农村信息化标准体系的实践过程；另一方面，在借鉴国内外的农村信息化标准体系的基础上，针对我国标准建设的现状和问题，提出了完善标准体系建设的优化途径，从标准体系的组织体系、内容体系和实施体系等方面分析了农村信息化标准体系。

1.3.2 基本框架

本文从我国农村信息化标准建设情况来进行分析，以湖南省为例，运用理论与实践相结合、宏观与微观相联系、规范与实证相呼应的方法全面地分析概括了农村信息化标准体系的基本结构及其影响因素。具体包括五个部分，共八章内容。论文基本框架如下：

第一部分包括第1章和第2章，主要包括问题的提出、国内外对信息标准化问题已形成的研究成果及相关理论梳理。第1章为绪论，包括选题缘起和选题意义、国内外研究文献综述、研究思路、研究内容、基本框架、研究方法及可能的创新点处等。第2章对农村信息化标准体系建设问题进行了理论分析，包括与农村信息化标准体系建设有着密切联系的基本概念、农村信息标准体系建设研究的理论支撑、农村信息化标准体系建设的功能和作用等。

第二部分是第3章，本章从“应然”角度意图探讨大数据时代我国的农村信息化标准体系应该怎么做？主要包括农村信息化标准体系建设的目标、思路及其基本内容，意图研究农村信息化标准体系建设的理论模型架构。

第三部分包括第4章和第5章，本部分从“实然”角度探讨了大数据时代我国的农村信息化标准体系建设是怎样做的？做了什么？在总结国内和湖南省地方农业信息化标准发展的现实状况、实践经验的基础上，较为深入地分析了我国农村信息化标准体系建设过程中存在的问题，并用计量分析方法，从内生和外生两个角度分析了湖南省农村信息化标准体系建设的影响因素。

第四部分包括第6章和第7章，主要是借鉴国外发达国家农村信息化标准体系建设的经验，提出我国实施农村信息化标准体系建设的思路和措施。

第五部分包括第8章、第9章、参考文献、附录、后记和致谢。第8章主要探讨了大数据时代信息标准体系在农村公共危机防控中的应用，第9章主要总结了论文结论及研究的不足，进一步指出有待深入研究的问题，并对所研究的问题提出下一步的展望。附录中列出了课题组成员一起合作完成的标准文本。

1.4 研究思路与主要方法

1.4.1 研究思路

本论文将以标准的组织体系、内容体系和实施体系为主线，从问题剖析和内容结构等角度构建农村信息化标准体系建设及其推广应用，主要研究工作如下（图1-1）。

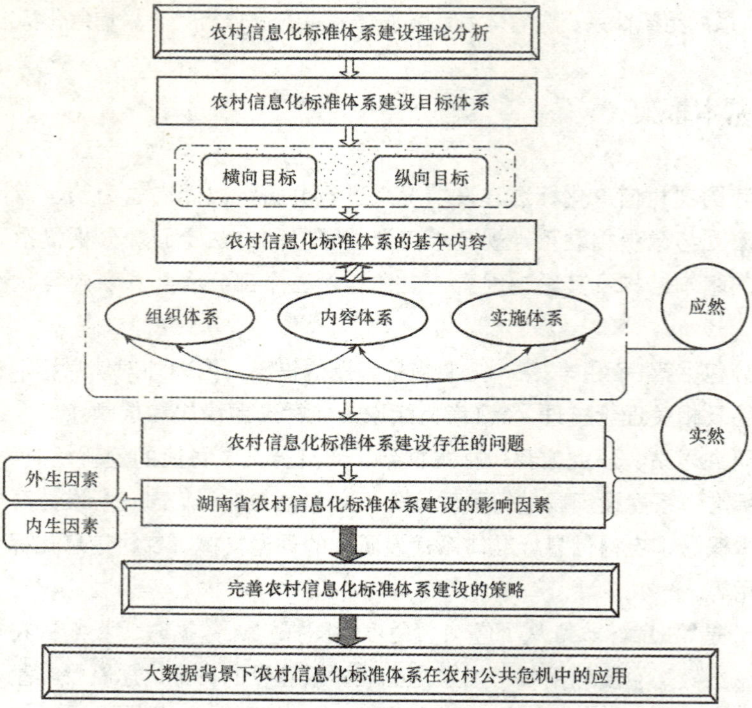

图 1-1 大数据时代农村信息化标准体系建设研究思路图

第一阶段：开展基础性研究。查阅国内外与农村信息化标准体系建设的相关资料，以此为基础，了解农村信息化标准体系建设的相关概念，梳理相关的标准化理论，为下一步的研究提供基础。

第二阶段：设定基本目标。农村信息化标准体系建设的首要问题是先要预设目标，标准的制定和实施必定要按照目标来进行。农村信息化标准建设的目标可分为横向目标和纵向目标，横向与纵向之间是相互联系相互影响的关系。本部分通过理顺目标间的联系为下文展开研究提供科学依据。

第三阶段：构建农村信息化标准体系的基本内容。按照实际，突出以具有统一接入功能的综合信息服务平台为“一体”和以“百万农户、万家企业”两类重点服务群体为“两翼”的“一体两翼”信息化综合运行体系，从组织、内容和实施三个方面构建出三大子体系，并以此为基础，形成相互协调的、扁平化的农村信息化标准体系框架。

第四阶段：剖析影响农村信息化标准体系建设的影响因素。通过总结各省农村农业信息化标准建设情况，结合已有的实地调研资料，分析农村信息化标准体系建设的现状及问题，并探讨哪些因素会影响到该标准体系的建设。

第五阶段：分析大数据时代信息标准体系在农村公共危机防控中的应用，并提出农村公共危机的信息标准构建思路。

第六阶段：归纳总结及展望。本部分主要是在前文详细论证分析的基础上，得出研究结论，提出研究展望。

1.4.2　主要方法

1．文献研究法

本文采取多渠道、多元化的方式考察了国内外农村信息化标准体系建设的理论与方法。通过图书资料、论文、网络等多种形式，阅读了近几年来出版的四十余部相关专著，查阅了不同学科领域的权威学术期刊，研究内容包括与信息化标准研究相关的政策法规；各地区、地方出台的规程、规范、流程等文本；相关政府部门制定的制度、工作报告、经验总结、调查报告等；相关统计资料和档案文献；检索和收集国内外相关研究成果，涉及管理学、信息学、农业推广学、标准学、经济学、社会学等相关学科领域，最后，形成了较完善的研究资料库。

2．纵向比较与横向比较相结合的方法

本研究运用时间性的纵向比较方法，对我国标准化发展的历史进程进行了梳理，并阐述了我国的标准化发展及信息化发展的现状及存在的问题，这为进一步分析信息化标准体系奠定了事实基础。同时本文运用横向比较法，对国外及国内的信息化标准体系进行了比较分析，具体阐述了现阶段我国各省的农村信息化标准建设的差异。

3．实证调查法

实证调查法为实地研究提供了实践上的支持。本文在比较深入研究的基础上，于2012年7月—2013年12月期间先后多次赴湖南省14个地州市，共23个县46个乡镇2 000余户农户进行了广泛的实地调查，取得了大量的原始资料。调查采取了查阅当地资料、实地调研、访谈式、抽样问卷和座谈会议等方式，了解了相关事实。主要包括以下两点：一是实地调查。2012年5—6月，课题组联系湖南省科技厅、湖南省农业厅市场信息处、湖南省农业厅农产品质监处、湖南省科学技术信息研究所、湖南省标准化处等政府单位，调查了关于政府对信息化政策和制度方面的内容。2012年7—8月，针对湖南省内11个地州市开展了实地调查，掌握了各县乡村农村信息化基本现状，农民对信息的采用情况及信息化各项标准制定情况等。2013年，通过补充调查，使调查范围扩展到湖南省14个地州市。二是问卷调查。笔者在导师指导下设计了《农村信息化标准体系建设问题调查问卷》，与湖南省科技厅农村处协作开展调查，通过湖南省科技厅农村处牵头联系了省内122个县市区科技局，下发问卷，并有效回收了118个县的调查问卷，回收率达到96.7%。在前期调查的基础上，本次调查掌握了湖南省农村信息化标准建设的详实资料。

4. 计量分析法

本文运用上四分位数法确定了标准的设定值，并以此为基础考察了各地标准的达标情况，同时，还运用了皮尔逊相关系数和DEMATEL分析法定量分析了影响农村信息化标准制定的内生因素，采用Tobit方法分析了影响农村信息化标准制定的外生因素。

1.5 创新之处

本文的创新之处主要有以下三点：

第一，多学科交叉的创新。运用管理学、农业推广学、标准学、社会学等学科的理论，系统地研究了标准体系构建的理论与实践。从管理学视角来看，政府作为标准制定的主体和服务主体，其职责和作用体现在标准体系形成过程中，从标准学视角，本文研究了标准制定的过程、制定原则和方法等；从农业推广学视角来看，本文研究了标准具体实践和推广的应用过程。

第二，研究方法的创新。本文系统深入地分析了我国农村信息化标准建设的现状及湖南省信息化标准体系建设存在的问题，应用DEMATEL方法和Tobit方法深入分析了影响湖南省标准体系建设的内生性和外生性因素。

第三，实践过程的创新。研究前期根据中央批准的《湖南省国家农村农业信息化示范省建设实施方案》的要求制定了《湖南省国家农村农业信息化示范省建设技术标准》《湖南省国家农村农业信息化示范省建设工作标准》《湖南省国家农村农业信息化示范省建设管理标准》3套地方标准，含4个示范区中的区、县、乡、村四级中的12个标准文本，共51个标准文本。而后，湖南省对国家农村农业信息化示范省建设战略和规划进行了调整，课题组依据湖南省农村农业信息化建设的实际情况，将所列标准具体到10个文本，目前这些标准正准备接受相关部门的认证。

第2章　大数据时代农村信息化标准体系建设理论分析

在当今的世界，信息成为人类每时每刻都在生产、使用、消费的必不可少的部分。信息（information）是继物质和能源之后的“第三级资源”，而且信息和知识对社会的推动作用将远远超过物质和能源对社会进步的作用。美国著名学者哈佛大学教授安瑟·尼·G.欧廷格指出：如果没有信息，不管什么东西都将毫无意义。

2.1　基本概念界定

联合国于2003年组织召开的信息社会世界高峰会议指出，世界各国通过信息化所要构建的信息社会是“人人可以创造、获取、使用和分享信息和知识，使个人、社区和各国人民均能充分发挥自身的潜力，促进实现可持续发展并提高生活质量。”目前，在社会生活的各个部分和政治、经济、科学、文化、生产等各个领域，信息已经被人们广泛地接受和应用。加强信息化建设是人类迈向信息社会过程中惠及大众、构建和谐社会及解决当前的社会经济发展的一项基础工作[①]。

2.1.1　大数据

对于大数据的定义，国内外学界基于数据本身的性质给出了相应的界定。国际数据中心IDC是研究大数据及其影响的先驱，在2011年的报告中对大数据[②]作了定义。McKinse全球研究所发表专门研究报告《大数据：下一个创新、竞争和生产率的前沿》中对大数据也进行了界定，具体见表2-1。

表 2-1　大数据的概念界定

来源	定义
国际数据中心IDC	大数据技术描述了一个技术和体系的新时代，被设计于从大规模多样化的数据中通过高速捕获、发现和分析技术提取数据的价值[③]

① 中国工程院信息与电子工程学部．中国信息化持续发展战略研究[M]．北京：科学技术文献出版社，2007.

② Gantz J．Reinsel D．Extracting value from chaos．IDC iView．2011：1 12.

③ Gantz J．Reinsel D．Extracting value from chaos．IDC iView．2011：1 12.

续表

来源	定义
McKinse全球研究所	超过了典型数据库软件工具捕获、存储、管理和分析数据能力的数据集[①]
美国国家标准和技术研究院NIST	大数据是指数据的容量、数据的获取速度或者数据的表示限制了使用传统关系方法对数据的分析处理能力，需要使用水平扩展的机制以提高处理效率”[②]

在汉语中，数据原指用于统计、计算的数值、数字。计算机出现后，数据则指“一切以电子形式存储的记录”。有别于传统的“海量数据”（Massive Data）、“超大规模数据”（Very Large Data）等概念，它不但规模宏大，而且数据更新快速、涉及面广且形式多样化，包括结构性数据和非结构性数据两大类[①②]。

在现代社会中，大数据一般是指“产生于多种来源的巨量电子数据”[③]。它具有“4V”特征：容量（Volume）大、速度（Velocity）快、多样性（Variety）和价值（Value）大[④]。邓梦曦指出，“大数据首先是信息或数据量的巨大，这个时代意味着数据的交换、分享、分析等过程[⑤]。一般而言，大数据是指无法在一定合理时间内用传统IT技术和软硬件工具对其进行收集、处理和分析的数据集合[⑥]。大数据是一类能够反映物质世界和精神世界运动状态和状态变化的信息资源，它具有复杂性、决策有用性、高速增长性、价值稀疏性和可重复开采性，一般具有多种潜在价值”[⑦]。

对于大数据的解释，当前学界尚未达成统一的共识。本文基于公共服务视角对大数据定义如下：大数据是一种来源于多样化渠道的电子数据信息，它是通过前期的收集、分析和转化等过程，将数据应用于行为决策过程的特有的数据序列集合。

2.1.2 信息、信息化与农村信息化

2.1.2.1 信息的内涵

信息一词具有丰富的内涵，从不同的角度和层次来看，信息具有不同的内涵和意义。有人认为信息就是消息；有人认为信息就是信号；物理学家用“信息熵”的概念来

① Manyika J，ChuiM，Brown B，etal.Big data：the next frontier for innovation，competition，and productivity.M cKinsey Global Institute.2011.

② Cooper M Mell P.Tackling Big Data.NIST.2012.

③ Gang-Hoon Kim，Silvana Trimi，and Ji-Hyong Chung，“Big Data Applications in the Government Sector，”Communications of the ACM，V01．57，No．3（March 2014），PP．78-85.

④ [美]桑尼尔·索雷斯.大数据治理[M]．匡斌，译.北京：清华大学出版社，2014：3．

⑤ 邓梦曦．利用数据挖掘技术促进数字电视网络运营商的发展[J]．新闻界，2012（8）．

⑥ COX M，ELLSWORTH D. Application-controlled Demand Paging for Out-of-core Visualization[C]//YAGELR,HAGEN H.In Proceedings of the 8th conference on Visualization’97.Los Alamitos:CA:IEE Computer Society Press,1997:235.

⑦ 杨善林，周开乐．大数据中的管理问题:基于大数据的资源观[J]．管理科学学报，2015，18（5）：3.

描述系统与环境之间信息交流的程度；经济学家和管理学家则把“信息”定义为：“提供决策的有效数据”。究竟什么是“信息”，人们却众说纷纭，莫衷一是，至今没有一个公认的定义，有学者统计过，目前有文献可查的关于信息的定义已经超过200个。

“信息”一词的使用在我国至少已有1 200余年的历史。它最早出现在唐朝时期，诗人崔备在其诗作中写道“别来无信息，可谓井瓶沉。”晚唐时期女诗人鱼玄机（公元842—868年）在《闺怨》中描述：“春来秋去相思在，秋去春来信息稀。”李中（公元920—974年）在《暮春怀故人》中写道：“梦断美人沉信息，目穿长路倚楼台[①]。”宋朝诗人陈亮在其《梅花》诗中写道：“欲传春信息，不怕雪埋藏。”这些古代的诗词等文学作品中“信息”大多表达“音信、消息”之意。随着时间的推移和社会的变迁，“信息”一词的含义也日渐变迁，趋于丰富化。

把信息作为科学研究对象最早出现在通信领域，因为通信的本质实际上就是信息的传输。在这个领域开展信息研究的学者首推奈奎斯特（Nyquist）和哈莱特（LV. R.Hartiey）。他们在1928年发表的一篇论文中指出信息就是选择通讯符号的方式，发信者所发出的信息，就是他从信息符号表中选择符号的具体方式。

1948年，美国数学家Claude.E.Shannon（申农）把“信息”定义为“两次不定性之差”，也就是说信息就是用于消除不确定性的东西。这一观点得到了广泛的认同，并被广为引用。申农提出该观点的《通信的数学理论》则被视为信息论诞生的标志。简单地说，“信息是指有新内容、新知识的”消息[②]。可见，申农对信息的定义是从通信过程中的信息的作用角度提出来的，该论文成为信息论诞生的标志。

根据这一思想，法裔美国科学家布里渊（L.Brillouin）指出：“信息就是负熵”[③]。与此同时，美国著名学者Norbert Wiener（维纳）把信息引入了控制论，发表了其成名作《控制论》，该书指出：“信息就是人们在适应外部世界，并把这种适应反作用于外部世界的过程中，同外部世界进行相互联系、相互作用、相互交换的一种内容的名称”[④]。

ISO组织将“信息”定义为：对人有用能够影响人们行为的数据，而在日常用语中，信息仍然是消息、情报、情况、资料、知识等的总称。

进入20世纪70年代，我国学者们意识到信息的重要性，着手开始进行研究。钟义信对信息的解释是：“事物存在的方式或运动的状态以及这种方式、状态的直接或间接的表述”[⑤]。我国《信息与文献术语》（GB/T 4894—2009）中关于“信息”的界定是：

① 曹寅．全唐诗（748卷）[M]．上海：上海古籍出版社，1986：41.
② Claude.E.Shannon:The Mathematical Theory of Communication[J].BSTJ，1948，Vol.47.
③ L.Brillouin.Science and Information Theory[M].New York:Academic Press Inc，1956.
④ Norbert Wiener.Cybernetics and Society[M].Houghton Mifflin Company，1950.
⑤ 钟义信.信息科学[J]．自然杂志，1979（3）：155.

“为了增加知识而用以代表信息的一般消息，即被交流的知识，涉及事实、概念、对象、事件观念、过程等。”

尽管人们对信息的确切定义有不同的表述，但在信息的基本特征上有着相当的共识。把握信息的基本特征有助于人们更深入地了解信息的内涵和意义。一般来说，信息具有以下基本特征，主要包括：

（1）传递性。信息的传递性表现在信息能通过一定的渠道，在一定范围内将其所蕴含的意义进行传递。

（2）时效性。信息是有寿命的，有时效的，也有其生命周期。一般情况下，信息只在其时效范围内具有价值，其价值往往会随着时间的流逝而递减。所以，要抓住有效的信息重在把握利用信息的时效。

（3）可加工性。信息具有多种存在形态，并可经过加工在各种形态间进行转换。原始信息经收集、整理、加工、分析等途径转换成再生信息。

（4）价值性。信息具备可用性，即对人们有用，表现为这种信息是人们所需要的，并且能为人们所反复使用。

由上可知，尽管“信息”这个概念的使用时间已经经历了很长一段，并且早已成为人们日常生活中的常用名词，但对于“信息”，至今仍无确切、统一的定义。如果将不同领域的学者对“信息”的定义加以概括，主要包括：信息是提供决策的有效数据（管理学家）、是熵的数理化（哲学家）、是概率论的发展（数学家）、是不确定性的描述（通信专家）、是人们认识和感知到的事物状态及其变化（信息学家）。

因此，我们可以将信息看作是将人类智能活动的反映，它会受到时间变化、传播主客体及信息本身等内外界环境的影响。

2.1.2.2 信息化的内涵

人们常用“工业化”一词来描述人类从农业社会转向工业社会的过程。与“工业化”概念相类似，“信息化”一词通常用来表示人类社会从传统社会向信息社会转进的过程。其实，用什么术语来准确表征人类社会的这种发展只是问题的一个方面，更重要的是它所代表的内涵①。

信息化的概念则起源于日本，最早由日本学者梅棹忠夫（Tadao Umesao）从社会产业结构演进的角度提出来。他当时认为：“信息化既是一个技术的进程，又是一个社会的进程。它要求在产品或服务的生产过程中实现管理流程、组织机构、生产技能以及工具的变革”。梅棹忠夫预言，在农业和重工业发展到一定水平以后，信息产业就会得到迅速发展，由此引起了人们对于“信息化”和“信息社会”的广泛关注和讨论。

因此，“信息化”一词是受“工业化”概念的影响并逐步演化形成的。日本学者

① Dianne Church，Problems in the Midst of Plenty（Information Series on Current Topics），Development of information systems for apiculture，report of an APO study meeting，American Agriculture，25，February 6th，March，1992.

在1967年就按照“工业化”概念的表述方式，首次抛出了日文“信息化（Johoka）”一词并予以广泛应用。其后，法国人西蒙于1977年在其所著的《法国经济发展报告：社会的信息化》中使用了法语形式的“信息化”词语。在英语中，与“信息化“一词相对应的有三种表述方式，分别为：informatization（美式），informatisation（英式），informationalization。前两个词在现实中使用的较多，后一个词较少人使用，但是在托夫勒（Alvin Toffler）的著作中都使用到①。随后，西方国家开始普遍认可“信息化”一词，并广泛地使用起来。联合国教科文组织在1998年以联合国的名义对信息化进行了界定：“信息化既是一个技术的进程，又是一个社会的进程。它要求在产品或服务的生产过程中实现管理流程、组织机构、生产技能以及生产工具的变革”②。

随着信息全球化的推进，我国也不可避免地被卷入到信息化的浪潮。深入研究和准确理解“信息化”的内涵就显得十分必要。我国首次召开的全国信息化工作会议（1997）对信息化进行了一个较为原则性的界定，这次会议指出“信息化”是指“培育、发展以智能化工具为代表的新的生产力并使之造福于社会的历史过程”。我国学者林毅夫（2003）将信息化定义为：“建立在 IT产业发展与 IT在社会经济各部门扩散的基础之上，运用 IT改造传统的经济、社会结构的过程”③。为进一步适应信息化发展的需要，我国政府于2006年出台了《2006—2020年国家信息化发展战略》，指出：“信息化是充分利用信息技术，开发利用信息资源，促进信息交流和知识共享，提高经济增长质量，推动经济社会发展转型的历史进程”。我国政府机构对信息化的界定对理解信息化及中国信息化建设的深刻内涵具有指导意义。

基于上述观点，可以将信息化定义为：以信息技术的开发和利用为途径，将信息渗透进社会生活的各个方面，从而改变经济结构以及社会资源配置方式的具有动态性和持续性的过程。所谓动态性是指信息社会是无时无刻不在发展变化的，信息化的过程反映了社会中的各个子系统将信息作为主导性产品加以处理的过程，这种动态性是信息化发展的根本性变化。所谓持续性是指发展信息产业，不仅是眼前的工作中心，也是将来各行业加大信息技术的使用，改善信息运用水平，提高工作效率，提供高品质服务等不间断的过程。

2.1.2.3　农村信息化的内涵

农村信息化是一个外延非常广泛的概念，它与很多学者提到的“农业信息化”相互存在、相互融合、相互影响。我国的农村信息化最早是从农业开始的，在农村信息化建设早期，“农业信息化”是农村信息化的主要内容。科技部（科学技术部）于1999年对

---

① Alvin Toffler，The Third Wave，Bantam Books ISBN 0-553-24698-4，1980.

② Robin Mansell and Uta When， Knowledge Societies: Information Technology for Sustainable Development， Oxford University Press，1998.

③ 林毅夫.信息化——经济增长新源泉[J]. 科技与企业，2003（8）：53.

农业信息化进行了较为明确的界定，即“充分利用信息技术的最新成果，全面实现农业生产管理、农产品营销，农业科技信息和知识获取处理、传播和合理利用，加速传统农业改造，大幅度地提高农业生产效率、管理和经营决策水平，促进农业持续、稳定、高效发展的过程”①。我国政府从“十六大”开始才对农村和农业进行概念上的细分，但是对农村信息化和农业信息化的理解还没有完全分离开。农业部于2010年首次使用“农业农村信息化”的概念来统称农业和农村领域的信息化，即“现代信息技术在农业生产经营、政务管理及农村信息服务中实现应用普及的程度和过程”②，这就是农业农村信息化。

学术界在对农业信息化和农村信息化进行概念界定时，则有较明确的侧重点。对于农业信息化，学术界有较多的定义。贾善刚（1999）认为农业信息化就是各种信息技术（即计算机、微电子、通信、光电、遥感等各类技术）在农业上应用的过程③。有学者则强调农业信息化是在农业生产的各个环节和各个领域中普遍应用信息技术的过程（李道亮④，2008；刘丽伟⑤，2009），即指“在农业产业发展的各个环节（即生产、分配、交换、消费等）中，普遍采用信息技术与装备来开发利用各类资源以提高农业产业的现代化水平，推动农村经济社会发展的动态演进过程”（李燕华⑥，2004）。也有学者从狭义和广义两方面来界定农业信息化，狭义的农业信息化类似于工业信息化，强调的仅仅是一个产业的信息化，亦即农业产业的信息化；而广义的农业信息化则是指在农业生产以及经营、管理等各个领域中普遍采用各种现代信息技术及相关智能技术的动态过程，信息资源则在这过程中成为一种农业生产的重要因素（蒋勇⑦，2010）。

对于农村信息化，学术界也有各种观点。刘世洪（2005）认为农村信息化就是指在农业生产生活等社会实践中，充分利用以现代信息化技术为内核的高新技术来对各类涉农资源进行有效的开发和利用，进而促进农村的经济发展与社会进步的过程。有相当部分学者认为农村信息化是与城市信息化相对应的概念，指的是在广大农村区域的信息化，运用现代信息化技术，通过对各类涉农信息资源的开发利用，推动农村经济与社会事业各个方面的信息化，以实现农村社会全面进步的过程⑧（郭永田等，2010）。王正瑄（2008）把农村信息化理解为运用现代信息技术以促进农村社会与经济发展的过程，即充分运用既包括广播、电视、电话（包括固定电话和移动电话）、

① 科技部文件．《关于农业科技工作的若干意见》，1999.
② 农业部．《中国农业农村信息化发展报告（2009）》，2010.
③ 贾善刚．农业信息化与农业经济发展[J]．农业经济问题，1999（2）：48.
④ 李道亮．现代农业与农业信息化[J].中国信息界，2008（5）.
⑤ 刘丽伟．农业信息与农业经济增长[M]．哈尔滨：东北大学出版社，2009.
⑥ 李燕华，杨易．全面建设小康社会的基石——农业信息化[J]．统计与决策，2004（9）.
⑦ 蒋勇，罗利平，祁春节．现代农村综合信息服务模式设计及制度安排——基于湖北省的实证分析[J]．情报杂志，2010（3）：173-178.
⑧ 郭永田．试论发展农村信息化[J]．农业经济问题，2007（1）：44.

传真、报纸、期刊等传统信息传媒技术手段，又包括计算机网络（包括互联网和电子邮件）等现代信息传媒技术手段在内的各种信息技术手段实现信息流动，引领农村社会各方面，包括政治、文化、教育、科技、经济等全方位迅速发展的过程[①]。李道亮（2010）认为农村信息化就是通过加强农村信息基础设施建设及对信息资源进行有效的开发利用，构建信息服务体系，在农村各个方面和环节普遍应用现代信息技术的过程[②]。秦向阳等（2010）表示农村信息化是农村区域全面实现信息化的过程，是在农村应用信息技术促进三农发展的过程，即通过采用信息技术实现农业生产能力的增强、农村管理服务质量的提升、农民生活水平的提高的过程[③]。也有学者指出农村信息化就是以现代信息技术为依托构建农村综合信息化体系，对农村信息资源进行有效的开发和利用[④]（高万林，2011）。

如果说上述有关农业信息化、农村信息化的概念较为抽象、概括性强，那么有一些学者则从信息化的具体内容来界定农村信息化。一些学者认为农村信息化的外延极广，是整个农村、农业系统的信息化，具体来讲包括很多领域，如农村社会经济、资源环境、农业生产与经营管理、科技、教育、文化、卫生等各方面的信息化[⑤]。有学者认为农村信息化就是三农信息化，即包括农业、农民、农村三方面的信息化[⑥]（朱金周，2007）。也有学者认为农村信息化是指农村经济、社会、政务等的信息化[⑦]（张家麟等，2006）。王军霞（2005）指出农村信息化既包括农业技术的信息化，还包括经营信息化、环境信息化等[⑧]。

农业信息化与农村信息化均为我国当前信息化建设的重要内容，但这两个概念在其内涵和外延上并不能完全等同。一般认为农村信息化比农业信息化所涉及的范围更广，它包括农业信息化，但并不局限于农业信息化，而是农村生产生活的全方位的信息化，更加全面和系统地描述了整个农业生产、农村发展及农民增收所需要的全部信息化服务与管理[⑨]。

综上所述，农村信息化是指在广大农村地区，通过利用现代信息技术，对涉农信息资源进行有效的开发和利用，以提高农业产业的信息化水平，提升农民利用信息的技能，促进农村社会发展的信息化，最终实现三农的和谐发展。

---

① 王正瑄．农村信息化知识读本[M]．哈尔滨：哈尔滨地图出版社，2008：1.

② 李道亮．农村信息化与数字农业[M]．北京：中国建筑工业出版社，2010：2.

③ 秦向阳，潘瑜春，李瑾，马明远，陈静编著．中国农村信息化研究[M]．贵阳：贵州人民出版社，2010：1.

④ 高万林．新农村信息化探索[M]．北京：中国农业大学出版社，2011：11.

⑤ 刘世洪．论我国农村信息化可持续发展的战略任务[J]．农业图书情报学，2005（2）.

⑥ 朱金周．以信息化带动新农村建设的思考[J]．人民邮电，2007-06-27.

⑦ 张家麟，等．论农村信息化建设与我国农村可持续发展[J]．农业科技管理，2006（2）.

⑧ 王军霞，崔晓红，温江．浅议我国农业信息化建设的对策[J]．内蒙古农业科技，2005（B12）：37-40.

⑨ 李燕凌．农村科技服务与管理[M]．北京：高等教育出版社，2011：322.

2.1.3 标准、标准化与农村信息标准化

2.1.3.1 标准的内涵及特征

1．标准的内涵

正所谓，事物都要经历一个不断发展变化的过程。同样，对于标准的理解和研究也经历了一个持续演进的过程。“标准”一词中的“标”指标志、记号；“准”指古代测量水平的仪器。一般来说，规格、规则、规矩、成规和模范等词都含有标准的意思①。

1）规范性文件

在《标准化工作指南　第1部分：标准化和相关活动的通用术语》（GB/T 20000.1—2014）中，规范的定义是“规定产品、过程或服务应满足的技术要求的文件”。规范是涉及面非常广泛的一类文件，可能与活动有关，如程序文件、工艺规范和试验说明书等；也可能与产品有关，如产品规范、性能规范和图样等。此外，还有一类文件更宽泛，这类文件被称作规范性文件，它是“此类文件的目标是通过规则、规定等来约束不同活动的文件”，是标准、技术规范、政策和法规等一类文件的通称。

在农村信息化标准体系中，标准体系涵盖的范围不局限于标准，还包括其他规范性文件，如规程、流程、方案、制度、规范等。

2）标准

关于标准的研究可以追溯到科学管理之父泰勒。1911年，泰勒在专著《科学管理的原理》指出，一切管理工作均可用科学的方法加以研究和解决，其核心是实行各方面的标准化。

美国学者约翰·盖拉德（J.Gaillard）最早对“标准”做出定义，他在1934年出版的《工业标准化—— 原理与应用》（Industrial standardization—Its principles and Application），书中对标准作了详细的解释，“标准是对计量单位或基准、动作、物体、过程等，给出定义，做出规定和详细说明”②。该解释对标准化的对象和特征加以说明。

1972年，英国桑德斯（T.R.B.Sanders）出版了《标准化的目的与原理》（The Aims and Principles for Standardization）一书，其中对标准作了界定：标准是公认的权威，是被当局批准的一个个标准的工作成果③。该定义从标准的形式和程序进行了描述。

Helgesson C.F，S.Hulten和 D.J.Puffert（1995）等明确指出，标准“属于规制范畴的普遍接受的促进合作的准则”，该解释是从标准的性质来定义的④。

① 岳高峰，赵祖明，邢立强．标准化理论与实务[M]．北京：中国计量出版社，2011：14.

② John Gaillard,Industrial Standardization:It’s Principle and APPlication,the H.W.Wilson ComPany.,1934.

③ [英]桑德斯．标准化的目的与原理（中文版）[M]．北京：科学技术文献出版社，1974：24.

④ Helgesson C.F，Hulten S，Puffert D J.Standards as institutions:problems with creating all-European standards for terminal equipment.Groenewegen J Pitelis C Sjostrand.On Economic Institutions.Edward Edgar Publishing，1995:162-184.

日本工业标准调查会（Japanese Industrial Standards Committee，JISC），制定的日本工业标准 JIS Z8101《品质管制术语》里对“标准”的定义是：“为使人们之间能够公正地得到利益或方便，出于统一和通用化的目的，而对物体性能、能力、状态等所做的规定。”

根据国际标准化组织（ISO）的定义：标准是以科学、技术、经验的综合成果为基础，以促进最佳社会效益为目的，经有关方面协商一致，并经一个公认的机构所批准，在一定范围内共同遵守的技术性文件。

我国既是ISO的成员国，又是WTO的缔约国，我国对标准的定义采用了ISO定义，但在履行WTO协议时，必须遵守TBT协定。“标准”是标准化中最基本的概念。

《中华人民共和国加入议定书》的第13条第2款中的规定：中国应自加入时起，使所有技术法规、标准和合格评定程序符合《世界贸易组织技术性贸易壁垒协定（WTO/TBT协定）》。在（WTO/TBT）的附件1中对标准作了如下定义：“经公认机构批准的、规定非强制执行的、供通用或重复使用的产品或相关工艺和生产方法的规则、指南或特性的文件”。

我国国家标准《标准化基本术语　第一部分》（GB 3935.1—1983）中定义：标准是对重复性事物和概念所做的统一规定。国家标准《标准化工作指南　第1部分：标准化和相关活动的通用词汇》（GB/T 20000.1—2002）所做定义：“为了在一定的范围之内获得最佳秩序，经过协商一致制定且由公认机构批准，共同使用和重复使用的一种规范性文件”，“标准应以科学、技术和经验的综合成果为基础，以促进最佳社会效益为目的”[①]。这个定义基本与上述的国际定义内涵一致。最新国家标准《标准化工作指南　第1部分：标准化和相关活动的通用术语》（GB/T 20000.1—2014）定义：标准是通过标准化活动，按照规定的程度经协商一致制定，为各种活动或其结果提供规则、指南或特性，供共同使用和重复使用的文件。

《现代汉语词典》（第5版）对标准所下的定义是“衡量事物的准则”[②]。著名管理学学者周三多教授将标准定义为“检查和衡量工作及其结果（包括阶段结果与最终结果）的规范”，并指出“制定标准是进行控制的基础。没有一套完整的标准，衡量绩效或纠正偏差就失去了客观依据”[③]。

陈振明将标准定义为“衡量政策的实际效果即绩效的尺度”，并将确立标准作为进行政策控制的首要环节[④]。

上述定义，从不同角度解释了标准这一概念的内涵，归纳起来可以表述为：标准是重复性的、具有实践性的，用来规范事物的文件。

---

① 国家标准．GB/T 20000.1—2002标准化工作指南 第1部分：标准化和相关活动的通用词汇[M]．北京：中国标准出版社，2002.

② 中国社会科学院语言研究所词典编辑室．现代汉语词典[M]．5版.北京：商务印书馆，2005：89.

③ 周三多，陈传明，鲁明泓．管理学——原理与方法[M]．3版.上海：复旦大学出版社，1999：469.

④ 陈振明．政策科学：公共政策分析导论[M]．2版.北京：中国人民大学出版社，2004：355.

2．标准的特征

（1）标准具有规范性。标准应该以文件作为表现的形式，包括纸质和电子形式的文件。一般而言，文件的规范性表现在形式和内容的规范，而标准的形成就是一种与其他形式的文件不同的、具有特殊形式的文件，它的实施同样具有规范性。

（2）标准具有实践性。标准是实践经验的总结，它把过去的生产、生活经验累积起来，新标准的产生是经验积累到一定程度的结果。

2.1.3.2　标准化的内涵及特征

1．标准化的内涵

国际国内对标准化的相关理解都是从标准化的目的出发。国际标准化组织（ISO）将标准化界定为：是为了所有关联方面的利益，特别是为了促进最佳的经济发展并考虑到产品使用与安全要求，在所有关联方的协作下，进行有序的特定活动所制定并实施各项规则的过程。国家标准《标准化基本术语　第一部分》（GB 3935.1—1983）对标准化所下定义：在经济、技术、科学及管理等社会实践中，对重复性事物和概念通过制定、发布和实施标准，达到统一，以获得最佳秩序和社会效益。国家标准《标准化工作指南　第1部分：标准化和相关活动的通用词汇》（GB/T 20000.1—2002）对“标准化”的定义是：“为在一定的范围内获得最佳秩序，对现实问题或潜在问题制定共同使用的和重复使用的规则的活动。标准化活动主要包括编制、发布和实施标准的过程，标准化的主要作用在于为了其预期目的改进产品、过程或服务的适用性，防止贸易壁垒，并促进技术合作”。我国国家标准化管理委员会认为，标准化是为在一定的范围内获得最佳，对实际的或潜在的问题制定共同的和重复使用的规则的活动[①]。

最新国家标准《标准化工作指南　第1部分：标准化和相关活动的通用术语》（GB/T 20000.1—2014）中对标准化的定义：为了在既定范围内获得最佳秩序，促进共同效益，对现实问题或潜在问题确立共同使用和重复使用的条款以及编制、发布和应用文件的活动。

对于标准化的理解，学者们也为之进行了定义。1972年，日本政法大学教授松浦四郎在《工业标准化原理》一书中指出：标准化是一项社会活动，各有关方面应相互协作来推动它。

综合上述研究可知，标准化就是为了在一定领域内达成秩序最优，对实际存在的问题或可能存在的问题制定具有目的、规范的活动过程。

2．标准化的特征

（1）标准化不是单独存在的事物，也不是一个静态的事物，它是一个活动过程，而且是一个动态的、不断发展的活动过程。它贯穿于标准制定、组织、实施、评估、监

① 国家标准化管理委员会．农业标准化[M]．北京：中国计量出版社，2004：27.

督，进而修订的过程。

（2）标准化是一项有目的的活动[①]。标准化的目的性是使生产和生活获得最优的结果，而这个过程可以是阶段性的，因此，标准化随着时间的变化可以有多个目的存在。

（3）标准化是形成规范的活动。标准化的目标是通过系列标准对行业中的行为、方法、结果等内容加以规范，提高生产效率，提升服务质量，以形成科学、完备的服务过程。

2.1.3.3 农村信息标准化

信息化是一项综合性的社会和经济信息系统的超大工程，解决这一问题的必要手段之一就是信息化过程中的标准化。

标准化与信息化是不可分割的有机整体，无论是国家推进的电子政务建设，还是企业的信息化，其建设都必须坚持“统筹规划，统一标准”的方针，通过标准化的协调和优化功能，保证各单位信息化建设少走弯路、提高效率，确保系统安全可靠[②]。

有些学者首先对标准化做了界定。农业部农村社会事业发展中心对标准化的内涵做了说明：标准化追求最佳性、具有继承性、最大效益性、利益保护性、共赢性[③]。

在信息标准方面，林青等（1999）将信息标准定义为：用于对信息及其使用方式进行规定，并在系统化等理论基础上，由相关部门审批、发布的标准和规范[④]。何振、周伟（2005）认为，信息化标准是制定和实施标准的不断循环的活动，信息标准化目的是由标准在社会实际中的作用来表现出来的[⑤]。王伟（2006）在《医学信息学》中对“信息标准”的定义：指在信息的产生、传输、加工和处理时，对信息的各个概念、名称等进行的规范[⑥]。

在农业信息标准化方面，郭新宇等学者在对农业信息标准化进行定义时指出，广义上说是对农业信息及信息技术领域内最基础、最通用、最有规律性、最值得推广和最需共同遵守的事物和概念，以便在一定范围内达到某种统一或一致，这种统一或一致是推广和普及信息技术和实行信息资源共享的先决条件，将有利于农业信息资源得到较好开发利用和农业信息产业的形成[⑦]。狭义的农业信息标准化是指农业信息表达上的标准化[⑧]。

综上所述，农村信息标准化是指在农村中实施的信息管理和数据处理的工作活动，

① 李春田．标准化概论[M]．4版．北京：中国人民大学出版社，2011：10.

② 李春田．标准化概论[M]．4版．北京：中国人民大学出版社，2011：214.

③ 农业部农村社会事业发展中心．农业标准化理论与实践[M]．北京：中国农业出版社，2011：9-11.

④ 林青，孙黎莹．交通行业信息标准体系表的研究[J]．交通标准化，1999（1）：14-15.

⑤ 何振，周伟，电子政务信息资源共建共享的基石——信息标准化问题分析[J]．情报理论与实践，2005（6）：598-599.

⑥ 王伟．医学信息学[M]．北京：高等教育出版社，2006：32.

⑦ 郭新宇.初析农业信息标准化[J]．中国标准化，2001（11）：8-9.

⑧ 郭新宇，赵春江，王素英.数字农业信息标准研究[J]．中国农学通报，2005（5）：404-407.

主要涉及农村农业生产和生活信息，由特定的组织发布和制定一系列标准，具有统一性、重复性，通用性、科学性等特性，是一个促进农业发展、提高农民生活水平和丰富农村社会生活的规范性的过程。

2.1.4 标准体系与农村信息化标准体系

标准体系是系列标准及其实施环境构成的系统，它可以是规划阶段中未来的标准体系，也可以是当前已有的标准体系。在经济社会运行过程中，标准体系是由具体标准组成的整体，发挥着实质性的作用。标准体系主要通过标准中的技术条款发挥作用，并规范着技术的运行秩序[①]。

1．标准体系内涵

体系是相互联系或相互作用的一组要素的集合[②]，又称为系统（System）。在《标准体系表编制原则和要求》（GB/T 13016—2009）中被定义为：相互关联或相互作用的一组要素。

依据《标准体系表编制原则和要求》（GB/T 13016—2009），标准体系是一定范围内的标准按其内在联系形成的科学有机整体。它的具体表现形式是标准体系的结构图（标准体系框架）和体系表[③]。标准体系框架描述了标准体系的组成及相互关系。标准体系表列出标准体系中各个标准的名称，并阐述了每个标准的内容、用途及其与信息活动各环节的对应关系。

刘世洪、胡海燕等人将标准体系定义为，一定范围内的标准按其内在联系形成的科学有机整体。曹光等人认为，每个技术行业中均存在一定数量的标准，这些标准组成一个完整的技术系统，称之为标准体系[④]。张勇、宋明顺在其研究中指出农业标准体系是指围绕农业、林业、畜牧业和水产业制定的产前、产中、产后全过程限量标准的总和，还包括为农业服务的化工、水利、机械、环保和农村能源等方面的标准[⑤]。

综上所述，几乎每个行业都存在着一定数量的标准，特别是技术性行业，它们以系统化的标准为表达形式，包括制定和实施环节的完整的系统，人们将之称为标准体系。

2．农村信息化标准体系

农村信息化标准体系是农业标准体系的重要组成，其发展较慢，我国学者对它的研

① 岳高峰，张成宇．浅析标准体系的原理和基本概念[J]．中国标准化，2011（11）；53-56.

② Jurgen Wettig. New developments in standardization in the past 15 years— product versus process related standards[J]. Safety Science, 40 （2002）; 51-56.

③ 国家标准．GB/T 13016—2009 标准体系编制原则和要求[S]．北京：中国标准出版社，2009.

④ 曹光祥，李金林，等．标准体系的使用期的模型与分析[J]．数据统计与管理，2006（1）：73.

⑤ 张勇，宋名顺.标准化是改变农业弱质性的必然选择——浙江省农业标准体系构建的思考[J]．商业研究，2005（3）：171.

究尚不多[①]。虽然有些学者对于农村信息化标准体系的结构作了探讨，但很少有学者赋予它一个合适的定义。

结合上述研究，农村信息化标准体系是指农村信息化领域的一系列标准及标准体系表的共同体。在农业领域中，可以从组织、内容和实施三个方面来构建这个体系，从结构空间上满足了农村信息化建设的基础需求，从技术层面上达到了标准体系建设的全面性，扩展了标准的存储容量，它具有统一性、科学性和系统性的特点。

2.1.5　公共危机与危机防控

不同的学者从不同的角度对于危机的定义也不尽相同，国内外的学者们都有自己独到的见解。危机是对一个社会系统的基本价值和行为准则架构产生了严重威胁，而且在时间压力和不确定性极高的情况下，必须对其做出关键决策的事件[②]。

对于公共危机治理与防控，罗伯特・希斯提出公共危机的4R管理模式，即缩减、预备、反应、恢复四个环节组成了应对公共危机的重要过程[③]。米特罗夫提出五阶段划分法，将危机管理分为信号侦测、探测和预防、控制损害、恢复阶段、学习阶段五个阶段。奥古斯丁・R・诺曼经过研究将危机管理分为避免、准备、确认、控制、解决、并从中获利6个阶段[④]。耐德尔提出面对公共危机的发生，政府应该考虑各项因素、制定多种方案，进行最优决策[⑤]。Aladegbola,I.A.和Akinlade,M.T.以尼日利亚为例，指出应对公共危机，决策者需要提前做好包括对象、时间、方法等的详细应急计划和功能维护，做好相关人员日常的应急预案培训，政府需要做好充足的资源准备、加强监测和监视资源的情报功能，最大和最有效地利用现有资源和能力，真正解决“内核”问题才是提高应对能力的关键[⑥]。许士春和魏钢毅（2012）构建了“由指挥调度、处置执行、资源供给、信息处理和决策辅助”5个子系统组成模式化管理体系，他们从公共危机发生的前、中、后期，平常和非平常状态，静态和动态状态分别对管理系统的常规运行和切换进行了研究[⑦]。

本文将大数据时代公共危机防控界定为：利用现在信息手段获取的危机数据信息，由政府对数据加以规范化、科学化处理后，对公共危机发生的事前、事中和事后阶段进行预警、治理及恢复的决策过程。

---

① 刘世洪，胡海燕，等．农业信息化标准体系框架研究[J]．农业网络信息，2006（2）：13-14.

② 薛澜、张强、钟开斌．危机管理：转型期中国面临的挑战[J]．中国软科学，2003（4）.

③ 罗伯特・希斯．危机管理[M]．王成，译．北京：中信出版社，2001：30~31.

④ 诺曼・R・奥古斯丁，等．哈佛商业评论精粹译丛：危机管理[R]．中国人民大学出版社，2001.

⑤ 肖鹏军．公共危机管理导论[M]．北京：中国人民大学出版社，2006：43-45.

⑥ Aladegbola,I.A.　Akinlade,M.T. Emergency Management：　A Challenge to Public Administration in Nigeria[J].　International Journal of Economic Development Research and Investment.2012：82-90.

⑦ 许士春，魏钢毅．公共危机模式化管理问题研究[J]．山东社会科学，2012：158-162.

2.2 大数据时代农村信息化标准体系建设的理论基础

为了顺应大数据时代潮流，标准化作为一门科学，毫无疑问应该有它自己的理论，标准体系建设是某个领域中大部分人都享有的、公共的社会活动，这是个自发性的过程，这个过程需要有与实践相一致的理论指导。要使农村信息化标准体系的建设更加表现出科学性、整体性、目标性、层次性等基本特征，必须要以科学的标准体系建设理论为基础。只有这样，标准体系建设才可能适应社会需要，才能发挥更大的作用。一直以来，国际国内的标准化专家学者们都在关注标准化相关理论的研究。

由于人们在进行标准体系建设等一系列标准化活动中，一般考虑的是标准的建立及其在实践中的应用，对基础性理论研究的并不多，有些学者提出了标准化的方法；还有学者们在研究标准体系时，沿用系统论的理论观点来进行研究，特别是在某些专业领域中，常常运用系统论来解释和阐述标准体系的构建准则[①]；也有些学者在研究标准的性质时，结合了公共物品的性质加以研究；另一些学者认为标准是对信息资源的计划性采用，因此，使用了信息资源规划理论来进行分析和阐述。也有学者在研究农村科技服务时提出了“双螺旋结构”理论，试图分析公共服务的实质。

因此，本部分以标准化理论、公共品理论、系统论、信息资源规划理论和“双螺旋结构”理论为基础，结合我国农村信息化发展情况和标准体系建设特点，对农村信息化标准体系建设进行分析。

2.2.1 标准化理论

标准化理论是标准化研究和实践的基石，它源于实践，又反作用于实践，涉及原理、形式和分类等多项内容[②③④]。

标准化理论研究在国外出现的比较早，是以标准化作为研究对象进行解释和分析的。美国盖拉德（J. Gaillard）最早在《工业标准化——原理与应用》（1934年）中对标准化定义进行了定义，并以标准化理论问题为研究重点，对标准化实践进行了分析[⑤]，这个过程将标准化发展建设提升到理论层面。

2.2.1.1 标准化理论的基础原理

1952年，ISO将国际标准化组织标准化原理委员会（ISO/STACO）设立为常设机

① 岳高峰，赵祖明，刑立强．标准体系理论与实务[M]．北京：中国计量出版社，2011.

② Sanders, T.R.B. .The aims and principles for standardization[M]. Geneva: International Organization for Standardization, 1972：1-115.

③ 松浦四郎．工业标准化原理[M]．北京：技术标准出版社，1972：1-75.

④ 李春田．标准化概论[M]．5版．北京：中国人民大学出版社，2010（7）：1-139.

⑤ J. Gaillard , Industrial Standardization: Its Principles and Applications[M].1934,H. W. Wilson Co. New York.

构。该机构在标准化建设的发展进程中发挥着重要的作用，其主要任务是从事标准化理论和方法的研究，目的是建立科学的、系统的、公用的原理，并且用自己的方式对“标准化”和“标准”进行定义①，这在一定程度上明确了标准化理论形成的重要地位。

标准化理论最有影响的著作有英国学者桑德斯在1972年出版的《标准化的目的与原理》、日本学者松浦四郎的《工业标准化原理》和曾任印度标准学会（ISI）主席Lal C.魏尔曼于1972年出版的《标准化是一门新学科》。这三部标准化的专著，意味着标准化理论和标准化的发展已有了一定的雏形，其中详细描述了标准化原理的是桑德斯和松浦四郎，他们研究主要从实践方面着手，为标准化原理的研究工作起到了一定的推动作用。

1．桑德斯七项原理

1974年，英国标准化专家T・R・桑德斯认真总结了标准化活动过程的实践经验，撰写著作《标准化原理与方法》，从标准化的目的、作用和方法上提炼出七项原理，并阐明标准化的本质就是有意识的努力达到简化，以减少目前和预防以后的复杂性。七项原理如下②：

原理1：从本质上来说，标准化是社会有意识地努力达到简化的行为。标准化不仅是为了减少当前的复杂性，而且也是为了预防将来产生不必要的复杂性。

原理2：标准化不仅是经济活动，也是社会活动，应该通过所有相关者的互相协作来推动。标准的制定必须建立在全体协商一致的基础上。

原理3：出版了标准，如果不实施，就没有任何价值。在实施标准时，为了多数利益而牺牲少数利益的情况是常有的。

原理4：在制定标准时，最基本的活动是选择以及将其固定之。因此，要慎重地从中选择对象和时机。而且，标准应该在某一时期内固定不变，以利于实施。如果朝令夕改，只会造成混乱而毫无益处。

原理5：标准在规定的时间内复审，必要时，还应进行修订。

原理6：制定产品标准时，必须对有关的性能规定出能测定或能测量的数值。必要时，还应规定明确的试验方法和必要的试验装置。需要抽样时，应规定抽样方法、样本大小和抽样次数等。

原理7：标准是否以法律形式强制实施，应根据标准的性质，社会工业化程度，现行法律和客观情况等慎重地加以考虑。

2．松浦四郎的十九项原理

日本松浦四郎先生是首先提出用熵理论解释标准化现象，并巧妙地尝试了用数学方

① Henk de Vries, A Business Approach to the Role of National Standardization Organizations [M], Kluwer Academic Publishers, 1999.

② [英]桑德斯.标准化的目的与原理[M]. 中国科学技术情报研究所，译. 北京：科学技术文献出版社，1974.10：1-11.

法解决品种简化及其经济效果问题的标准化专家。在1972年出版的《工业标准化原理》一书中，全面系统地研究和阐述了标准化活动过程的基本规律，提出了十九项原理①：

（1）标准化本质上是一种简化，是社会自觉努力的结果。

（2）简化是减少某些事物的数量。

（3）标准化不仅能简化目前的复杂性，而且还能预防将来产生不必要的复杂性。

（4）标准化是一项社会活动，各有关方面应相互协作来推动它。

（5）当简化有效果时，它就是最好的。

（6）标准化活动是克服过去形成的社会习惯的一种活动。

（7）必须根据各种不同观点仔细地选定标准化主题和内容，优先顺序应从具体情况出发来考虑。

（8）对“对全面经济”的含意，由于立场的不同会有不同的看法。

（9）必须从长远观点来全面评价经济。

（10）当生产者的经济和消费者的经济彼此冲突时，应该优先照顾后者，简单的理由是生产商品的目的在于消费或使用。

（11）使用简便最重要一条是“互换性”。

（12）互换性不仅适用于物质的东西，而且也适用于抽象概念或思想。

（13）制定标准的活动基本上就是选择然后保持固定。

（14）标准必须定期评论，必要时修订，修订时间间隔多长，将视具体情况而定。

（15）制定标准的方法，应以全体一致同意为基础。

（16）标准采取法律强制实施的必要性，必须参照标准的性质和社会工业化的水平审慎考虑。

（17）对于有关人身安全和健康的标准，法律强制实施通常是必要的。

（18）用精确的数值定量评价经济效果，仅仅对于使用范围狭窄的具体产品才有可能。

（19）在拟标准化的许多项目中确定优先顺序，实际上是评价的第一步。

2.2.1.2 标准化管理原理

我国的标准化理论发展源于1974年，以李春田为代表的中国标准化工作者首次提出“优化、统一、简化是标准化的基本方法”，“在优化的基础上统一和简化是标准化最基本的特点”。1982年，又进一步概括为：“统一、简化、选优和协调”的“八字”原理。经过近30年的研究，又渐渐演化成4条管理原理，如下：

1. 系统效应原理

标准系统的效应不是直接地从每个标准本身而是从组成该系统的互相协调的标准

① [日]松浦四郎．工业标准化原理[M]．熊国凤，薄国华，译.北京：技术标准出版社，1981.1:12-73.

集合中得到的，并且这个效应超过了标准个体效应的总和[①]，即系统效应原理。该原理指出：

（1）标准体系是一个有机系统，发挥着一定的效应，其效应与组成该系统的所有子标准及其结构有着密切的联系，但并不简单是单个标准效应的总和。

（2）标准体系的各要素的构成或组合方式不同，所产生的效果也可能不同，依照特定的目标来使标准体系中的资源共享和要素进行科学的整合和使用，就会“以较小的代价取得更大的效益”。

2. 结构优化原理

标准系统要素的阶层秩序、时间序列、数量比例及相互关系，依系统目标的要求合理组合，使之稳定，才能产生较好的系统效应[②]，即结构优化原理。该原理表明：

（1）标准体系的结构并不是自发形成的，而是经历了一个从普通到优化的过程后，才得以形成，并产生较好的效应。

（2）标准体系并不是采用单一的结构，而多样化的结构特征正是它实现结构优化的基础，保持稳定的子标准之间的合理关系，可以提高标准体系的应用效应。

（3）标准体系的结构优化建立在稳定的基础之上，只有保持结构的稳定，才能使其功能可持续地发挥。

3. 有序发展原理

标准系统只有及时淘汰其中落后的、低功能的和无用的要素（减少系统的熵），或补充对系统进化有激发力的新要素（增加负熵），才能使系统从较低的有序状态向较高的有序状态转化[③]，即有序发展原理。该原理表明：

（1）标准体系在经历了优化之后，并不能保持一致的稳定状态，随着体系外部和内部的变化，一定会转为不稳定状态，应通过调整体系的各要素及要素之间的关系，以寻求更加稳定有序的状态。

（2）标准体系中总会有一些标准在一段时期后成为低效的标准，如果要提高标准体系的运转效率，必须要对这类标准进行简化，提高有序度。

4. 反馈控制原理

标准系统的演化、发展以及保持结构稳定性和环境适应性的内在机制是反馈控制；系统发展的状态取决于系统的适应性和对系统的控制能力[④]，即反馈控制原理。该原理表明：

（1）标准体系若要发挥系统效应，必须要通过不断的反馈，来调节与外部环境之间

---

① 李春田.标准化概论[M].北京：中国人民大学出版社，2010:49.

② 李春田.标准化概论[M].北京：中国人民大学出版社，2010:51.

③ 李春田.标准化概论[M].北京：中国人民大学出版社，2010:54.

④ 李春田.标准化概论[M].北京：中国人民大学出版社，2010:57.

的关系。

（2）标准体系本身无法实现的优化和有序性，只有在一定的控制下，即标准化管理部门的反馈之下，才能达到进一步的有序。

2.2.1.3 农村信息化标准体系与标准化理论

我国的信息化标准建设是由政府主导的，对于信息化的发展具有一定的管理意义，遵循着标准的一般管理原理。首先，人类的信息化活动，在一定意义上就是不断地对外部信息进行加工、处理、传输等，使其变成全社会通用的标准，并建立标准体系。信息化的过程实现了信息系统的运转，其中，通过从外界获得环境变化的信息，并根据所得信息对标准体系进行控制，使之与外部环境相协调，因此形成了一个不断循环的系统；其次，信息化的标准体系建设，并不是单个标准的制定，而是同一领域内多个标准的优化组合，最终形成了一种稳定的、有效的结构；再次，当信息化标准形成后，该类标准在信息领域不断被实施，但是信息化是一个不断更新的过程，在一定时期后，它可能会无法适应社会客观的要求，即标准体系不再是以前的稳定有序状态，标准体系中的某些标准就处于功能较低的无序状态，此时，如果通过标准的修订，就会对标准体系起到激发作用，使落后的标准演化成为一个新的有序状态；最后，对于任何一个信息化标准体系，除了持续的信息传递以外，信息的接受者应对所使用的信息的质量、数量、性质等通过一定的介质反馈给发送方，即形成一个信息传送回路，同时，标准体系在一定的控制下，即标准化管理部门的有力反馈控制下，利用控制的信息进行各种技术和行政措施，使回路更稳定地形成，这为标准的进一步修订和实施发挥着作用。

2.2.2 公共产品理论

公共产品理论（Public Goods Theory），是新政治经济学的一项基本理论，作为满足社会公共需要的载体，公共物品或服务的对应概念是私人物品或服务，是满足私人个别需要的载体[①]。很多经济学家从不同的视角对公共物品这一理论进行了研究，如大卫·休谟、林达尔、萨缪尔森、亚当·斯密、李嘉图、马歇尔、帕累托等。

2.2.2.1 公共产品理论的内涵

公共产品是相对于私人产品（Private Goods）而言的，研究的拓荒者是英国经济学家大卫·休谟。他认为，如果某类任务的完成对单个个体来讲意义不大，但是却会对整个社会产生价值，那么这类任务就应该由集体或者组织来完成。

虽然学者们对公共物品理论研究的比较早，但是理论界普遍认为给出公共品规范性分析的是保罗·萨缪尔森（Paul A.Samuelson），他被称作“公共产（物）品”的奠基

① 高培勇．公共经济学[M]．北京：中国人民大学出版社，2010：43.

人。萨缪尔森在1954年、1955年分别发表的《公共支出的纯粹理论》和《公共支出理论的图式探讨》两篇文章中提出并部分地解决了公共产品理论的一些核心问题。他把公共物品定义为：所有人可以共同享用的物品，每个人对该物品的消费不会减少他人对该物品的消费。纯私人品是指只有获取某种物品的人才能消费这种物品的物品。他认为，公共产品具有非竞争性的特征。这种具有非竞争性的物品应该由政府来提供，即公共物品应该由政府提供。这一观点也得到了马斯格雷夫的认可①。

在其定义中，假设X_s和Y_s分别表示纯公共品和纯私人品的总供给；n为经济中消费者人数；X_i和Y_i为个人i消费公共品X和私人品Y的数量；MC_i为新增加的个人i所引起的边际成本。公共品和私人品在消费上的排他性和竞争性区别可以用公式表示为

$$X_s = X_i \cdots = \mathrm{X}_n \quad (1)$$

$$Y_s = Y_i \cdots = Y_{n-i} \quad (2)$$

$$MC_i(x) = 0 \quad (3)$$

$$MC_i(y) > 0 \quad (4)$$

式（1）表明，公共品X的总量一旦被提供，则它可以被社会中的每个成员等量地消费，即个人在消费公共品时彼此并不排斥；式（2）表明，私人品Y的问题一旦被提供，若被社会中的第一个人消费了Y_1个单位，则剩余的人就只能在（Y_s—Y_1）的范围内进行选择，即个人在消费私人品时是互相排斥的；式（3）表明增加一个消费者不会增加公共品的生产成本；式（4）表明，增加一个消费者必然增加私人品的生产成本②。

萨缪尔森指出，公共物品应该由政府义务为社会成员提供。如果消费者对于消费品采取的是不消费行为，那么这种行为对社会发展而言有害无益，因此，对公共品的免费才可以使之发挥更大效应③。但是，萨缪尔森的公共产品理论具有明显的局限性，后来有些学者对他的理论进行了更深入的研究，从公共品性质等方面拓宽了研究视域④。

乔治·恩德勒（Georges Enderle）对公共品的定义采用了非排斥原则和非敌对原则。他在阐述公共品的内涵和外延时，从公共品的技术性、效率性和伦理性等多方面结合起来加以界定。这种解释一方面拓宽了学者们的研究思路和研究视野；另一方面有助于人们更好、更科学地理解和掌握公共品的本质和特征⑤。

学者布坎南（James M.，Buchannan）则认为，对公共物品进行讨论的原因，就是要构建一个新的理论，它与“私人提供物品理论”刚好相对，可以将之称为“政府提供

① Musgrave,Richard A.,The Theory of Public Finance[M]. New York:McGraw-Hill,1959,p.44.

② 郭庆旺，赵志耘．财政学[M]．北京：中国人民大学出版社，2002：96.

③ Samuelson P. A., “Aspects of Public Expenditure Theories”, The Review of Economics and Statistics, vol.40,1958, pp.332-335.

④ Samuelson,P.A.,” The pure theory of public expenditure”,Review of Economics and Statistics,vol.36,1954,pp.387-389.

⑤ 安森东．区域性农业信息化建设模式研究[D]．中国海洋大学，2011.

物品理论”[1]。

Tiebout[2]、Clarke[3]以及 Tideman与 Tullock[4]等学者提出公共部门怎样有效地配置公共物品的对策。

2.2.2.2 公共品理论的特征

萨缪尔森提出，公共产品具有非排他性（Non-excludability）和非竞争性（Nnon-rivalness），但这并不是由于思想意识和阶级立场等来自于主观的原因造成的，这种差异更可能是来自于技术层面，因此公共产品的存在具有一定的局限性。首先，公共产品的这两个特征“非竞争性和非排他性”，具有静态性、封闭性的特点，并且有其适用的范围，因此，使它难以满足社会和经济发展的多元化和动态需求。其次，由于统计工具的改善和核算方法的不断发展，公共产品的非竞争性将会导致的那种生产成本和边际成本为零的公共品不可能绝对存在。最后，由于高新技术的推广和运用，导致以前的具有非排他性的产品最终实现排他性，这在一定的方面会降低排他性的成本。

因此，与私人产品相比较，公共产品具有与私人产品显著不同的三个特征：效用的不可分割性、消费的非竞争性和受益的非排他性。

1．效用的不可分割性（non-divisibility）

效用的不可分割性是指公共品是向全社会提供的，体现了全体社会成员共同受益的特征。社会成员可以享用到它的所有效用，这种效用是无法被分割成块、无法为某个个体或组织单独享用。而私人物品是与公共品相对的概念，私人物品的效用具有分割性，它的主要特征就是可以被分割为若干能够被个体或组织单独掌握的块，其效用是只为那些为其付款的人提供，换句话说，就是谁付款谁受益。

2．消费的非竞争性（non-rivalness）

消费的非竞争性指某个个体或组织对公共品的采纳和服务的享用，并不影响其他个体或组织的享用，也不用因此减少其他人使用该公共品的数量或质量。非竞争性实际上说明了在公共物品被使用时，用户数量的增加并不会减少某个人对公共物品的消费总量，也就是说，消费者增加与否，边际成本仍然等于零。但是，对私人物品的消费却具有竞争性，当某个个体或组织对私人物品享用时，在一定程度上就影响了他人对该物品的享用数量，因而，私人物品的边际成本显然不能为零。

3．受益的非排他性（non-excludability）

非排他性指面对某种物品时，无法阻止别人消费这种物品，或者阻止的费用非常高。或者说，没有办法将拒绝为之付出的成员排除在公共品的受益范围之外。但是，

---

① 张五常．高斯的灯塔，卖桔者言（增订本）[M]．香港：花千树出版有限公司，2000：53.

② Tiebout, Charles M.,“A Pure Theory of Local Expenditure”， Journal of Political Economy, vol.64, 1956, pp.416-424.

③ Clarke, Edward H.,“Multipart Pricing of Public Goods”， Public Choice, vol.11, 1971, pp.17-33.

④ Tideman, T. Nicolaus and Tullock, Gordon, “A New and Superior Process for Making Social Choices”， Journal of Po-litical Economy, vol.84, 1976, pp.1145-1160.

私人物品却具有排他性，这些由生产者通过市场来提供的私人物品，人们都愿意为之付出。

2.2.2.3　农村信息化标准体系与公共品理论

1．信息化具备公共品性质

进行信息传播需要借助于一定的媒介，而公共媒介就是一种通用的公共物品，如电子显示屏、电视、电脑、无线广播等。一旦社会为人们提供了传播媒介或传播信息，那么原有的接受者并不会受到新来者的影响，同样，也很难使另一部分人不接收到传播内容。越来越多的经济学家被公共品的性质所吸引，他们更多地关注公共品所具有的非竞争性与非排他性，如萨缪尔森①、布坎南②、德姆塞茨③等都曾经研究过大众信息媒介的供给问题。萨缪尔森在其研究中曾指出，“组织一旦为人们提供了电视节目，那么，多增加一个家庭的消费并不会引起成本的增加，即边际成本为零。因此，完全可以为人们免费提供类似的信息，因为这种产品一方面能够提升人们的福利水平，另一方面又不需要增加额外的成本”④。所以，信息化完全遵循了公共产品的性质，既为人们提供了信息，满足了人们的需求，又为促进当地经济发展提供了可能。如果按照利益最大化原则，信息提供方实际上满足了边际成本与边际收益相等的条件，因此，信息的传播其实是作为公共品的服务。

2．农村信息化标准体系建设是公共产品的供给

对于农村社会的发展和农户利益的满足而言，公共产品的供给是必不可少的环节。根据公共财政理论，公共产品应由政府来提供，其原因就在于公共产品具有非竞争性和非排他性。其中，非竞争性意味着增加一个农户或龙头企业消费该产品的边际成本为零，依赖于市场有效配置资源的要求，那么消费者就不用再付费。非排他性使农户、专业大户和龙头企业等认为他付费与否都可以享受到信息化标准所带来的利益，并希望他人来承担成本，如政府或行业协会，而自己可以成为“免费搭车”者。标准可以由政府、企业和行业协会来制定。一方面，政府部门为了维护经济秩序，通过一系列的活动进行调查分析后，结合实际情况加以制定，由政府本身支付成本，表现出普遍的、约束性、非排他性、非分割性等特点。标准一旦被制定，进入实施阶段后，不可能成为任何人的专用物品，同时，标准制定后在保持完整性的前提下，由众多的农民、龙头企业、行业等共同享用，具有典型的公共品性质；另一方面，由龙头企业和行业协会为本身的行业运营、产品销售、产品创新和行业管理等方面而制定的企业标准或行业标准，在一定意义上来说，属于准公共品，同样具有非竞争性特征，但非排他性不充分，这是由于

① Samuelson P. A., “Aspects of Public Expenditure Theories”, The Review of Economics and Statistics, vol.40,1958, pp.332-335.

② Buchanan, James M., “Breton and Weldon on Public Goods”, The Canadian Journal of Economics and Political Sci-ence / Revue canadienne d'Economique et de Science politique, vol.33, 1967, pp.111-115.

③ Demsetz, H.,” The Private Production of Public Goods”, Journal of law and Economics, vol.13, 1970, pp.293-306.

④ Samuelson P. A., “Aspects of Public Expenditure Theories”, The Review of Economics and Statistics, vol.40,1958, pp.332-335.

企业是标准制定的单独单位，而行业协会是社会不同领域特有的代表，他们制定的标准由企业内或行业内成员单独享有。

2.2.3 系统理论

2.2.3.1 系统与系统论

系统论的产生已经有70多年的历史了，系统论的核心概念是系统，所有其他概念都可以用系统概念来解释。

1. 系统

系统（Systems）是相互作用的多元素的复合体①。人们将之简述为：如果一个集合中至少有两个可以加以区别的对象，并且集合内所有对象均按照特有方式相互发生联系，那么可以将该集合称之为一个系统。比尔（S.Beer）认为，系统是具有动力学联系的诸元素之内聚统一体②。“标准化也是一门系统工程，任务就是设计、组织和建立全国的标准体系，使它促进社会生产力的持续高速发展”③。

因此，就有学者形成了著名的“自组织临界性”理论，该理论以沙堆为重要模型，将之看作是一种系统，并发现了许多深刻的系统规律和机制④。由此可见，系统无处不在，并且发挥着重要作用。

2. 系统论

提出量子论的普朗克（M.Planck）认为，“科学是内在的整体，它被分解为单独的部门不是取决于事物的本质，而是取决于人类认识能力的局限性。事实上，在自然界存在着一条不间断的链条，链条上的每个链接点依次分别代表着物理、化学、生物学、人类学和社会科学”⑤。这个结论恰恰说明了系统理论的实质。

2.2.3.2 系统论的发展

早期的系统科学理论包括一般系统论、控制论、信息论和协同论，它们为系统论的进一步发展奠定了基础。

1．一般系统论

1937年，美籍奥地利理论生物学家贝塔朗菲（Von Bertalanffy）在芝加哥大学的一次哲学讨论会上第一次提出了一般系统论的概念。1945年，他在《德国哲学周刊》上发表了《关于普通系统论》一文，明确提出一般系统论的任务是“确立适用于系统的一般

① Bertalanffy von.General System Theory.New York:George Breziller,Inc.1973:33.

② Beer S.Cybernetics and Management.John Wiley &Son,Inc.,1959:7.

③ 钱学森，许国志，王寿云，组织管理的技术——系统工程[N]．文汇报，1978.9.27：第一、四版.

④ Bak P,Chen V.Self-organized Criticality.Scientific American,1991,264（1）:46-53.

⑤ 普朗克．世界物理图景的统一性。转引自黎鸣．试论唯物辩证法的拟化形式[J]．中国社会科学，1981（3）：6.

原则”。1973年，贝塔朗菲出版了《一般系统论：基础、发展和应用》一书。学术界公认把系统作为研究对象的标志就是该书提出的“一般系统论”（General system theory）概念。贝塔朗菲在研究中最常用到的概念就是“整体或系统”、“整体论的方法或系统的方法”等，并且他在研究一般系统论时，确切地阐述了：“一般系统论就是对‘整体’和‘整体性’的科学探索”①，而一般系统论是关于‘整体’的一般科学②。贝塔朗菲认为“系统是处在一定相互联系中与环境发生关系的各组成部分的整体”③。

2．控制论

对控制问题的研究，始于1868年麦克斯韦（J.C.Maxwell）以微分方程为工具分析蒸汽机调速器稳定性的工作。控制论（Cybernetics）是在20世纪30—40年代作为一门现代理论而出现的，控制论是在当时的自动化技术大力发展的情况下出现的。控制论的创始人是美国学者维纳（N.wiener）。1948年，维纳在《控制论》（Cybernetics）一书中将控制论定义为：关于在动物和机器中控制和通信的科学。控制论提出的基本概念，包括目的、行为、通信、信息、输入、输出、反馈等以及在这些概念基础上的控制论系统模型，即输入-输出反馈控制模型，具有特别重大的意义④。因此，可以说，系统科学的发展离不开控制论的发展。

控制是系统建立、维持和提高自身有序性的手段和途径。系统一定会需要对其构成要素进行调节和控制。控制是施控者的主动行为，施控者运用多种可选择的手段，由此规定了控制的可能性，即选择适当的手段作用于对象。所以控制就是施控者选择适当的控制手段作用于受控者，以引起受控者行为状态发生与目的相符的变化（图2-1）。

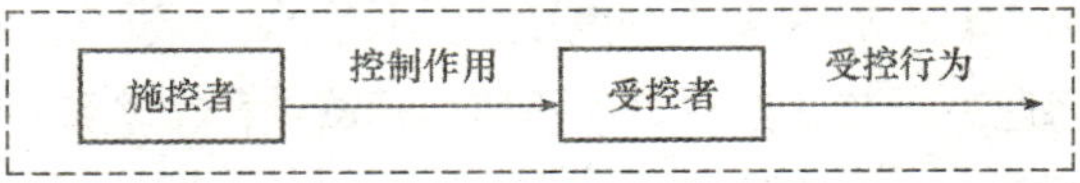

图 2–1　系统内部的控制行为

控制与信息密不可分。实施控制的条件是获取受控对象运行状态、环境、控制效果等信息，控制目标和手段都是以信息形式表现出来的。控制过程就是在一个系统内运用信息的动态过程，是不断获取、处理、选择、传递和利用信息的过程⑤。维纳指出：“控制工程的问题和通信工程的核心问题并不是围绕着电工技术，而是围绕着更为基本的消息概念，不管这消息是由电的、机械的或者神经的方式传递的”⑥。所以，信息是控制论研究的关键内容。

① [美]冯·贝塔朗菲．一般系统论：基础、发展和应用[M]．林康义，魏宏森，等，译．北京：清华大学出版社，1987：序言第3页.

② [美]冯·贝塔朗菲．一般系统论：基础、发展和应用[M]．林康义，魏宏森，等，译．北京：清华大学出版社，1987：34.

③ 杨春时，邵光远，刘伟民，等．系统论、信息论、控制论浅说[M]．北京：中国广播电视出版社，1987.

④ 许国志．系统科学[M]．上海：上海科技教育出版社，2012：6.

⑤ 许国志．系统科学[M]．上海：上海科技教育出版社，2012：323.

⑥ 维纳．控制论[M]．2 版．郝季仁．译，北京：科学出版社，1963：8.

3．信息论

从贝塔朗菲开始的学者们都认为，必须能够撇开与对象有关物质、能量的特殊规定性仅把对象当作系统来研究，但不能撇开信息来研究系统。系统与外界发生的联系，必然要通过交换、加工、利用信息来实现。

1948年，香农发表的《通信和数学理论》一文宣告了信息论（Information theory）的产生。贝塔朗菲把信息论当作系统研究的一个分支，从信息角度阐述他的一般系统论。维纳把通信作为沟通动物、社会、系统的桥梁，延伸了其他学者的观点，明确提出了关于信息的负熵原理，把信息当作系统组织程度的度量尺度，将信息同系统的开放性联系在一起。

系统作为一个统一整体若要生存和发展，它的成分之间必须协调有序地相互作用，系统与外界之间也必须协调地相互作用。

总而言之，从系统论角度来看，控制论是从系统外显的目的行为出发，而香农的信息论则从信息的语法方面建立了传递信息的通信系统模型。

4．协同论

协同论（Synergetics）也被称为协同学或协和学。1971年，协同论由德国著名物理学家赫尔曼·哈肯（H．Hake）首次提出。1976年，他又发表了《协同学导论》，系统地论述了协同理论。协同理论认为，协同或称协作，表现出为协同作用之意，是指在复杂的大系统内，协同行为下的各子系统所产生的作用将会大于单个系统自身的作用[①]。

协同论是指研究开放系统并通过内部子系统间的协同作用形成的有序结构的机理和规律的学科。它是系统论的一个分支，是在信息论、控制论、突变论等理论的基础上发展起来，与20世纪80年代出现的结构耗散理论相结合，通过系列的数学模型和解决方案，产生了多维相空间理论。该理论在对不同科学领域进行实验和分析的过程中，运用先进的统计学和动力学方法，从宏观和微观两个层面上探究事物的相似性，并阐明了事物发展的规律，即从旧结构到新结构的转变机理。协同理论的主要内容可以概括为三个方面[②]，即协同效应、伺服原理、自组织原理。实际上，它是关于非平衡系统的一个自组织理论。

2.2.3.3 农村信息化标准体系与系统论

按照现代系统论的观点，系统普遍存在于人类社会中。同样，标准体系也具有系统的属性。就某个领域的标准体系而言，可以说它是一个系统，对于某个标准而言，也可以说它是一个子系统。因此，可以这样来理解标准体系（图2-2）。

（1）从系统论角度来看，信息化标准体系是一个不可分割的整体。该体系既与组成该系统的各个标准及其结构有关，又不是各个信息标准的简单加总；而且各个标准也与

① Haken H. Synergetics[M]. Berlin: Springer, 1978: 52-60.

② 白列湖．协同论与管理协同理论[J]．甘肃社会科学，2007（5）：228.

它所在的信息领域不断发生着联系，并相互影响。

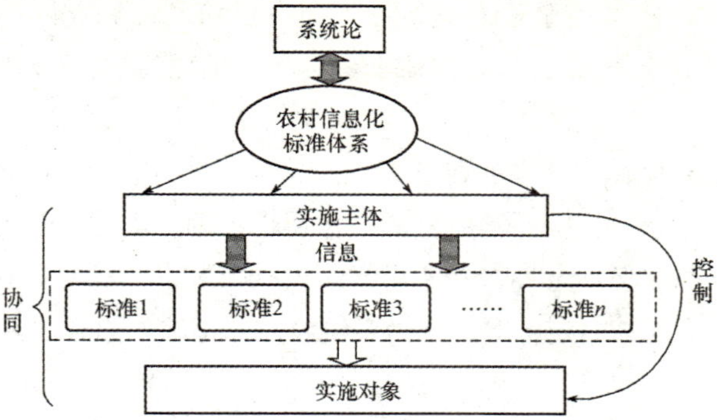

图 2–2　系统论下的农村信息化标准体系

（2）从控制论角度来看，农村信息化标准体系的形成必须要有建设主体及实施对象，二者构成了施控者和受控者的关系。农村信息化标准体系的建设是由一定的部门或组织为主导，按照社会和市场的需求，首先建立一整套的标准，这些标准由农户、龙头企业、专业大户或基层信息员等具体实施，而建设主体只按照标准内容对实施对象进行控制。其中，了解控制对象的特性是非常重要的。这是因为对象的特性不同，其所需要的控制策略也会有所差异，最终的控制效果也会不相同。

（3）从信息论角度来看，若要了解和掌握农村信息化标准体系内部各种信息的流动与交换，信息论为此提供了一般方法论的指导。农村信息化标准体系的形成，必不可少的一部分就是信息，但是这里的“信息”并不是人们一般使用的概念（如消息、情报等），而是一个变量（如标准），它表示信息量的大小和多少，而信息量则是某种不确定性趋向确定的一种量度，消息的可能性越大，信息就越小，如果标准体系是稳定、有序的，它不具有很高的混乱度或选择度，其信息（或熵）是较低的，此时的农村信息化标准体系中的信息就是负熵。负熵使标准体系保持了一定的有序度、组织结构的稳定度或进行发展的程度等。

（4）从协同论角度来看，农村信息化标准体系中的协同效应是由所有子体系之间要素的相互协同而形成的，这些人力、财力和物力等资源要素相互紧密结合，发挥出重要的作用，并表现出体系（系统）的有序性。同时，在这个复杂的标准体系演化过程中，存在着无数参变量，如外部环境、内部资源、体系构成等，它们可以区分为快弛豫变量和慢弛豫变量①。这些变量用协同论的伺服原理来概括，即快变量服从慢变量，其实质是各种子系统的影响在不同阶段和不同时间的反映也不同。最后，农村信息化标准体系也要通过自组织能力来使功能更好地发挥作用。自组织能力是农村信息

① 孙冰.企业自主创新动力系统的协同论解释[J].商业经济与管理，2008（4）：34-36.

化标准体系本身所固有的能力，形成了体系内有序结构的内部作用力。在一定的体系外社会因素或体系内信息因素输入的条件下，农村信息化标准体系会通过不同子系统之间的协同作用，在自身组织力的推动下，达到新的稳定性，形成新的时间、空间或时空有序的结构。

因此，农村信息化标准体系的建设离不开人力、物力、财力、技术等资源要素，由于受到外界环境的影响，这些要素所发挥的作用也不同。因此，从单个的标准来看，也许是合理的、可行的，但从全局看却不可行，这种情况下，标准体系建设应服从全局，以服从系统效应为原则来制定标准，因为系统效应才是我们追求的最终目标[①]。

2.2.4 信息资源规划理论

信息资源规划（Information Resource Planning，IRP），是对信息资源的采集、处理、传输和利用的全面规划。20世纪80年代初，发达国家遇到了一系列“信息孤岛”问题，为了解决这个问题，也为了建立“计算机化企业”而提出了“总体数据规划（Strategic Data-Planning）”，我们将之称为“战略数据规划”的理论与方法[②]。

1986年，我国在国内率先引进了该理论，并结合国情研究推广；1994年通过国家自然基基金项目“信息系统集成的理论和工具的研究”，最终形成了信息资源规划的理论与方法。

2.2.4.1 信息资源规划理论的主要理论来源

霍顿（F.W.Horton）提出的信息资源管理理论（IRM）中，把信息资源作为战略资产进行管理，在企业的每个层面上识别信息资源和获利机会，并借以构建新的竞争优势；并指出企业的IRM的目标包括三个方面，即高效（Efficient）、实效（Effective）、经济（Economical）。

威廉·德雷尔（William Durell）提出的数据管理理论（DA），“没有卓有成效的数据管理，就没有成功高效的数据处理”；“数据元素是最小的信息单元，数据管理工作必须从数据元素标准化做起”。

詹姆斯·马丁（James Martin）是世界著名信息系统大师，先后发表了《信息工程》（Information Engineering）、《总体数据规划方法论》（Strategic Data—Planning Methodologies）等专著，他提出了信息工程方法论（IEM），该理论标志着信息工程理论作为一个学科已基本形成。

以上理论为信息资源规划理论的发展奠定了基础，也为信息的标准化发展提供了理

① 李春田．标准化概论[M]．5版．北京：中国人民大学出版社，2010：50.

② 高复先．信息资源规划——信息化建设基础工程[M]．北京：清华大学出版社，2002：78-79.

论途径。

2.2.4.2　信息资源规划理论的含义

在信息管理中，“进行总体数据规划和建立数据管理标准都是非常重要的”[①]，因此，在理解信息资源规划理论时，可以从广义和狭义两个方面来考虑。

广义的信息资源规划指“无论是在具体组织机构范围内还是在行业、地区、国家或更大范围内，对信息资源进行的描述、采集、处理、存储、定位、管理、访问、重组与再加工等全过程的全面规划工作”[②]。

大部分学者在研究狭义的信息资源规划时，都是从狭义的角度出发，高复先（2002）提出“信息资源规划就是政府部门或企事业单位对信息的采集、处理、传输和使用的全面规划”[③]，为企业的业务处理与管理决策服务[④]。孙立宪认为信息资源规划是对信息采纳的全面规划，它以信息工程方法论（IEM）为技术基础，形成企业信息化建设信息资源管理的基础标准（IRM），以实现数据集成与信息共享的关键技术方法[⑤]。

2.2.4.3　农村信息化标准体系与信息资源规划理论

信息无时无刻都存在社会生活中，无论是信息的产生和传播，还是信息的处理和应用，都是一个不间断的过程，它会发生在社会的横向和纵向各个层级，彼此之间会保持着非单一性的信息传送方式，如果要使这些信息完整、有序地流动，就需要对之进行科学的规划。

信息资源规划是进行信息化建设的前提，更是信息标准化的依据。以信息资源规划理论为基础而进行的信息标准化研究，主要强调以信息工程方法论为技术基础，并通过对数据流的分析从而建立业务模型、功能模型和信息模型，最终形成信息资源的基本标准（图2-3）。因此，信息化标准的建设应该站在一个全局角度去研究、探索信息资源的合理规划。

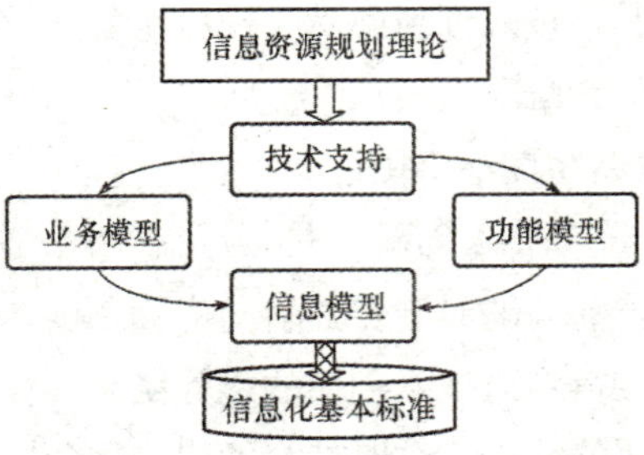

图 2-3　农村信息化标准与信息资源规划理论

① 高复先．信息资源规划——信息化建设基础工程[M]．北京：清华大学出版社，2002：79.

② 国务院信息化工作办公室．信息资源规划与国家基础数据库的政策建议[J].中国信息界，2005（2）.

③ 高复先．信息资源规划——信息化建设基础工程[M]．北京：清华大学出版社，2002.

④ 柯新生．基于网络的企业级信息资源规划理论与方法研究[D]．北京交通大学，2009：20.

⑤ 孙立宪．重视企业信息化顶层设计，全面实施信息资源规划[EB/OL]. http://www.doc88.com/p-385735769724.html.

2.2.5 “双螺旋结构”理论

2.2.5.1 “双螺旋结构”理论的内涵

随着技术的不断发展，在技术创新领域中，1995年，Etzkowitzt和 Leydesdorff首次提出了创新的三重螺旋模型[①]。在此基础上，我国学者余凯成在对管理思潮进行研究时，于1999年提出了演进的“双螺旋模型”[②]结构，该结构意指技术的产生包含着两类编码，即自然编码和社会编码，其中自然编码指技术的人工结构，社会编码指技术的社会结构，可以将技术的自然编码与社会编码所构成的技术的内在结构称作技术价值的“双螺旋结构”[③]。实际上，“双螺旋”就是指技术创新中技术进步与应用创新共同构成的特殊结构。

随着新世纪的到来，科学界普遍认为，创新是指各创新主体、创新要素复杂交互作用下的一种特殊现象，是创新生态下技术进步与应用的创新，又是螺旋结构共同演进的产物[④]。“双螺旋结构”下的技术创新意味着技术创新并不是技术开发和技术使用的简单相加，即这个过程并不是相当于1+1=2，而是技术开发和技术利用相加后的整体[⑤]，可以达到1+1=n（n>2）的效果。也就是说，技术的产生和技术使用组成了一个有机的整体，不仅需要从技术的角度、技术发展的规律考虑技术开发的可能性，还要以市场和社会需求为导向，考虑技术开发的有效性。

2.2.5.2 “双螺旋结构”的特点

1．“双螺旋结构”具有长期稳定性

技术创新与应用创新两种思想互相补充，形成了长期的稳定性结构。技术创新的目的，必定是为了解决当前的问题。它一旦出现，就会以其为主导而投入到具体领域中被应用。应用的初级阶段还仅仅处于对技术检验的起点，这个时期对新技术没有制约，只是直接的接纳和使用。此时，技术创新必然实现技术发展与应用创新的并驾齐驱，实现“双螺旋结构”互动、稳定的推进。

2．“双螺旋结构”具有短期不平衡性

从短期来看，应用创新与技术创新又是相互制衡的、不平衡的。在技术发展过程中，当技术创新不能解决当前问题时会自然转向应用创新，这是因为对技术的接纳发展到一定阶段，技术的应用会得到对技术创新的检验结果，该结果在技术接受的这个时期中，可能无法适应实际应用的需求，这时就会发生应用创新，并由应用创新带动技术创新的变革，就可能出现二者发展的短期不平衡现象。

---

① 李春青．业务导向与技术导向：计算机审计发展的双重螺旋结构[J]．审计与理财，2007（9）：14-15.

② 余凯成．当代几种干部评估方法比较[J]．理论探讨，1999.

③ 巨乃岐．试论技术价值的“双螺旋结构”[J]．自然辩证法，2004（5）：78.

④ 宋刚，等．复杂性科学视野下的科技创新[J]．科学对社会的影响，2008（2）：28.

⑤ 李燕凌．农村科技服务与管理[M]．北京：高等教育出版社，2011：31.

2.2.5.3　信息化标准体系建设与“双螺旋结构”理论

标准体系建设的中心是标准文本的制定，从某种角度而言，标准的制定正是由一定的组织或部门生产出来的先进技术，即在原本没有标准出现的时候，由于现实的需要而产生了一系列标准，因此，我们可以将之看作是一种技术创新。同样，标准经过实施应用后，为了适应新的社会需求而发生的修订过程，人们也可以将之看作是应用创新。

在农村信息化标准体系建设中，标准的制定和标准的实施并不是简单的传递过程，标准的修订也不是简单的反馈过程，这是一个较为复杂、反复、前进的工程。标准制定和修订这两个过程可以被看作是一对既分立又统一、又共同演化的“双螺旋结构”，分别体现了标准导向和实施导向两种思想。两种思想同时存在，并不断发生变化。某个时间点上，标准导向以主导地位支配着农村信息化的发展，随着发展过程的推进，实施导向又会占据主导地位，在另一前进中的时间点上，标准导向又会回到主导地位，两种思想不断反复交替，如图2-4所示。

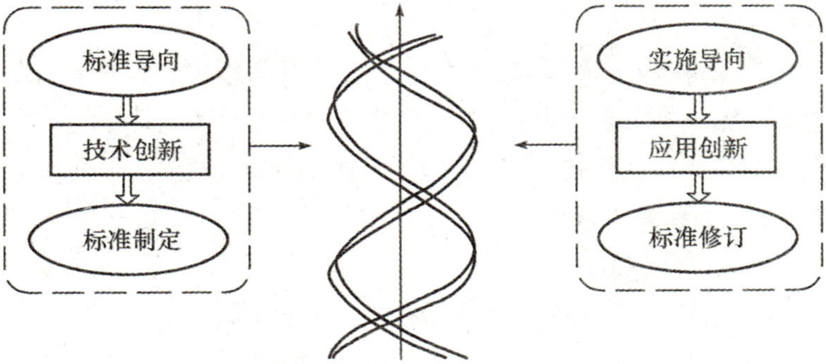

图 2-4　标准体系建设和实施的双重螺旋结构

首先，农村信息化标准体系具有长期稳定性。标准的文本体系是由标准的组织体系构建出来的，该体系中标准的构建目标正是为了满足社会需要，解决社会问题，所以在实施之初，它一定是以标准制定为主导，标准修订处于等待过程，因此形成了相对稳定的结构。

其次，农村信息化标准体系也显示出短期的不平衡性。在标准的实施体系中，标准被实施时，在社会需求和市场需要的影响下，标准的实际使用超出了原有标准技术的范围，出现了短期的不平衡，进而促进标准的进一步演进，形成了一个特殊的应用创新，即标准修订的过程。这个过程较为短暂，却是新标准对旧标准的一个更新过程。

标准制定为标准实施提供了新的技术导向，农村信息化标准体系的形成正是这个标准制定与标准修订“双螺旋结构”共同演化催生的产物。

综上所述，农村信息标准体系建设需要有一定的理论基础作为支撑。构建我国农村信息化标准体系，不是盲目地、想当然地制定一系列标准，而是要在一定的理论基础上，研究标准的设定，并结合现实状况，确定制定、实施的部门、单位，只有这样才可以明确我国农村信息化标准体系的结构及组成，全面了解目前我国农村信息化领域内包括现有的、应有的以及预计发展的标准全貌，为今后发展方向、工作重点以及目标确定打下基础，同时为我国进行农村信息化标准规划提供重要依据。

2.3 标准功能及标准化作用

在农村信息化建设的过程中，无论是农村信息化硬件建设，还是软件建设，都需要有一套完备的标准，以规范信息化的建设进程。因此，标准无疑会起到举足轻重的作用，标准化和标准体系的形成也将成为农村信息化发展的战略性基础。

2.3.1 标准功能

世界各国均在积极探索农村信息化的服务方式和服务模式。标准是对科学、技术和实践经验的总结。标准的制定有助于各国农村农业信息活动不同环节的标准化管理，有助于统一有效地联结农业信息源，有助于加快信息化的建设速度；也有助于与国际国内农业信息的共享和集成。标准具有指引、制约、组织、传播、调节五大核心功能。

2.3.1.1 标准的指引功能

农村信息化建设是当代中国社会主义新农村建设和发展的基础。我国地广人多，不同地区的农村信息化建设中存在的问题各不相同，具体的解决措施也大相径庭。只有将各类问题上升到国家的高度之后，将所有问题无纲量化，建立统一的标准，才能直接用于指引农村信息化体系的建设。

2.3.1.2 标准的制约功能

按照统一的标准开展农村信息化工作这一行为本身就是对农村信息化过程的一种潜在控制和制约。有了统一的标准，人们就有了行动的准则，避免了无序、盲目的行为给农村信息化过程造成混乱，甚至阻碍农村信息化的持续发展。

2.3.1.3 标准的组织功能

标准的组织功能是指，当标准建立以后，它可以将具有相同目标的人们集聚在一起，通过明确分工或互相合作等方式为实现这一目标不懈努力。农村信息化的建设标准化，便于将人力、物力、财力组织在一起加速农村信息化体系的建成。

2.3.1.4 标准的传播功能

将农村信息化建设标准化以后，不同地区在农村信息化建设过程中总结的经验和教训不再像以前一样受到地域或发展水平的限制而不能为其他地区所用，标准化的经验和教训可以直接以文件的形式广泛地传播到各个地区，为各地区的农村信息化提供有利借鉴。

2.3.1.5 标准的调节功能

随着经济全球化进程的加快，国际国内农业市场对标准的需求越来越大，标准在市场中的游戏规则作用也日益明显。它是联系地区与地区之间、国内与国外农业科学技术、农产品交流的重要沟通工具。用相同的农业技术标准可以调节不同地区和不同国家对于农产品的不同要求，建立起一种全世界通用的语言来定义农产品的质量。

2.3.2 标准化及农村信息标准化的作用

2.3.2.1 标准化的目标

在研究标准化的定义中，学者们对标准化的目标都是笼统地定义为“一定范围内获得最佳秩序”。没有标准化，就没有秩序，将会导致社会、行业、组织的混乱、矛盾、不协调等状况。

我国《标准化法》规定，标准化目标是“有利于保障安全和人民的身体健康，保护消费者的利益，保护环境”、“有利于合理利用国家资源，推广科学技术成果，提高经济效益，并符合使用要求，有利于产品的通用互换，做到技术上先进，经济上合理”“有利于促进对外经济技术合作和对外贸易”[①]。

因此，标准化目标实际上是指多目标共存的，适用于固定领域的、为了提高一定效率和服务水平的指向性规定。

2.3.2.2 标准化对信息化发展的作用

标准化推动了工业化生产，促成了规模化的现代工业社会的形成，可以说，没有标准化就没有工业化[②]。同理，在现代信息高速发展的社会，信息化的发展也离不开标准化，标准化在信息化发展中的作用表现在以下几个方面。

1．标准化保障了信息的共享

在当前的社会中，由于社会分工越来越细化，任何一项活动都不太可能由单一的组织来完成，活动中的信息也不可能由单独一个组织或个人专享，因此，如果信息资源要在全社会范围内有序地共享，就必须取决于相关的标准支持。

2．标准化促进了信息资源的协同

信息化在社会中的应用主要表现在信息技术和通信技术方面，它将全社会的不同群体、不同组织和不同个人用信息紧密联系在一起，实现社会的共同运转。信息社会中的众多活动都要靠不同的组织协同完成，这就必然要依赖于信息技术的协同化。标准的实施就是为了使信息资源达到协同的效果。

---

① 中华人民共和国标准化法。

② 李春田．标准化概论[M]．5版．北京：中国人民大学出版社，2010：216.

3．标准化保证了信息传播的安全

随着信息化发展速度的加快，各种类型的信息都需要不同的安全措施进行防范和保护，无论是技术层面，还是安全层面，都要借助于标准这个有效的载体，应该说，只有统一的安全技术标准和管理标准，才能保证信息传送的安全性。

2.3.2.3　农村信息标准化的作用

农村信息化建设的标准化是农业现代化生产的必经之路，是科学创造农产品品种、有效聚合专业化生产的条件，是社会主义新农村建设走科学、高效和可持续发展道路的基础。具体表现在以下几个方面。

1．农村信息标准化统一了农业行业的交易标准，规范了行业秩序

在农业信息化进程中，一方面，农贸市场上由于这一统一标准所具备的权威性和公信力，交易双方可以利用这一标准降低交易风险和交易成本。另一方面，农产品的认证等级和标签等作为标准体系内的一部分和其他标准一起降低了农贸市场上的投机行为的概率[①]（Giovannucci，1990）；减少了因农产品交易而发生的贸易摩擦和交易成本[②]（Clayton and Preston，2003）。从农产品生产方来分析，统一的农产品标准推进了农业科学技术的交流，从而降低了入场准入门槛，增强了农产品的外部竞争力。从政府管理角度来看，统一的标准体系解决了政府管理农产品市场的困境，给管理活动提供了有力的理论支撑，维护了市场正当交易秩序。同时，统一的标准化体系还有利于政府广泛地传播农业科技服务知识，保护农民的基本权益（Kenneth，et al，2002）。

2．农村信息标准化加快了农村信息化的建设，推进了信息公开和资源共享的新农村信息发展道路

信息化过程实质就是信息技术的发展过程，而建立统一的标准体系是加速信息化过程的关键。因为，标准化是信息化的前提和基础步骤，只有建立统一的标准之后，信息才能在更广的范围内传播，实现资源的共享。尤其是要对农业信息资源进行深度开发，必须要建立统一的标准体系，将农业信息资源无纲量化成统一的标准，才能建立起大型的农业信息数据库，获得资源共享。同时，农村信息标准化还可以推进农村政务信息的公开化。政府以制定的标准作为指标来贯彻落实农业的宏观调控政策，规范农业信息市场的行为，监督不同涉农部门的活动，使权力在阳光下运行。

3．农村信息标准化简化了农业管理的形式、降低了农业管理的难度

标准化为政府和各龙头企业履行职能和从事科学管理奠定了基础。对政府而言，信息标准化不仅可以为政府宏观管理提供目标和依据，也有助于实现内外部系统的协调，

① Giovannucci Understanding grades and standards and how to apply them：A guide to developing agricultural markets and agroenterprises[EB/OL].http：//papers.ssrn.comsol3papers.cfm？abstract_id/996761,1999.

② Clayton K,Warren P.Political economy of differentiation markets:Facing reality inside the U S Department of Agriculture.ASSA winter meeting,2003.

包括与环境的协调。同时工作标准、技术标准和管理标准的建立也可以使政府内部各部门实现管理统一，从而提高工作效率。对龙头企业而言，由于科学技术的飞速发展，生产的社会化程度不断提高，农业领域之间的生产协作更加广泛，各种信息混杂，信息量越来越庞大，只有通过标准的制定，有用的信息才能被分离出来。因此，农村信息标准化降低了管理的难度，形成了现代化大生产的基础。

4. 农村信息标准化是协调农村发展不平衡，保持农村稳定的重要力量

农村信息标准化后可以广泛应用于农村发展的各个方面，尤其是推进农业现代化大生产。如今，农业现代化大生产的规模越来越大，技术更新换代越来越快，分工越来越明确，要想使得现代化大生产适用于广大农村，协调农村发展的不平衡，必须将农业信息标准化，让涉及资源保护、种苗繁育、农产品生产、加工、销售等农业发展的各个领域的技术有一个统一的标准，在农业发展链上无阻碍的流通。这样才能让务农收入成为农民生产生活的支柱性收入，提高农民务农积极性，保护农村稳定长远的发展，实现建设社会主义新农村的伟大目标。

5. 农村信息标准化是合理利用资源，可持续发展的重要途径

农村信息标准化是对大量繁复冗长的信息加以精简和筛选，就像一个万能公式一样，可以适用于不同地区、不同经济发展水平的农村信息化工程。这一标准的制定，遵循的是客观存在的基本原则和在农业发展过程中长期实践经验的累积，并不是与农村脱节的空想主义，具有实践性、正确性和自我更新性。将农村信息标准化规范之后，才能对农村信息活动的各个环节进行标准化的管理，扩大信息的共享范围，避免重复劳动和开发带来的人力、物力、财力的损失，使自然资源得到合理开发和利用。

6. 农村信息标准化加强了政府、企业、农户之间的联系，降低了信息的不对称

信息标准化之后可以加强政府、企业和农民之间的业务合作，制定的标准就成了三者之间联系的纽带。同时，被标准化的信息可以自由地流动于政府、企业和农民之间，降低由于信息不对称带来的政府信任危机和社会信任危机。信息标准化后，政府可以用法律法规的形式将其发布，其强制性使得各主体不得不按照既定的标准来从事相关生产活动，一方面，保证了产品质量，维护了人们生命财产安全；另一方面，也规范了从事生产活动的主体的行为，维护了社会的公平正义，创造了良好的竞争环境。

2.3.3 农村信息化标准体系的作用

农村信息化标准体系的构建可以为国民经济和社会发展提供重要的技术支撑，而标准体系的建设对其标准化对象的发展也具有积极的促进作用。

2.3.3.1 农村信息化标准体系建设是现代农业发展的必经之路

建立农村信息化标准体系一方面可以为建立我国农村信息化标准提供技术支撑，有利于提高农村信息化水平，拓宽我国农产品的销售渠道，扩大农产品出口，对我国农业的可持续发展具有有利影响；另一方面，为我国农村信息化的发展提供基准，强化与我国农业生产以及市场需求的适应性，使农村信息合理开发利用，减少资源浪费，为今后的农村发展指明道路。我国农村信息化标准体系最直接、最明确的目标就是有利于农村信息化标准的推广应用、有利于农村信息传播、农民增收、增效①。

2.3.3.2　农村信息化标准体系建设对于农村信息化发展具有规范和促进作用

一方面，它可以规范农村信息化的服务方式和市场秩序，促进农业信息资源的共享，加快农业生产数据源的开发和利用；另一方面，可以提高农村信息对农村社会生活、农业生产、农村经济发展的保障力度和服务水平，为农村信息标准化建设工作和优化策略提供决策支持，为农村信息化主管部门提供需要的标准总体框架和发展蓝图。

2.3.3.3　农村信息化标准体系是农业科技服务、农业生产、农业推广的有效载体

构建信息服务平台是政府在新时期推进农业科技服务的最基本的工作之一，而农村信息化标准体系的建设是建立农业信息服务平台的重要组成部分。信息的标准化不但能够使农业科技成果转变成易于让人理解的知识应用到现代化农业发展过程中去，而且标准化的信息原本就是农业生产技术的实践经验的累积，它反过来又能推动科学技术的不断更新和进步。

2.3.3.4　农村信息化标准体系建设为信息的良好流通提供了可能

建设农村信息标准化体系，可以提高信息接受者对先进技术信息的获取，减少信息不对称。标准化体系可以降低消费者和生产者之间的信息不对称，克服“柠檬现象（Lemon Effect）”出现的可能。“柠檬现象”来自于阿克尔洛夫（G.Akerlof）1970年的论文《柠檬市场：质量的不确定性和市场机制》②，是信息经济学文献中最为重要的研究，意指在信息不对称的状态下，好的产品或服务常常会被忽视，而劣等的产品或服务反之会逐渐占领市场，这说明信息不对称会成为社会发展的阻碍。而标准体系的构建可以规范信息市场，使信息处在一个共享的环境之下，人们使用信息的机会是平等的，农村信息化的发展才可能得以推进。

2.3.3.5　农村信息标准化体系建设是提高政府服务水平必不可少的环节

建设标准化体系，加快农村信息化进程，是政府提供对农村公共服务和社会管理水平得到提升的应有之义。建设农村信息标准化体系对于农村公共服务和社会管理实现决策科学化、管理现代化以及服务人性化具有重要意义，也是缩小城乡之间“数字鸿沟”的要务，同时可以使农产品市场流通渠道得到拓宽，使农户获得信息现代化服务，进而提高全社会农村信息化标准意识，加快建设新农村的步伐。

---

① 李金才．生态农业标准体系与典型模式技术标准研究[D].博士论文，中国农业科学院，2007（6）.

② 乔治．阿克洛夫．柠檬市场：质量的不确定性和市场机制[J]．经济导刊，2001（006）：1-8.

第3章　大数据时代农村信息化标准体系建设目标、思路及内容

农村信息化标准体系的建设是我国农村信息化发展的基础性建设过程，在这个复杂的、烦琐的过程中，如何规范信息化实施活动？如何利用科技手段促进农村信息标准化？上述种种都是农村信息化标准体系建设的核心要义，本章意图从“应然”角度弄清楚应该怎么做才能把握农村信息论标准体系建设的过程。因此，正确地选择农村信息化标准体系的目标，认真地探求信息化标准建设的思路，合理地运用科学的理论方法以及全面地分析农村信息化标准体系的基本内容，对于农业现代化具有重要的意义。

3.1　大数据时代目标体系的分析

目标是指人们采取一定行动所期望达到的特定目的或获得的特定结果。建立标准体系的目标既是农村信息化的起点，又是农村信息化的归宿所在，它贯穿于标准化建设全程。目标的构建要与时代要求相符合，在大数据时代，要考虑到农村信息化标准构建与新农村建设和城镇化的协调一致性，以及农村信息化标准在空间上的递进性，从顶层设计开始，到有效覆盖各专业领域，最后到有效覆盖各建设过程，使数据与规范相融合。

3.1.1　大数据时代农村信息化标准体系建设的总目标

构建农村信息化标准体系的目标需要有合理可靠的理论依据为依托，同时，这也是构建农村信息化标准体系的总体纲要[①]。

大数据时代农村信息化建设的总目标，即宏观目标一定是基于顶层设计的目标，它不是抽象的，而是宏观的、顶层的大目标，这种顶层目标应具有纲举目张的作用，应具备确定标准体系结构框架的功能。但是，总目标下面也应该分成若干个子目标，这是由于即使是同一领域中，基层各种规范、规定等数量也很庞大，不同层次、不同部门、不同环节等都有各自的标准，它们较难发挥主导性的作用来构建整体的标准体系，所以，应建立“总目标—子目标”的目标体系。

结合当前发展信息农业的实际，立足于信息利用的现状，农村信息化标准体系建设

① 麦绿波．标准体系方法论中程序模块的理论和方法[J]．标准科学，2011（11）：14.

工作应运而生，其主要内容包括：一是在拓宽信息获取渠道的基础上，提升所获信息的实效性、完整性以及适用性；二是提高信息处理与利用的准确性、可靠性；三是综合实现信息采集的标准化、信息存储的规范化、信息内容的系统化、信息传递的制度化[①]。因此，实现信息的标准化和规范化已迫在眉睫[②]。

现阶段，架构农村信息化标准体系的总体要求是：建立具有系统性、协调性、适用性、前瞻性和面向国际的信息化标准体系，兼容信息化的技术标准、工作标准、管理标准、评价标准等规范体系于一体，使各类标准在农业生产和农民生活中的规范作用得到充分发挥，进而为农村农业生产提供更好的服务，并促进农业的产业化以及农业、农村的现代化建设。

为了实现农村信息化标准体系的整体结构的完整性，农村信息化标准体系的宏观目标应进一步被分解成若干个子目标，并组成总目标—子目标的集合体，正确处理各目标之间的关系，才能使目标和方法科学结合，发挥最大效用。

庞大的农村信息化标准体系是由纷繁复杂的分目标构成的。尽管它们形态各异，但无一例外都服务于农村信息化标准体系的总目标。因此，可以在明确农村信息化标准构建的总目标的前提下，将各个分目标划分为纵向目标与横向目标（图3-1）。

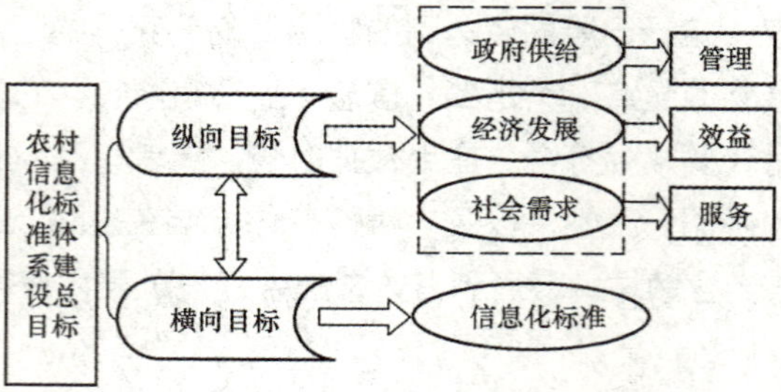

图 3–1　大数据时代农村信息化标准建设目标

3.1.2　大数据时代农村信息化标准体系建设的纵向目标

在以大数据依托的基础上，农村信息化标准体系建设的纵向目标与标准制定实施的主体密切相关，它是标准体系制定的基石。纵向目标应以标准体系整体水平为测度，故也可以说它是衡量标准体系水平高低的量尺。

3.1.2.1　政府供给目标

在公共利益之外，政府不应当有除自身利益之外的特殊利益[③]，农村信息化建设正是为了满足社会公共利益的需求，而政府扮演着什么样的角色呢？当下，我国农村信息

① 王众，薛绪掌．数字农业技术标准体系研究[M]．北京：中国农业科学技术出版社，2006.8：17.

② 林峰，胡牧，蒋元晨，等．电力调度综合数据平台体系结构及相关技术[J]．电力系统自动化，200731（1）：61-64.

③ 乔耀章．政府理论[M]．2版．苏州：苏州大学出版社，2003：222-226.

化建设过程中主要采取以政府为主导，龙头企业为补充的建设原则。政府的利益结构主要涉及政府所行使的公共利益。如果要极其精炼地概括政府的职能目标，那么一定离不开“公共利益的实现”这一主题。正如著名行政学家沃尔多所言，公共道德的服务对象不囿于自我、家庭、小集体的利益。相反，它是为服务于全体公民的利益而存在的①。换句话说，政府就像一个指引路途的灯塔，其职能目标就是要“做人民所需要的，而人民靠个人力量又根本不能做或做得不那么好的事情，而灯塔就属于这样的范畴”②，这在农村信息化标准建设过程中也应得以彰显。

政府的目标本身无疑是一个极其庞大、复杂的系统，它包含政府间、政府各部门等关系内容。因此，从纵向看，政府的供给目标就是通过政府各部门间的协调合作，使各组织部门之间的利益关系结合成政府间的公共利益结构，达成政府的公共利益，使农村信息化的发展满足于农民需求，使信息化标准的建设成为推动农村发展的助燃剂。

3.1.2.2　经济发展目标

农村信息化标准体系的构建还需要满足经济社会发展的需要，这也是标准体系构建的纵向目标之一。

互联网海量信息的发布，正在快速地改变人们的生产和生活方式。农村信息化的发展，势必将提升农业信息的利用率，拓宽农产品生产和市场销售的渠道，提高农业经济效益。农业信息化标准的制定可以提高信息资源的共享性。

农村信息化标准的建立规范了农产品的流通方式和流通渠道，并结合市场需求，为农民提供庞大的市场空间。互联网本身是无时空划分的，而农业信息在网络平台上，在标准的强制性约束下，为广大农户提供了更加准确的、真实的、及时的市场信息，并合理科学地利用信息获得新技术，使农产品进入流通环节，提升农产品的市场流通能力，扩宽销售领域，减少生产—流通的中间环节，缩减生产和销售的成本，切实促进农民增收，提高农村经济发展水平。

3.1.2.3　社会需求目标

我国的信息标准体系建设虽然是由政府规划实施，但是不能够仅仅以政府意志和经济利益为目标，还应以农民的利益和农村社会需要为出发点。

农村信息化建设标准的构建首先要立足于农村的社会需求。社会需求与投资和消费支出息息相关，是指一定时期内，社会对各项社会产品的购买需求。农村信息化标准是社会公共品的一部分，它本身具有公共品的性质，它所产生的社会利益正是为了满足农村社会的需求。社会公共利益的二重性表现为：它是维系所有社会成员各自利益的纽带；但又无法照顾到不同阶级、不同社团的特殊诉求。因而，社会成员有必要深刻认识

① 戴木才，曾敏．西方行政伦理研究的兴起与研究视界[J]．中共中央党校学报，2003（2）．

② 萨缪尔森．经济学（上册）[M]．北京：商务印书馆，1982：225.

公共利益的二重性[1]。

同时，农村信息化标准的建设也应满足个体的需求。农民是信息的直接受众，也是信息的发送者和传递者，他们既是主体，也是客体。农民在接受信息化标准时，通常会从个体需要出发来衡量标准的可行性和可操作性。政府制定的标准是否可以满足农民需要，可以由政府提供的标准与农民接受二者之间的互惠关系来实现，此种以互惠关系为核心的心灵契约的订立往往有助于强化社会成员对政府价值体系、目标体系的认同度[2]。所以，只有在满足农民需求基础上的信息化标准体系建设才具有可持续性、科学性。

综上所述，农村信息化标准建设的纵向目标可以概括为：其一，构建以科学管理为核心，体现政府公共管理的精神导向，集制度化、精细化和数字化管理于一体的科学管理体系；其二，建立以经济效益为核心，体现市场经济自由、效率的本质，积极获取组织利益最大化的经济体系；其三，建设以社会服务为核心，体现社会服务的福利化内涵，实现社会群体整体性、公平性的社会服务体系。

3.1.3 大数据时代农村信息化标准体系建设的横向目标

农村信息化标准体系之下的横向目标与纵向目标交错相生。各方关系的深浅取决于标准体系对各方目标的具体要求[3]。换言之，就是在所有的纵向关系中，都遍布着横向关系。

农村信息化标准体系建设建立的横向目标应该与标准制定实施的客体密切相关。横向目标主要是对标准体系规范对象的范围的界定，而标准体系规范对象的范围目标是指各具体对象需要进行标准化建设的程度。横向目标的实质就是指，农村信息化标准体系中的各项标准、规范、制度之间应达成统一，协调发展。

通过农村信息化标准建设，无论是政府、企业还是社会的不同目标，都会受到不同标准和规范的影响。这些农村信息化的标准，应该在不同空间、时间上，达成意义及内容方面的相一致，使农村信息标准体系之间的子系统实现互相补充、互相印证，为农业信息标准在分析处理和广泛利用方面提供更多可能，力争提高农业信息资源的利用率。

由上推知，如果想更好地实现农村信息化标准体系的目标，必须理清体系的横向目标与纵向目标的关系，即政府、经济、社会和个体目标之间的关系，实现各项目标的整

① 吕嘉．政治理性与政治学[J]．学习与探索，2003（3）．

② 冷向明．当代中国服务型政府的理论模型及其标准体系—— 基于“5X1”系统模型的探索性研究[M]．北京：中国社会科学出版社，2010.

③ 麦绿波．标准体系方法论中程序模块的理论和方法[J]．标准科学，2011（11）：14.

合。纵向目标与横向目标关系的作用应该在同一个系统中通过政府、经济、社会等子系统的目标而转化为农民个体和社会的目标。

农村信息化标准体系目标的达成以及与两方面目标的关系调整应以需求为基石，满足农民与社会的需求，实现由农民需求来“控制”政府主导的标准制定。这是由互惠过程的实质决定的，互惠关系是促使个体与其工作组织之间建立心理契约的利益纽带。通过这样一种“交易”过程，个体找到组织归属感，成为组织人格化的象征，组织也因此更丰盈、完善[①]。只有这样，才能改变传统的、不合理的、随意的信息资源壁垒，使农村信息化标准体系建设目标尽快实现，最终实现规范的农业、农村信息化以及信息服务的标准化。

3.2 大数据时代农村信息化标准体系建设的总体思路

3.2.1 总体思路

我国农业、农村经济已进入新的发展阶段，大数据时代的到来，更需要适合时代发展的现代化农业，如果要建设农村信息化标准体系，必须与数据信息相结合，借鉴国内外相关的标准体系，以我国农村信息化服务方式作为突破点，按照层次、级别，合理组合农村信息标准化中涉及的各个环节，形成符合我国国情的农村信息化标准体系的总体思路。

因此，农村信息化标准体系建设的总体思路是指：深入贯彻落实科学发展观，以“十二五”信息化总体规划为指南，以农村综合信息服务平台和基层信息服务站点为载体，以信息化标准制定为核心，着力推进农村信息化标准体系的“三大体系”建设，夯实“三类标准”构建，为提升农村信息化发展水平、规范农村信息化发展过程、推动农村信息化标准实施提供坚强有力的保障。

具体来说，第一，分析国内外现有规范、方案、规程等类型的标准；第二，以农村信息化标准体系的目标、内容和特点为根据，分析提炼出农村信息化标准体系的所有三大构成子体系；第三，建立理论模型，将农村信息化标准体系中的子体系进行整合，然后在空间和时间上划分它们的具体内容；第四，按照科学的原则，提出影响农村信息化标准体系建设的因素；第五，进一步建设并完善农村信息化标准体系，将农村信息化标准及其标准体系的推广实施落到实处，对标准体系进行动态完善，建立长效机制，优化流程，持续改进，保证标准体系的时效性。

① [美]弗莱蒙特·E.卡斯特，詹姆斯·E，罗森茨韦克，组织与管理：系统方法与权变方法[M]．4版．北京：中国社会科学出版社，2000：231.

3.2.2 建设原则和方法

3.2.2.1 建设原则

我国的农村信息标准化建设才刚刚起步，并没有形成科学、合理的相关理论和实践基础。因此，有必要明确农村信息化标准体系建设的主要要求：处理好“共性”与“个性”的关系。在整个标准体系中，各个标准间应提炼出足够多的、高质量的共同属性，保证其能够充分、准确地反映标准间的内在联系。因此，农村信息化标准体系建设应遵循以下科学原则。

1．系统性原则

构建农村信息化标准体系的首要原则是系统性原则。这是由于一个标准体系效益的最终实现不仅有赖于各个标准自身的科学性，更在于组成该标准体系的各子标准的相互作用关系。所以，系统性的重要地位就凸现出来。农村信息化标准体系可以看作是一个系统，其按照一定的规则，由一整套相互依存、制约、协调以及补充的农村信息化标准组合而成，要使这些标准形成有机整体，必须通过标准间的相互内在联系或相关性，这样系统中各要素的功能才能融合成系统的总功能，进而充分发挥标准的作用。系统的整体功能并不是简单地将系统要素功能相加，系统学第一定律指出：系统的新质大于在孤立状态下各个要素的总和。标准化活动中，系统优化即系统整体的优化，目的是获得大于在孤立状态下各个要素的质的总和的效果[①]。建立农村信息化标准体系就是通过发挥系统的整体性功能，使农村信息化具备高质量、高效率以及协调有序的能力，使社会公众的需求得到满足，并获得良好的经济和社会效益。

2．科学性原则

只有真正了解农村信息化的客观需求，运用科学的理论与方法构建标准体系，农村信息化标准才能客观地反映实际需求以及发展趋势，并真正具备科学意义。

农村信息化标准体系的建设，要满足农村信息化标准工作、管理及服务中急需的标准需求。农村信息化标准的制定，对标准的科学性、概括性水平提出了严苛的要求，但关键还在于要符合现实需求[②]。

科学性也体现在对个性化需求的满足。一方面，农业信息化服务方式和服务内容要以农民用户的现实需求为向导[③]。基于当前我国农业信息化的现有条件，个性化信息服务体系的建立要从转变服务的方式和内容的角度着手进行，根据不同用户的特点和需求提供不同的服务方式和内容。根据农户自身条件，采取不同服务方式使其最大限度的获取农业信息；根据农户自己的兴趣爱好，为农户提供不同的服务内容，使其

① 李上．公共服务标准化体系及评价模型研究[D].博士论文，中国矿业大学，2010.6.

② 董燕．中医药信息标准体系构建策略研究[D].博士论文，中国中医科学院，2010.6.

③ 岳广飞，何明祥．关于我国农业个性化信息服务体系的构想[J]．农业网络信息，2009（3）．

获得更准确的农业信息。另一方面，科学性原则也表现为标准自身应符合社会整体发展。任何农村信息化标准和制定，都不是为了短期的经济利益，而是为了全社会发展的前瞻性目标。

因此，随着科学技术水平的不断发展与进步，农村信息化标准体系要不断进行更新和充实，从而确保标准体系的科学性。

3．兼容性原则

构建农村信息化标准体系要建立在各部门现已制定的相关标准体系基础上，不仅要突出农村信息化的特点，而且要实现农村信息化标准体系与现有其他行业的体系无缝对接。农村信息化标准的目标之一就是提高经济效益和社会效益，应尽可能使不同的过程或服务实现互换和兼容。在制定标准时，标准中的计量单位、符号等必须一致，达到资源共享的目的。与此同时，农村信息化标准体系要突出与农业领域其他标准的兼容性[①]。再者，农村信息化标准体系的构建尤其是在研制信息标准体系表的过程中，要遵循国际上主流的或主要的信息标准开发方法[②]。

4．统一性原则

统一性顾名思义是指在一定社会时期和技术条件下，对一定研究范围内的标准化对象的特点做出统一性规定，最大程度上为实现标准化的目的服务。统一的原则是农村信息标准化的核心，它是标准中技术指标的量化体现，反映了标准的水平。一方面，信息化标准的各项指标确定，要以科学技术的发展水平和农产品、信息化服务等方面的实际为依据，该原则也是遵从的重要原则[③]；另一方面，农村信息标准体系建设不是某个单位、某个组织自身的标准制度，它是依据统一的原则，将该领域中的制度规范一致化。

5．阶梯发展性原则

随着社会经济的发展，农村信息化标准体系会随着信息化的发展不断更新、扩展以及延伸，所以这项活动是一个呈阶梯状上升的过程，构建标准体系时要立足当前、立足区域、关注长远、面向全国。构建农村信息化标准体系，首先要与我国农村建设发展的需要相适应，确保提高工程质量与安全水平。从长远看，农村信息化标准体系要促进工程的发展和整体水平的提高[④]。在构建农村信息化标准体系时，不仅要对当前的科学技术以及行业发展水平有所体现，而且要对未来的技术发展预留足够的扩展空间。在制定具体标准时，要考虑技术成熟与兼顾适当超前的原则[⑤]。随着信息技术的发展，相关国际标准、国家标准以及行业标准的不断完善，标准水平会像阶梯一样的不断发展，而且

① 刘世洪，崔运鹏．农业信息化标准体系与农业科技信息元数据标准框架研究[M]．北京：中国农业科学技术出版社，2009：15-16.

② 李海燕．中医临床信息标准体系框架与体系表的构建研究[D]．博士论文，中国中医科学院，2012.5.

③ 国家标准化管理委员会．农业标准化[M]．北京：中国计量出版社，2004：50.

④ 付涛．陕西省新农村基础设施建设标准体系研究[D]．博士论文，西安建筑科技大学，2012.5.

⑤ 侯新毅．我国竹子技术标准体系的构建研究[D]．博士论文，中国林业科学研究院，2010.7.

每进行一次大幅度修订，就有一个新台阶的上升，因此，在此原则的基础上，农业信息化标准体系也将不断进行充实和更新①。

3.2.2.2 构建进程

与企业标准不同，农村信息化标准要复杂得多。由于企业标准早已形成，农村信息化标准与企业标准也有一些共通之处，因此，农村信息化标准体系建设工作可基于企业标准而建立，将“企业标准化”的概念运用到农村信息化领域，借鉴“企业标准体系构建”的思路及方法完成农村信息化标准体系的构建工作，即在梳理农村信息化具体职能，整理相关法律法规、文件、政策的基础上，建立农村信息化标准体系，并通过实施和改进，最终促进农村信息化的规范化发展。

信息标准是农村信息化标准体系的基本要素，农村信息化标准体系包括三个子体系，即组织体系、内容体系和实施体系，其中内容体系是由农村信息化标准体系编制说明、标准体系框架以及标准体系表三部分组成。通过借鉴国外信息化标准分类框架、国内信息化标准体系研究以及其他行业如地理信息标准体系等的研究经验，探索适合农村信息化标准体系建立的方法、模型。

农村信息化标准体系构建进程包括：一是构建农村信息化标准体系框架；二是对标准体系中的组织体系进行优化；三是优化农村信息化标准体系的内容体系，形成农村信息化的三大标准体系，即管理标准、工作标准、技术标准，健全各标准中的标准体系明细表；四是对农村信息化标准体系的实施体系进行优化，提出信息化标准体系的完善机制②。

3.2.2.3 构建途径与方法

1. 构建途径

农村信息化标准体系的构建主要包括以下两种途径：狭义上，农村信息化标准体系的构建是其指体系本身，通过对服务标准之间的关系进行研究，对其进行有序、科学的分层和分级，纵向上强调上下级的指导作用，横向上注重相关的子体系协调推进的作用。广义上，农村信息标准体系除包含其体系本身的构建外，还应把构建工作的准备和完善工作考虑在内，如农村信息标准体系构建的组织工作，农村信息化标准的运行、评估及农村信息化标准体系的实施效果等。本研究的目的是在整体上提高农村信息化标准领域服务质量和管理水平，因此为了获得最佳效果，本研究拟采取广义上的构架思路。

2. 构建方法

农村信息化标准体系是一个非常复杂的系统，应用于标准体系研究中的基本研究方

① 刘世洪，崔运鹏．农业信息化标准体系与农业科技信息元数据标准框架研究[M]．北京：中国农业科学技术出版社，2009：15-16.

② 江洲，陈玉忠，咸奎桐，等．构建国家标准体系的关键问题研究[J]．中国标准化，2012（2）：40-44.

法主要有分类方法、层次方法、过程方法和三维坐标法这四种。由于这几种方法都要完成某些相同的标准化工作任务，因此，它们之间相互渗透、相互补充。

1）*分类方法*

通过运用分类方法可以获得一个内容较全面的标准体系表，该表有利于管理标准体系自身的系统，将得出的标准体系表进行信息化后，对查询标准、检查和监察标准体系的变化动态等工作十分有利。然而，分类方法也有自己的不足与缺陷，最突出和根本的问题是，通过此方法得出的标准体系与组织实际的经营管理过程难以密切结合。考虑到标准种类的多样性，对所有标准不可能只用一个标准进行分类，因此为了达到不同的目的，对标准分类可以从不同角度进行。目前我国比较通用的分类方法主要有层级分类法、对象分类法和性质分类法。层级分类法即按照标准发生作用的有效范围将其划分为不同的层次；对象分类法即根据标准化的对象加以分类；性质分类法是根据标准本身的属性进行分类。

一般分类方法包括以下步骤：对合理的分类进行确定；对每一子类所包含的具体标准进行确定；根据层次或序列结构，在标准体系中对各具体标准的位置进行确定，最终形成标准体系。就分类方法而言，关键在于合理确定分类依据。在《标准体系表编制原则和要求》中，尽管对使用分类方法的构建标准体系没有明确提出，但在编制原则中隐含了对分类的要求：主要根据社会经济活动所具有的同一性质来进行分类划分，而且为了使同一标准不被两个或两个以上的单位同时重复修订，对于同一标准，应注意不要将其同时列入两个或两个以上的体系以及分体系内①。分类方法更适合于构建不同专业、行业以及门类间的体系②。但根据客观事实而言，在构建农村信息化标准体系中也大量用到分类的方法。

2）*层次结构法*

在一定范围内，从若干个标准中对其共性特征进行提取，制定成适合各标准的共性标准，在标准体系表内，此共性标准存在于被提取的若干个标准之上。标准体系中的层次就是由这种提取出来的共性标准构成的。这种层次分析法在农村信息化标准体系中的应用可以适用于地域性层次划分，如全国、省、市、县、乡、村。

3）*应用过程方法*

应用过程方法是用来对在形式上与组织的实际经营管理活动更为贴近的标准体系进行分析的。在内容上，能够根据市场环境的变动，灵活地适应组织所做出的动态调整，同时便于组织系统管理标准体系本身。

研究农村信息化标准体系框架即研究标准分类，即怎样才能根据农村信息化目的，

---

① 国家技术监督局．GB/T 1306—2009标准体系表编制原则和要求[S].北京：中国标准出版社，2009.

② 叶青．企业标准体系表的编制原则和方法[J]．宁波化工，2001（2）：41-45.

粗线条地组织标准，发挥标准体系最大、最优的作用。划分农村信息化标准体系框架是一项既十分复杂又难以界定的工作。人们可以从应用的角度去划分，也可以根据信息处理的过程去划分。本文对此框架的研究主要包含两种方法：

（1）调查研究。对国内经济、技术、科学、管理的发展动态以及各领域内现行标准与发展情况进行深入调查研究，分析国际上主要国家的相关情况及资料，以此作为编制框架的基础。

（2）集思广益。对标准化专业人员和生产、使用、教学、科研、贸易及其他相关人员的意见进行广泛收集。此外，尤其要对掌握全局或总体情况的相关人员的意见进行收集。

4）三维坐标法

三维结构坐标法始于1969年，美国学者霍尔（A. D. Hall）最先在其系统三维结构思想中体现了三维坐标法。霍尔三维结构是由时间维、逻辑维和知识维组成的立体空间结构。在构建标准体系中，应用三维坐标法的方式很常见。

在研究农村信息化标准体系时，也可以运用这种方法对标准体系进行构建。在三维坐标体系中，*X*轴、*Y*轴和*Z*轴分别代表着三个层次标准，这三个属性维之间具有相对独立性，在每一维中又有若干小门类，标准体系的范围就是这三个属性维之间相互结合，发挥作用，进而构成了一个立体的空间区域。实际上三维坐标法是分类方法与应用过程方法相结合的结果。

虽然研究农村信息化标准体系的方法很多，每种方法都有其各自的特点，如想在标准体系框架研究过程中使用最合适方法，应考虑以下几个方面因素：一是与当前应用的实际紧密结合，围绕农村信息化发展政策；二是信息化的重点要突出，当前重点要在框架的栏目中体现；三是要具有相对的全面性，在框架中要体现信息化涉及的各方面标准；四是要对采用国际标准和国家标准的原则有所体现①。

3.3 大数据时代农村信息化标准体系基本内容的构建

构建农村信息化标准体系必须坚持以实现现代化农业、信息化农村为指导思想，以全面建设小康社会以及满足新时期农村经济发展需要为前提，全面提高农村信息化水平，提高农产品市场竞争力。

《中华人民共和国标准化法》中明确规定了我国标准体系的四个层次：国家标准、地方标准、行业标准和企业标准。国际共同使用的标准有国际标准和区域性标准两个层次。层次之间的共性与个性是我国标准层次间相互作用之一。各层次标准的适用范围和作用情形各不相同，但相互补充、协调，保持连贯性。适用范围是由标准的层次高低决

① 郦晶，农村信息化标准体系框架及管理平台研究[D].中国农业科学院，2007.6.

定的，二者呈正相关关系。通常而言，适用范围越广的标准，其所包含的内容越具有基础性、共通性。因而，愈是大纲性的高层次标准，愈发稳定，使用期限愈长。值得注意的是，各层次技术标准之间是相互联系和相互作用的。

农村信息化标准体系是一个集大成的综合系统，主要包括：组织体系、标准内容体系和实施体系三个子体系，各个子体系通过不同的载体，交互渗透、相互影响共同发挥着巨大的作用，具体如图3-2所示。

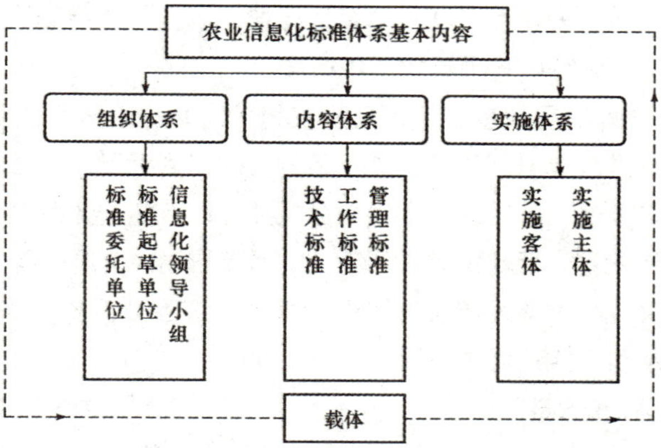

图 3-2 大数据时代农村信息化标准体系基本内容

3.3.1 大数据时代农村信息化标准体系建设程序

农村信息化标准体系建设是现代农村发展的重要内容，要建设好科学的、可持续的标准体系，必须按照一定的步骤进行，特别是当前的大数据时代，信息更新速度不断加快，只有通过设定以下的建设程序，农村信息化标准体系建设才能够圆满完成。

3.3.1.1 事先思路设计

从思想上确定并制定农村信息化标准体系的依据：根据农村信息的自然需要，与农村信息的实际需要相结合，综合考虑有限资源的最大化利用。

根据农村信息的自然需要来制定农村信息化标准体系，就要清楚了解农村信息自然特征、运行规律以及相应的一切农村信息标准，而后才能研究和搭建农村信息化标准体系的整体框架，对其中的体系组织关键点及其相互位置进行剖析和定位，进而以框架与关键点为根据，分层、分块组织及搭配分类，采用逐步细化的方式，对所有农村信息化标准进行确定位置的分配，更细致地组合多项农村信息化标准，使各位置、分层结构、分块组织甚至农村信息化标准体系的整体均体现“简化、优化、协调、一致”的原则，至此体系建设才到终点。

以与农村信息的实际需要相结合，综合考虑有限资源的最大化利用为依据制定农村信息化标准体系，首先需建立包含整体或一级甚至到二级关键点的较完整的农村信息化标准体系架构，然后以这些关键点的要求为根据，收集相关标准，对相关农村信息化标准结构进行组合优化和排序。

3.3.1.2 标准制定与补定

农业是一个巨大的、复杂的系统，其中，农村信息化标准体系建设涉及的步骤也很繁多，仅从内容体系角度来说，就需要许多标准才能支持信息化的推进。在这庞杂的标准体系中，不可或缺的是必需的相关技术标准，但也不能忽略对不同层次的目标、技术、组织形式进行设计、安排的各项具体管理标准，以及与此配套的对各阶段任务、职责、技术操作进行明确划分的各项具体工作标准。

农村信息化标准的应用数量不足是建设农村信息化标准体系过程中往往存在的问题。如农村信息化标准覆盖空间不能使其体系的要求得到满足；由于在体系中不能满足标准数量与内容而需要进行补定；由宏观向微观建立时，由于体系的资源有限性，现有标准使要求不能得到满足，因此需要按照新的体系要求对原有标准加以修订后再使用。这些都是在农村信息化标准体系建设过程中可能出现的正常现象，对提高农村信息化标准过程的质量能够起到一定的促进作用。

3.3.1.3 构成标准体系

农村信息化标准体系的建立过程是集成优化和组合简化相关农村信息化标准的过程，在农村信息化标准体系中可以使农村信息化标准不断适合自身位置并不断协调，是一种个体到整体以及小数量到整体的质量升华，换而言之，体系的构成过程是相关农村信息化标准从数量到质量的提升，在体系建设中解决系统理论与科学符合性的问题，即农村信息化标准体系的建设，在农村信息化标准的原理上与一般性的理论方面要能够设计得通，相互不矛盾。

因此，将上述标准都围绕着一个共同的进程，就会形成农村信息化标准体系。该体系将系统论原理和系统工程方法结合起来，沿着综合化和系统化的方向不停运转，成为标准体系的内在运动，并发展为真正的内核。如此，伴随着所涉范围的逐步扩展和介入层次的持续提升，一个真正意义上科学、可靠的农村信息化标准系统得以建立①。

具体来看，如果以管理标准为例，人们把农村信息化管理标准体系的形成过程通过表3-1显现出来。其中，A_1、A_2、…代表农村信息化各个环节的管理标准，a_{ij}代表第i个环节第j个层级的某个管理标准；$a_{i1}+a_{i2}+\cdots+a_{ij}=a_{\mathrm{A}}$表示第$i$个环节所有的管理标准形成的管理环节标准体系，如信息资源管理环节、信息员管理环节、信息传播环节等；$a_{1j}+a_{2j}+\cdots+a_{ij}=a_{\mathrm{level}}$表示第$j$个层级的所有管理标准形成的管理标准体系，如省级的资源管理标准、市级的资源管理标准等；$A_{\mathrm{administration}}$则代表农村信息化的管理标准体系。

① 李鑫，袁锋．农业标准体系结构研究初探[J]．标准化研究，2003（11）：23-26.

表 3–1　农村信息化管理标准体系的形成

信息化管理标准	农村信息化管理的各项标准		标准综合体
A_1 A_2 A_3 ⋮	⋮ a_{ij} ⋮	a_A	$a_A=\sum_{i=1}a_i$ $a_{level}=\sum_{j=1}a_j$ $A_{administration}=a_A+a_{level}$
$A_{administrat}$	a_{level}		

3.3.1.4　标准体系运行检验

如果通过上述步骤，那么相对科学有效的农村信息化标准体系就会建立。但这个体系在实际上的协调性与一致性还没有得到解决，这需要一定的时间对已建成的农村信息化标准体系理论加以验证与纠偏。只有把农村信息化标准体系的初步结果在实际中试用，才能解决这一问题。以试用的方式，让使用者提出试用感受与体会，并评价该体系的优劣性，再通过体系构建人员对其进行修改。经过2~3次的反复过程后，这个体系的形体和结构就可以基本确定。在最终确定前，可以对其进行审定，进而形成正规的、可向社会颁布的、实用的、先进的农村信息化标准体系。

3.3.1.5　标准体系的升级

在农村信息化标准体系进行充分应用后，在实施过程中可以得到许多修正的建议以及意见，同时经过应用的时间推移，可能会出现更多的农业科学成果以及技术成果。伴随着农业生产水平、农村生活水平的提高以及对社会经济市场需要的改变，原有的农村信息化标准体系就需随之加以变动、充实与提高，进而使该体系的升级要求得到满足。

3.3.2　农村信息化标准体系的组织体系

3.3.2.1　农村信息化标准体系的主管部门

我国国家农村信息化标准体系建设的主管部门主要以国家信息化领导小组为领导，以国家标准化管理委员会为依托，由信息化和农村信息化建设的相关部门共同组成，包括农业部、科技部、工信部、商务部、文化部、财政部、信息产业部等部门。

省一级的标准化管理，通常由质量监督局下设的标准局或者标准化处来行使标准化工作，其工作范围包括了社会生活的各个领域，农村信息化领域也属于其中之一。

3.3.2.2　信息化标准制定起草机构

1．标准制定起草制定机构

我国没有专门负责农村信息化标准制定的组织，所有的农业标准和信息标准主要由特定的标准制定组织完成，目前，与信息化有关的标准化组织主要包括：

我国的标准制定组织是位于北京的国家标准化管理委员会（Standardization

Administration of the People's Republic of China，SAC）。国家标准化管理委员会是统一管理标准化工作的主管机构，由国务院授权履行标准化行政管理职能。国务院有关行政主管部门和有关行业协会也设有标准化管理机构，分工管理本部门本行业的标准化。各省、自治区、直辖市及市县质量技术监督局统一管理本行政区域的标准化工作。各省、自治区、直辖市和市县政府部门也设有标准化管理机构。国家标准化管理委员会对省、自治区、直辖市质量技术监督局的标准化工作实行业务领导[①]。一般而言，信息类的标准都由各自的专门技术委员会（TC）和其下的分技术委员会（SC）具体负责（表3-2）。

表 3–2　我国信息管理类的技术委员会

技术委员会	TC485	TC353	TC239	TC28	TC4
TC/SWG名称	通信	信息分类与编码	广播电影电视	信息技术	信息与文献
SC数量	0	0	4	16	6

全国信息技术标准化技术委员会（简称信标委），是全国最大的标准化技术委员会，成立于1983年，是在国家标准化管理委员会和工业和信息化部的共同领导下，从事全国信息技术领域标准化工作的技术组织。信标委的工作范围是信息技术领域的标准化，主要对口ISO/IEC/JTC1和IEC/TC74的技术标准工作，涉及的标准化领域主要有字符集和编码、数据通信、软件工程、磁盘、柔性磁媒体、信息技术安全等工作，同时还结合了我国的中文信息处理实际，在其下组建了“多八位编码字符集特别工作组”等[②]。

全国电子业务标准化技术委员会（简称电子业务标委会，SAC/TC83），主要对口一些技术标准工作，涉及的标准主要有EDI、电子商务、业务数据及过程标准化、业务数据结构化技术、文件格式、电子业务服务、消息服务、关键支撑技术等专业领域的标准化工作。

全国信息安全标准化委员会，是在信息安全技术专业领域内，从事信息安全标准化工作的技术工作组织。委员会负责组织开展国内信息安全有关的专业领域标准化工作，组织开展国内信息安全有关的标准化技术工作，技术委员会主要工作范围包括：安全技术、安全机制、安全服务、安全管理、安全评估等领域的标准化技术工作[③]。

2．标准制定部门的主要职责

由于标准制定实施的复杂性，无论是国家级的标准化制定部门，还是地方的制定部门，都应当履行各自的职责。

（1）国家标准化行政主管部门职责

1988年《标准化法》和国务院“三定”[④]方案规定：国务院标准化行政主管部门承

① 国家标准化管理委员会．中国标准服务网，2001[cited;Available from:http://www.cssn.net.cn/index.jsp].

② 北京市发展计划委员会．首都信息化标准体系[M]．北京：中国标准出版社，2001：28.

③ http://www.cnis.gov.cn/kjzy/gntc/，中国标准化研究院.

④ 注：1998年国务院机构改革的“三定”方案即“定职能、定机构、定编制”。

担全国标准化工作的统一管理的职能；负责国家有关标准化工作的法律、行政法规、方针、政策的具体贯彻落实工作；制定全国农业标准化工作规划、计划；组织制定国家农业标准；指导国务院有关行政部门和省、自治区、直辖市政府标准化行政主管部门的农业标准化工作，协调和处理农村信息标准化工作问题；负责组织实施国家农村信息标准化工作；对国家农村信息标准的实施情况进行监督检查；统一管理全国的农业信息化质量认证工作；统一负责对有关国际标准化组织的业务联系。

（2）国家有关农业和信息化行政主管部门的职责

国家有关农业行政主管部门分工管理本部门、本行业的标准化工作；负责贯彻国家标准工作的法律、行政法规、规章、方针、政策，并制定在本部门、本行业实施的具体办法；制定本部门、本行业农村信息标准化工作规划、计划；承担国家下达的草拟国家农村信息化标准的任务，组织制定行业标准；指导省、自治区、直辖市有关行政主管部门的标准化工作；组织本部门、本行业实施标准；对本行业标准实施情况进行监督检查；经国务院标准化行政主管部门授权，分工管理本行业的标准化工作。

（3）地方标准化行政主管部门职责

省、自治区、直辖市标准化行政主管部门统一管理本行政区域内农村信息化标准制定工作；负责国家标准化工作的法律、行政法规、规章、方针、政策，并制定本行政区域实施的具体办法；负责制定本区域内农村信息化标准制定的工作、计划，并组织落实；负责制定本地区地方标准；指导本区域有关行政主管部门的标准制定，工作；在本区域内组织实施工作，并进行监督检查。

（4）地方有关农业和信息化行政主管部门的职责

省、自治区、直辖市有关农业和信息化行政主管部门分工管理本部门、本行业的标准化工作；负责国家和本部门、本行业、本行政区域标准化工作的法律、行政法规、规章、方针、政策，并制定实施的具体办法；制定本行政区域内、本部门、本行业的标准化工作规划、计划；承担省、自治区、直辖市人政府标准化行政主管部门安排的划拟地方标准的任务；负责本行业内标准实施的监督检查①。

3.3.3 大数据时代农村信息化标准体系的内容体系

3.3.3.1 农村信息化标准体系建设的理论模型

有学者使用二维结构来描述标准的各个要素，但是二维结构本身具有简洁性，只能表达出标准二维要素间的联系，整个框架中标准的容量较小，只适用于一般的体系结构。但是，如果标准要素间错综复杂时，容量较小的二维结构就不能对每一个标准在标

① 国家标准化管理委员会．农业标准化[M]．北京：中国计量出版社，2004：64.

准体系结构中的定位准确表达，而且相互间容易干扰，这时三维结构可以更好地解决这个问题，并运用它来构建体系。

标准包含对象、内容和级别三要素，印度魏尔曼（Verman L C）最早提出了标准体系三维结构的思想。三维结构是一个经典的空间思维概念，能够对各项标准进行精准的定位，综合反映各项标准的所属领域、共同特征和适用范围。在标准的拟定、查找、搜索过程中往往能节约一定的时间和资源，因而具有较强的实用性。

标准化三维空间的概念，侧重提升标准等级、扩充所涉领域和充实标准的具体内容是一个不断变化发展的过程。本体系结构在此基础上，以丰富、广泛的比较为前提，灵活运用以农村领域内容为对象维度、信息化内容为内容维度、标准层次为级别维度的三维结构。在每个维度结构中增设具体门类，从而扩充整个标准内容的存贮量，延伸整个三维结构的空间，体现该结构体系的科学性与先进性，力争为将来标准体系的发展提供参考依据。

本体系结构根据农村信息化自身的特点，结合分类方法和三维指标法对农村信息化标准体系进行研究①。

农村信息化标准体系结构的三个属性维具有相对独立性，农村信息化标准体系的内容范围即三个属性维彼此之间通过相互结合而构成的立体区域，通常由坐标（*X*，*Y*，*Z*）所定位的这个点是标准体系中的一个子体系，而子体系的范围大小是由农村信息化标准的总体复杂程度和子体系结构的分解深度［即（*X*，*Y*，*Z*）的精准度］所共同决定的。具体而言，对各个维度划分得越精细，确定的范围就越狭小，据此得到的子体系有序程度则越高。

农村信息化标准内容体系主要分为技术标准、工作标准与管理标准（图3-3）。

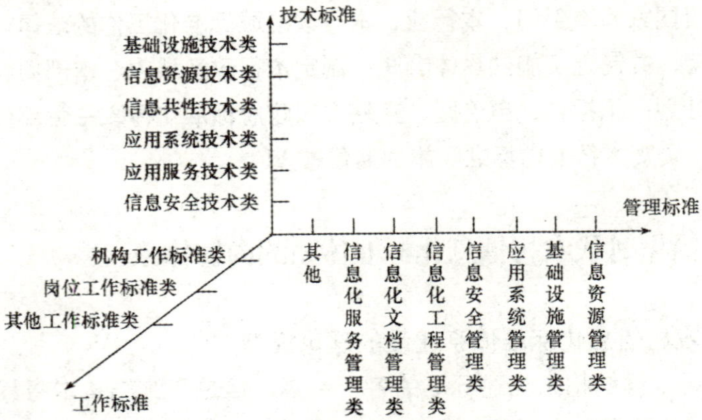

图 3–3　大数据时代农村信息化标准内容体系三维坐标结构图

① 李上．公共服务标准化体系及评价模型研究[D].中国矿业大学，2010.6.

3.3.3.2 技术标准体系

1．技术标准体系的构成

农村信息化技术标准是为了对农村信息化领域中需要统一协调的技术事项有所规范而制定的标准。它应在标准化法律、法规的指导下制定形成，包括农村信息化技术标准、信息化实施质量标准、信息服务技术标准、农村信息化数据管理标准等。其中，农业企业的标准体系是指企业应执行的国家标准、行业标准、地方标准和本企业制定的技术规范、流程、方案等（图3-4）。

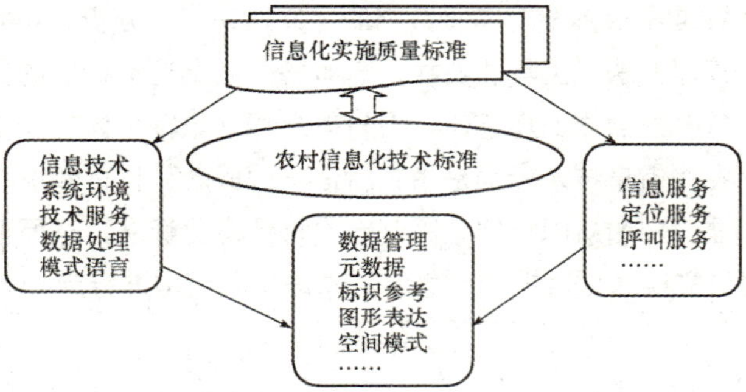

图 3–4 大数据时代农村信息化技术标准体系构成

2．技术标准体系表

农村信息化技术标准体系表是指技术标准按一定形式排列起来的图表，一般形式为序列结构图表和层次结构图表两种，本研究采用的是层次结构图表。

农村信息化技术标准体系表具体包括基础设施技术类、信息资源技术类、信息共性技术类、应用系统技术类、应用服务技术类、信息安全技术类以及其他技术标准等信息技术标准（图3-5）。

（1）基础设施技术类。本类标准因其能为传输、交换信息和实现资源共享提供技术支持的特性，主要适用于基础设施建设和网络开发建设领域中。基础设施技术类具体可分为基础设施共性技术、基础软件技术、硬件系统技术以及其他基础设施技术小类。

（2）信息资源技术类。信息资源是指依据一定的目标和规则，将存贮的信息进行采样和加工处理，使其在特定载体上实现数字化信息的集合体。信息资源技术类具体包括信息资源共性技术、元数据、数据元、描述技术、数据集、数据库、目录、web服务和其他等信息资源技术小类。

（3）信息共性技术类。包括基础设施、信息资源、应用系统、信息安全等农村信息标准通用的共性标准，其在农村信息的技术标准类中具有通用性。

（4）应用系统技术类。它主要是指建设农村信息管理系统、各相关单位信息管理系统以及相应的子系统时应参考的相关标准。应用系统技术类下可分为：应用系统共性技术、系统建设技术类、系统功能规范技术、系统运维技术和其他等信息系统小类。

（5）应用服务技术类。其主要是指实施农村信息资源共享以及应用服务平台建设时应遵循的有关标准。应用服务技术的开发可以促进农村信息资源共享和相关服务供给的发展进程。

（6）信息安全技术类。能够保障应用信息化的安全，其类目下分为：系统硬件（物理）安全技术、信息安全共性技术、系统软件（存储）安全技术、信息应用安全技术、信息传输安全技术以及其他等信息安全技术小类。

农村信息技术标准不仅涉及对信息数据的定义、采集、分析、访问、表达和传输，还涉及农村信息的管理方法、工具和农村信息服务。制定这类标准的目的是推动农村信息领域以及农村信息系统操作的规范化。农村信息标准依存主体主要由农村信息与信息技术相结合，因此农村信息技术标准是由农村信息的概念与描述和信息技术的概念相结合而构成的系列标准。例如从国际的范围制定农村信息化标准，进而形成国际标准，此标准强调利用管理与交换数据对地理信息的基本语义和结构进行定义。

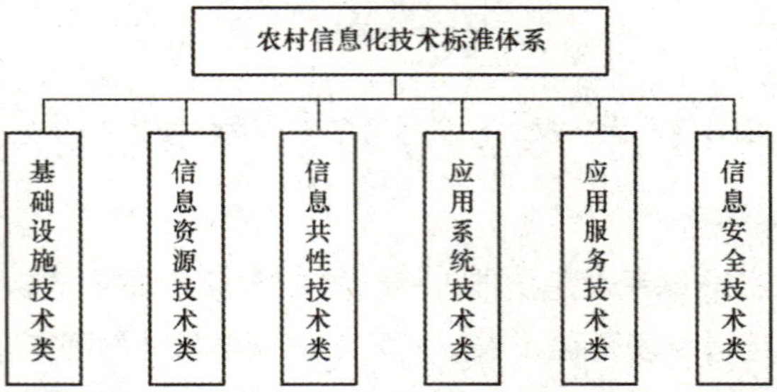

图 3–5　大数据时代农村信息化技术标准体系层次结构

3.3.3.3　管理标准体系

1．管理标准体系的构成

信息化管理标准，简而言之，就是管理机构为行使具体管理职能而制定的具有特定管理功能的标准。具体到农村信息化标准体系领域中，则是指为协调统一涉及技术管理、组织管理等方面的具体管理事项而制定的标准。

2．管理标准体系表

农村信息化管理标准体系表是指把各项具体管理标准按一定原则和形式组织、排列而成的图表。农村信息化管理标准大类下可分为4个类目，即领导小组管理、综合信息服务平台管理、中小企业服务平台管理和基层服务站点管理。其层次结构图如图3-6所示。

（1）信息化领导小组管理类。包括领导岗位标准、领导成员标准、制度标准、资金投入标准等，通用性是其在农村信息管理类标准中所具有性质。

（2）综合信息服务平台管理类。包括平台门户管理标准、信息服务标准和信息资源传输标准等，这类标准是管理标准的核心部分。

（3）中小企业服务平台管理类。包括平台管理标准、服务标准，中小企业网上融资中心、电子商务中心。

（4）基层服务站点管理类。包括站点管理标准、服务标准等。

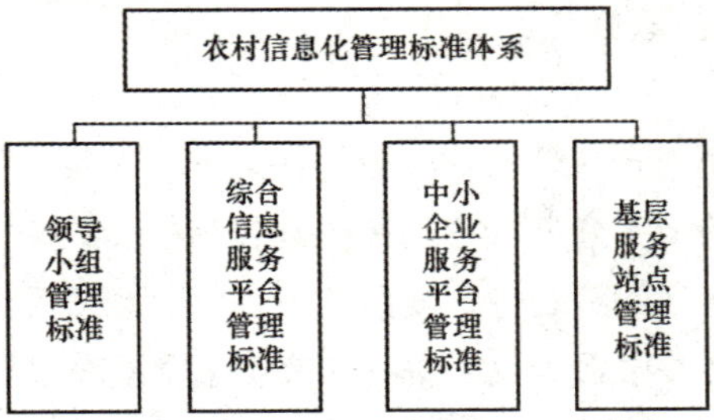

图 3–6　大数据时代农村信息化管理标准体系层次结构

3.3.3.4　工作标准体系

1．工作标准体系的构成

工作标准是一类内部规范性文件，能为维持单位内部的日常管理和正常工作秩序提供保障和依据。它具体包括有关机构、企业自行拟定的岗位职责、工作定额和单位内部的日常工作制度。

2．工作标准体系表

国家标准化法规定，行业认证管理范畴中不包含工作标准，但为确保农村信息化标准体系具有完整性，因此农村信息化工作标准分类体系中应包含工作标准分类类目，本体系表的明细表中不包含其标准目录。

信息化工作标准大类下分为四个信息工作标准中类目：机构信息工作标准类、岗位信息工作标准类、通用工作标准类和其他信息工作标准类[①]，如图3-7所示。

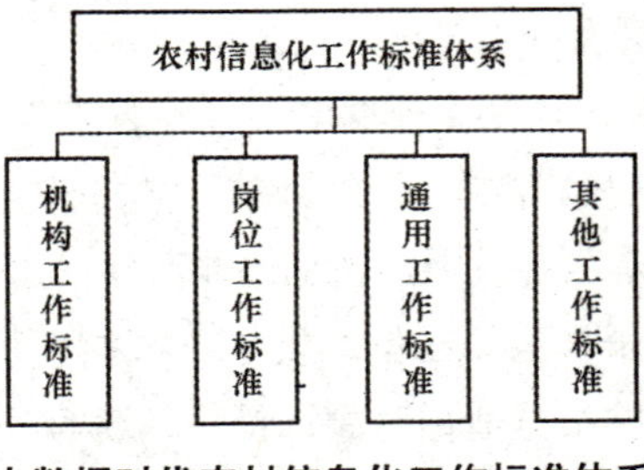

图 3–7　大数据时代农村信息化工作标准体系层次结构

3.3.4　农村信息化标准体系的实施体系

农村信息化标准体系是个系统化和统一化的工程，这个工程中的最后一个重要环节

① 常凯.中医药信息化标准体系构建研究[D].湖北中医药大学，2012.6.

就是标准体系的实施。实施体系建设包括制度、方案等组成的政策支撑体系，也需要由政府、企业等为主体构成的实施主体，按照实施原则，采用特定的方法，对信息化自愿性和强制性的客体实施信息化服务，因此构成了农村信息化标准体系中的实施体系。

3.3.4.1 实施思路及原则

1．实施思路

农村信息化标准体系对于现代农村农业的快速发展、农村经济水平的提高和农民生活质量的提升有着重大的现实意义，它也是建设和谐社会的关键要素之一。由于我国的农村信息化的建设具有一定的滞后性、复杂性，加之信息资源不足、信息基础设施条件较差、信息服务意识不强等原因，我国的农村信息化建设难以与发达国家相提并论。

当前，信息化发展的重要基础不仅是硬件的建设，它更需要发展环境的支持。标准体系的建设可以为信息化发展提供一个相对科学规范的环境。虽然当下我国的标准化意识正随着社会经济的进步不断发展，但是，标准在数量层面缺乏，以及在质量层面低下，在国际标准采用的情况上更是距离发达国家有很大距离。因此，农村信息化体系的建设和推进，成了农村社会发展工作中非常重要的一项核心工作。

大数据时代农村信息化标准体系实施的思路：在现有的社会资源的基础上，包括信息资源、环境资源、人力资源等，通过相应的标准化部门所提出的政策支持，将政府与社会组织、企业等结合起来，立足于标准制定的急迫性、创新性和国际性，先构建好标准体系的基本框架，如组织体系、内容体系和实施体系，再结合实际，加快信息化领域的具体标准制定工作，如管理标准、技术标准、工作标准，提升标准水平，成为农村信息化建设的稳定发展的有力支撑，形成持续发展、稳定有序的农村信息化标准体系，再实施该标准体系，最后通过实践推广，发现标准体系在社会生活生产中的利弊，从而加以修正和提升。

一般来说，农村信息化建设本来就是一个动态持续的工程，其标准体系也是一个动态发展的体系，具体实施思路如下：

一是构建标准体系框架。理清政府政策、工作方案等与标准相似的文本之间的关系；根据农村信息化和标准化的理论，针对目前的空白研究，制定相应的标准，使农村信息化标准体系各门类的标准平衡发展，使标准体系尽量达到层次清晰、效果明显。

二是实施农村信息化标准体系。在信息化标准体系刚开始建设的起始阶段，应当首先制定明确的基础性标准；并根据适用对象、使用环境等一系列的实际情况，有计划、分阶段地制定标准；结合实际，及时推广和实施相关的标准。

三是修正并提升标准服务水平。标准制定后，应不断对现有标准进行评估，在农村信息化的不同发展阶段中，按照使用者的不同需求，修订并完善标准体系，促进体系的不断发展，提升标准的服务水平，进一步提出相应的高层次的标准。

2．实施原则

在农村信息化标准体系具体实施阶段的工作中，应当遵循标准化实施中的基本原则，即“统一、简化、协调、优先”。具体而言：

首先，坚持实施主体多元化原则。标准的制定和实施通常采用的是以政府为主导的模式，在经济快速发展的时期，应结合市场导向，在政策支持的基础上，加强标准与市场的联系，创新标准化工作及管理机制，形成政府、企业、行业协会、科研院所、中介机构共同推进标准化发展的合力。

其次，坚持体系创新化原则。将农村科技的发展与标准的制定相联系起来，提高标准中创新技术的含量，促进技术创新、研究开发与标准研制的有效结合，使农村科技通过完整的标准体系的各个环节快速转化为生产力，也使农村信息化标准体系成为农业领域中的重要组成，并不断促进农村科技的创新发展。

最后，坚持标准质量与整体水平两手抓原则。重点发展具备特色性的产业技术标准以及具备优势性的高新技术标准，努力将地方技术特色和优势融入尽可能多的区域标准、国家标准乃至国际标准中去，更快、更好地促进我省农村信息化水平进一步的发展与提升。

3.3.4.2　实施主体及客体

为了进一步加快农村信息化标准的实施进程，在最短的时间里建立起卓有成效的农村信息化标准体系，只有明确农村信息化标准体系在具体的服务和实施中的主体和客体以其各自的特征，才能使信息化标准得以推广和完善。

1．实施主体

农村信息化标准体系的实施主体主要包括政府、龙头企业、行业协会等，他们对信息化标准的制定和实施共同发挥着重要的作用。

1）政府部门

政府部门，如前文所述，包括国家标准化管理部门、国家质量监督行政部门、认证监管部门以及相应的地方行政部门。这些部门在标准体系建设中的每一个环节都发挥着非常重要的主导作用。主要功能包括研究制定与农村信息化有关的政策法规，包括完善标准法规政策体系，改进市场准入体系，形成各项强制性制度的实施体系，监督管理相关的认证和认可机构等中介体系，为农村信息化标准体系的实施提供宏观指导。由于农村信息化建设及其标准体系建设具有公共品特性，政府部门主导是以农村信息的标准化实施为途径来实现现代农业的信息化和科技化发展，提高农村信息化水平和农业的市场竞争力，并在标准实施过程中通过示范引导、辐射带动来调动广大农民遵照标准行为的积极性，形成集中的、具有规模性和示范性的农村信息标准化的工作格局。

2）龙头企业和专业合作社

农村信息化标准建设中龙头企业作为实施主体，是把农村信息化标准建设当作一种手段和项目，将目标放在企业对于最大化的利益的追求上。因此，企业到底将农村信息化标准建设落实到哪一步，就由落实程度不同所能够带来的不同利润率所决定。企业的管理责任与生产主体的实际利益趋于一致。而以专业合作社为主体的农村信息标准化实施中，则是追求市场需求得到满足，合作社的追求与农村信息标准化的实施在满足新农村现代化发展的根本需求的目的上趋于一致，使农民生活、生产信息化，提高农民生活质量是合作社实施农村信息标准化的根本目标。但是由于外部市场并未完全成熟，合作社会更多地把自身发展当作一个重要的考虑因素，不会大力改善信息服务的质量问题。因此，专业合作社的管理责任与生产主体的实际利益更加吻合。

3）中介组织

中介机构，主要指行业协会、企业联盟、认证机构、认可机构、检测检验机构、检查机构、咨询机构、消费者权益保护机构以及媒体等，其主要功能体现在以市场为导向，按照法规要求，依据农村信息化标准，开展认证认可、检测及其相应的咨询和服务等活动，协助农村信息化工作组织实施标准，并对信息化组织实施标准的情况进行社会监督等。从这点上来说，作为中介组织的管理责任与生产主体的实际利益并不一致。

2. 实施客体

农村信息化标准体系的实施客体主要是指由相关部门所制定的各类信息化标准，如信息传输标准、信息安全标准、信息管理标准等，这些标准是农村信息化标准体系的核心组成，在推进我国农村信息化发展中将发挥巨大的功能，但是这些标准的制定必须要满足以下制定原则。

（1）与国际国内规定相适应的原则

在制定农村信息化标准时，我国应该依照相关国际规定来进行，这是因为无论是哪类标准都必须以保障国家安全、防止欺诈、保护人体健康和人身财产安全、保护动植物生命健康、保护环境等为界定目标，如果违背了这些目标，标准一旦超出协议所规定的范围，就很可能遭到其他国际标准制定组织成员国的反对。同时，我国的国家标准都具有强制性，且涉及多个领域，因此，《中华人民共和国标准化法》第七条明确规定：“国家标准、行业标准分为强制性标准和推荐性标准。保障人体健康、人身、财产安全的标准和法律、行政法规规定强制执行的标准是强制性标准，其他标准是推荐性标准[①]”。同时，农村信息化标准也应该依照《中华人民共和国标准化法》的规定来制定和实施。

（2）与我国国情相结合的原则

在实施推广农村信息化标准的同时，必须认识到农村信息化标准具有一定的适应性，具体来说，在世界各国农村信息化建设中，基本项目的设置差别不大，但是，不同国家不同地区对于这些基本项目的内容和水平要求有较大的差异。所以，相同的农村信息化标准不能直接移植到不同的地区。在我国，农村信息化标准在水平上按理说要达到均等水平的，然而，除国家总体设定的农村信息化标准要求外，各地区还依据本地地

① 《中华人民共和国标准化法》

域、经济和社会等发展因素做了符合自身情况的标准体系，这些地方标准体系无论是项目设置还是水平预定上都不可能全国统一。农村信息化标准的推广和实施要考虑人力、物力和财力等资源的投入问题，并不是最先进的信息化标准就是最适合的地区标准，想在最大程度上实现农村信息标准化的目标，就得充分考虑到中央和地区的不同基础条件，以及不同地区之间的基础条件的不同，选择一部分信息化指标作为强制性标准予以实施，而另一部分信息化指标作为推荐性标准实施。

3.3.4.3 实施方法及措施

1. 农村信息化标准体系实施方法

农村信息化标准体系的实施，可以通过很多方法和手段，主要包括以下内容。

1）认证认可方法

认证认可制度是农村信息化标准实施体系的重要组成部分，对于农村信息化公共服务组织来说，最大的威胁莫过于失去公共消费市场，将认证制度与农村信息化公共服务市场准则相结合，可以对农村信息化公共服务标准化行为产生有力的激励作用，所以，积极推动、发展与规范各种强制性、自愿性认证，可以说是推动公共服务标准实施的最重要，也是最有效的途径。此外，从政府层面来讲，通过实施认证认可方法，不仅利用了市场机制提高了信息查询效率，而且还起到了激励作用，很大程度上为政府减轻了负担。认证认可包含两类，即强制性认证和自愿性认证，农村信息化公共服务强制性认证需以强制实施的农村信息化标准为依据，要求使用统一认证程序、统一标志、指定认证机构、统一的技术法规等；自愿性认证则主要通过市场作用来推动，由经过资质认证机构批准的个人或组织进行开展，对认证标志没有统一要求，自愿认证采用的标准一般是推荐性农村信息化公共服务标准。

2）质量监督抽查方法

强化政府监管手段，履行好政府监管的职能，这是农村信息化标准有效实施的重要保证。在建立农村信息化标准落实情况公开制度以后，国家质量监督抽查工作重点应是对农村信息标准实施真实性的监管。质检部门对所有农村信息化标准实施拥有同等的监管权力，监督的重点对象应当是开展农村信息化标准实施的相关组织部门，保证一定执法力度，重点监督的范围应当是涉及人体健康、人身、财产安全、环保与节能等方面的农村信息化实施标准，对抽查后的不合格农村信息化标准，实施组织部门应加强处罚和执法力度，质量监督抽查的主要依据应该是需要强制实施的农村信息化标准。

3）生产许可证方法

生产许可证方法是一种强制性的标准实施手段，属于市场主体的市场准入制度，是抓源头的一个强有力手段，是事先保证的重要措施。今后，我国的农村信息化标准实施领域的生产许可证工作应重点放在三个方面，包括：首先，是既要加强政府监管，又要严格信息化服务组织自律，更要充分发挥公共消费市场机制的引导作用；其次，是狠抓源头，实行事先保证与事后监督相结合；再次，强调发证有效性，注重证后监管的质量；最后，突出重点，分类监管，建立监督机制，农村信息化标准应成为实施生产许可证制度的依据。

4）自愿协议方法

自愿协议方法，是指在农村信息化标准范围之外，社会组织或企业在自愿的基础上为了实现某种目的（营利、社会责任等）而与政府签订的一种协议，自愿协议主要的思路，在政府的引导下更多地利用其他社会组织或企业的积极性来推动自身目标的实现，该协议是政府和社会组织或企业在其各自利益的驱动下自愿签订的，也可以看作是在法律规定之外，社会组织或企业“自愿”承担的更高的社会责任和义务，自愿协议的依据更多的是推荐性农村信息化标准。

5）自我声明方法

自我声明法是指农村信息化标准实施组织部门通过市场作用和力量促进政府组织部门实施农村信息化标准的最为行之有效的方式手段，应在有关法规中明确其合法地位，并大力推广。农村信息化标准实施组织部门自我声明的主要依据为具有推荐性的农村信息化标准。

2．农村信息化标准体系实施措施

农村信息化标准实施措施是指在农村信息化建设的过程中，通过一系列行之有效的措施来实施农村信息化的标准化管理方法，实现在推进农村信息化管理的标准化水平的同时，持续地提升项目的管理绩效。根据农村信息化管理标准化的基本内涵，要达成农村信息化管理标准化的目的，不同的管理部门必须从当地的特色和受众的实际需求出发，建立与实施符合当地现实情况的管理标准，才能形成真正行之有效、可以被实现的农村信息标准化管理体系。通过对国内外学者对农村信息标准化体系建立过程的研究可知，要确定实施农村信息化标准体系建设要经历8个步骤。

1）识别需求

该阶段的主要工作是明确“实施管理标准化所针对的问题是什么”。实现信息化与实施标准化管理之间的关系密不可分，之所以存在标准化管理的需求，通常也是因为实现信息化目标的要求，包括了实现基本的服务目标、扩大信息化的范围、提高信息化服务质量三个方面所产生的各类要求。在农村信息化的过程中有着鲜明的特殊性，各地实际情况与受众需求带来的信息化标准要求的差异，带来了实施标准化管理过程中的不同需求。需要特别指出的是，在识别需求过程中，尤其要重视农户等受众对于信息化标准的期望以及由此产生的对管理活动的要求，并将其作为实施标准化管理的重要基础。

2）定义目标

该阶段的工作是在识别需求的基础上，根据不同地区的经济社会发展情况及农户需求进一步明确实施农村信息化标准所要达到的目标。例如，在农村信息化实施之初，湖南省是按照《湖南省国家农村农业信息化示范省建设实施方案》的规定，参照经济发展和地貌特征分为长株潭区、洞庭湖区、湘中南区、湘西山区等四个区，分别建立四个农村信息化工程实现符合地区发展的目标，即长株潭区“三网融合、三产融合”项目，洞庭湖区“现代农业物联网”项目，湘中南丘陵区“农村电子政务”项目，湘西山区“农村民生服务”项目。

3）标准参照

该阶段主要是基于现有的国家信息化标准来确定在当前情况下实施信息标准化可以进行对比的参照物。就中央与地方之间，全国各省市以《国家农村农业信息化标准体系》为参照，依据各地区具体情况制定了符合省情的农村信息化标准法规，这些标准包括了《北京市农村信息化2008—2010年实施规划》《浙江省省级农村信息化示范标准（试行）》《山东省国家农村农业信息化示范省基层信息服务站点建设标准》《湖南省农业标准化建设工作方案》《湖北省信息化新农村示范乡镇标准》《广东省国家农村农业信息化示范省建设实施方案》等31个省级农村信息标准化体系建设方案。

4）总结经验

在参照全国和其他地区标准建设方案的基础上，制定了本地区农村信息标准化实施准则后，正式进入实施检查阶段。但是，没有哪一项标准体系是完美无缺的，任何标准通过实施后都会表现出理想或不理想的结果，关键是在农村信息化标准管理的具体实施过程中，各部门在管理与工作上对好的经验进行分析和总结，从中找到可以多样化的标准；同时，在对过程中出现的失误进行充分的把握后，提出切实可行的应对方案，避免相同错误的再次发生，并在避免失误的过程中提炼出可重复使用的标准。

5）形成体系

通过对之前挑选出来的国家以及其他地区的一系列相关标准的参照，结合本地的实际情况、受众的实际需求和之前信息化实施过程中得到的相关经验，分析、整理适合当地，在当地具有可实际操作性的标准指标，通过标准审定程序，建设一套切实可行的、完整的标准体系，在之后的农村信息化建设项目中公布和使用。

6）组织学习

农村信息化标准的具体落实以及农村信息化服务效果的实现离不开农村信息化基层服务人员，同时也对农民这一信息化受众的文化知识水平有一定的要求。当下我国农村信息化基层服务人员自身的文化素质和技术水平普遍不高，有待进一步提升，而农民使用农村信息化知识的能力更是令人担忧。因此，就基层工作人员来说，政府部门应按期频繁组织他们进行文化、技能培训以及学习深造，提高信息化服务队伍质量；就农民而言，也要开展信息化功能宣传课程、农村信息使用课程等实务培训，加强农民的接受和使用能力，真正发挥农村信息化标准的作用，实现农村信息化现代化。

7）执行标准

制定好农村信息化标准体系，培训了标准体系实施的基层工作人员，就要进入标准具体执行阶段。农村信息化标准的执行不仅是规范实行农村信息化各方面的内容，而且对实施标准化的政府组织部门也起到管理、监督和激励的作用，执行标准的最终目标是达到农民、农村、农业的信息化现代化的同时，实现政府信息部门及部门之间的高效协同运作。

8）修订标准

在现有农村信息化标准的使用过程中，需要依据现实情况的变动，不断在实践中进行探索，积累经验，在充分的分析与总结之后，对原定标准体系中不够完善或者说不尽合理的部分加以修订与改进，使标准体系体现更好的适用性。一项成功的标准体系往往是通过不断地运行、总结、调节、再运行等循环过程得到的。

3.3.4.4 农村信息化标准的评估体系

1．评估内容

农村信息化标准体系的评估主要包含经济效益评估和社会效果评估两个方面。

1）经济效益评估

市场经济活动遵循的基本行动准则是，以尽可能少的劳动消耗换取尽可能多的劳动经营成果，或者以同等的劳动消耗换取更多的经营效果。在此背景下，经济效益是指资金使用、成本支出与有效生产成果之间的比率，也是社会生产各环节中对人力、物力、财力利用效率的综合反映。在农村信息化标准中，经济效益主要表现在对农业生产消耗的节约、农产品销售成本的降低、农业服务成本的降低以及对农产品质量的提高等方面。在计算和评价标准经济效果中，应把标准化节约和标准化消费作为主要的考虑因素。

农村信息化标准体系的实施将会对农民生产和生活方式带来巨大影响。在农村信息化标准实施过程中，农民依照标准而获得经济纯收入、生活水平的提高以及由信息化带来的直接收益等，都属于经济效益评估的范畴。

2）社会效果评估

在政治、文化、社会、科技等各方面，农村信息化标准的实施可能做出或已做出的贡献称为社会效果。社会效果评估过程要采取定量评估与定性评估相结合的方式[①]。农村信息化标准体系的社会效果主要包含以下两个方面的内容。

第一，对农民自身综合素质提升产生的影响。这主要体现在两个方面：一是对农民思想文化观念的影响，主要包括项目实施对当地民众义务教育实施状况的影响、对农民业余文化生活产生的影响、对农民传统文化观念革新带来的影响；二是对农民科技意

① 骆浩文．广东省农业标准化研究与评价[M]．北京：中国农业科学技术出版社，2011：40.

识、创新意识的影响，主要包括项目实施对农民采用新技术的意愿的影响、民众对“科技兴农”观念的认同度等内容。

第二，对农村社会发展所产生的影响。主要表现为在农村信息化标准实施中对农村信息化基础设施以及农村环境所产生的影响、对农民卫生保健的影响、对人口的影响以及对于农民的参与态度与支持情况等。除此以外，在农村产业结构和农民就业结构方面，标准的实施也会产生一系列的影响。产业结构的变化表现为实施信息化标准后，在产业结构中各产业中所占比重发生了变化；就业结构变化表现为在总劳动力中各产业就业劳动力所占比重的变化值。

以上两个方面的评估涵盖了社会的全方位。其中，经济效果评估在两种评估内容中显得更为重要些，这是因为农村信息化标准体系的两种评价效果是密不可分的。由于社会效果多数是定性的，难以量化，而经济效益通常是指标型、数据型的，它能够更好地反映评价效果。从经济学的角度，只有用更有说服力的数据才能使农村信息化标准的成本和效果得到科学、客观的评价①。所以，若想使评估更加全面、准确，只有将经济效益评估与社会效果评估相结合。同时，社会效果中最关键的组成部分无疑是宏观经济效果，对宏观经济效果的科学评估也能反映社会效果和生态效果。

2．评估方法

关于对农村信息化标准体系的评估方法虽然还在不断的探索中，但对于评估各种不同目标的农村信息化标准的效果，国内外学者已经提出了许多行之有效的评估方法来评价农村信息化标准综合效果。作为一个系统工程的农村信息化标准效果评估，具有灵活多样的评估方法，应根据不同情况与需要运用不同方法，主要有以下几种评估方法。

1）调查研究法

所有经济科学研究中均普遍使用调查研究的方法，对农村信息化标准效果的评估也不例外。它是获取相关数据资料的必经途径。它通过定性分析与定量分析，结合经验判断农村信息化标准的实施效果，运用统计及其他方法分析、计算，进而做出较为正确的评估。其主要工作步骤包括：① 对调查目的的确定；② 对调查内容的确定；③ 对调查方法、对象以及范围的确定；④ 对调查结果进行统计、分析和评价。通过对收集的数据进行统计、计算、整理后，得到基本的调查结果，运用定量与定性、局部与整体以及近期与长远等全面分析，进而提出研究结论。

2）预测评估法

预测评估法以现有提供的资料、技术以及条件为基础，对农村信息化可能达到的目的及效果进行预测，包括宏观方面与微观方面的预测。宏观方面预测主要指对直接影响农村信息化活动但又不能控制的外界因素进行预测；微观方面则是指在农村信息化活动

① 骆浩文．广东省农业标准化研究与评价[M]．北京：中国农业科学技术出版社，2011：41.

过程中对内部的、可控的因素变化发展情况进行预测，主要有定性预测评估法和定量预测评估法两种评估方法。

（1）定性预测评估法，这是比较常用的定性预测评估法，即专家调查法，通常以匿名的方式，向对农村信息化标准的实施效果熟悉的专家了解意见。

（2）定量预测评估法，大多数运用的是因果预测，即以与事件有密切关系的外部因素的变化为根据，来推测事物未来发展的趋势，一般使用回归分析法、实验区模型法及DEA投入产出法等。

3）对比实验法

在农业领域的科学研究中，用对比实验法进行实验和评估是应用最广泛的方法，可用于农村信息化标准体系建设后的绩效评估。它是数据来源严谨性和实验方法科学性程度较高的研究方法。与调查研究法和预测评估法不同，对比实验法的应用不是很普遍、广泛，它的适用范围具有一定的局限性。这是由于对比实验法对于较大范围的评估和宏观方面的经济效果评估并不太适用。但是，农村信息化标准体系只是在信息化领域内构建的体系，属于专业领域范围内的评估，所以该方法适用于在农村信息化标准体系的实施活动与其对照组之间进行比较评价。在对比实验法中，实验方法是否科学、实验对象与对照组之间是否有可比性以及实验条件是否具有代表性等，这些因素很大程度上决定了对比实验法能否取得可靠的效果。一组能够称得上精密的对比实验设计方案，必须包含明确的实验目的、可行的实验方法和科学的实验项目，尤其要注意对随意因素的剔除，对其客观性要有所把握，实验设计要在具有代表性的单位中，运用合理的方式进行排列，在实验过程中应使用标准统一的具体比较指标，并注意所用的数据处理方法和计算方法的准确性、科学性。

4）平行指标比较法

平行指标比较法是排列法的一种演变，它是用来比较农村信息化标准活动实施前后的状况，通过平行指标的横向比较，对前后效果进行对比，再对效果有无增加或者增加多少进行考虑。在农村信息化标准实施评价过程中，采用平行指标比较法，以其他因素不变或者等速变化为基础，进行单一信息化指标的比较，将新实施的标准活动与它所取代的旧的标准进行对照，在对照结果没有原则性的影响的基础上，遵循可比性原则，对可比的对象和指标进行比较[①]。

5）综合评估法

综合评估法是一种数量化方法，可以综合评价某一农村信息化标准活动中的多项指标，通过对各个评价项目中的具体指标进行赋值、权重，以此实现对农村信息化标准状况的测度，对各个农村信息化标准的优劣进行总体上的概括评价。灵活性是综合评估法

① 农业部农村社会事业发展中心组.农业标准化理论与实践[M]. 北京：中国农业出版社，2011.9.

最大的优点，根据各种不同情况的需要，综合评估法可以设立指标，使人们全面认识标准实施的各方面，微观上为标准措施的改进提供较为具体的参考建议。由于人们对同一问题亦会有不同的理解，因此该方法在标准评估的指标体系构建上易产生分歧，且只能提供比较零散的信息。

6）生产函数法

生产函数法是一种以技术和经济的总体关系为切入点的研究方法，具有高度的系统性和概括性。从经济的总体出发，生产函数法能明确地分析标准实施的作用，从中得出农村信息化实施体系的系统效果，进而从宏观上对有价值的政策及标准建议进行归纳。但生产函数法是建立在严格的假设前提基础上的，仅能以经济增长的角度观察标准的作用，具有笼统性[①]。

本章小结

随着我国现代农业的稳步发展，大数据背景下的农村信息化建设和农民学习并掌握新型农业技术的需求越来越迫切。目前，社会各界均已意识到农村信息化标准体系建设的紧迫性及其潜在的巨大发展潜力。因此，推进农业信息标准体系的研究与应用，构建我国农村信息化标准体系已成为深入发展现代农业的主要路径之一。本章从“应然”视角分析了农村信息化标准体系建设的目标、思路及基本内容。建立农村信息化标准体系的最终目标，是为了使现代信息技术在农业领域更好地发挥作用，促进“三农”的发展。建设的基本思路是农村信息化标准体系基本内容的构建无疑可以为解决标准制定过程中的一系列现实问题提供思想指导，包括组织体系、内容体系和实施体系。同时，三大标准的构建也将成为我国农村信息化各项标准制定的理论基石。

① 骆浩文．广东省农业标准化研究与评价[M]．北京：中国农业科学技术出版社，2011：42.

第4章　大数据时代农村信息化标准体系建设的现状

随着信息化建设的不断推进，农村信息化的发展在基础设施建设、服务平台、服务队伍等方面取得了一定的成就，同样，虽然我国在农村信息化标准体系建设方面刚起步不久，但是也获得了一些成果。本章意图从“实然”角度弄清楚我国大数据时代的农村信息化标准体系建设做了哪些工作？在组织体系、内容体系和实施体系方面出现了什么问题？因此，了解当前我国农村信息化标准体系发展的现状和不足，对于下一步剖析影响因素具有基础性的作用。

4.1　大数据时代农村信息化标准体系建设已取得的成就

我国的农村信息化标准体系建设应该在现有农村信息化基础之上进行。如果想要建设符合我国社会实际和经济发展水平的标准体系，顺应大数据时代潮流，首先要了解我国的农村信息化发展状况，只有在此基础之上，才可能使标准体系的建设更加切合农村实际，使农村基层政府、龙头企业和农民个体接受标准的制定并实施。

4.1.1　大数据时代农村信息化所取得的成就

我国的农村信息化建设起步的时间较晚，但是其发展的整体进程却非常快速。从20世纪90年代开始，我国信息化发展的速度不断加快。1993年，我国农业部首次提出了以推进我国农业信息化建设为目的的“金桥、金卡和金关”工程，为农业信息化的建设打开了全新的篇章。为了实现与加强对不同信息化工程的统一领导，进一步推进信息化工程的有力实施，同年12月，成立了国家经济信息化联席会议，与当时以信息化带动产业发展的思路密切切合，依托社会发展的信息化建设取得了相当大的成就。

4.1.1.1　不断加强的信息服务机构

为了更好地组织与管理农村信息化建设工作，我国政府采取从上至下的方式，推进了信息化组织建设的进程。2010年，农业部市场与经济信息司增设了信息化推进处，主要负责协调地方农业农村信息化工作，指导信息体系建设，承担农业农村信息化项目管理及实施指导等工作。在顶层方针的有效指导下，所有省级农业部门都设立了开展信息化工作的专门机构，结合各地实际，大部分的地（市）级农业部门、80%以上的县级农业部门都设立了专门承担信息化管理职能的相关服务机构。

4.1.1.2　不断扩大的基层信息服务站点数量

农村信息化建设是从上至下的一项复杂烦琐的工程，这项工程不可能单纯地依靠国家与省级政府的力量来完成，特别是由于农村处于社会的最基层，农民属于信息技术的直接使用者和直接提供者，因此基层工作机构的支持成为农村信息化的建设过程中必不可少的推进力量。我国各级政府非常重视农村信息服务站点的建设。我国的基层农村信息服务站点主要包括农村综合信息服务站、农村党员远程教育终端接收站点、村级商务信息服务站等不同类型。这些站点中有一部分是由农村的一批需要使用农业信息技术的企事业单位建设而成的。截至2010年年底，我国已建立基层信息服务站点100万个①。2012年全国新增2005个乡镇实施信息下乡活动，新建乡信息服务站2 050个、村信息服务点29 622个、乡级网上信息库9 940个、村级网上信息栏目66 780个，开展“信息下乡”活动的乡镇比例达到82%②。

4.1.1.3　持续壮大的农村信息化服务队伍

目前，我国已基本建立了一支专职兼职融合、知识结构合理的金字塔式的农村信息化管理服务队伍（图4-1）。

随着信息技术在农村应用的深入，信息技术支撑队伍也在不断壮大，包括高校科研院所和企业中从事农业农村信息化技术研发应用和推广的人员。在推进农业农村信息化建设的过程中，全国各地采用信息咨询热线、呼叫中心、信息服务平台等多样性的信息化服务方式。促进专家咨询队伍建设，在农村信息化的推进过程中，他们起着决定性的作用。同时，基层信息员对于信息化建设来说也是必不可少的力量。当前，基层信息员主要来源于各类农业产业化龙头企业、农民专业合作社、村干部、农村经纪人、种养大户、大学生村干部等群体中。我国农村信息员队伍截至2010年年底，已经超过70万人。

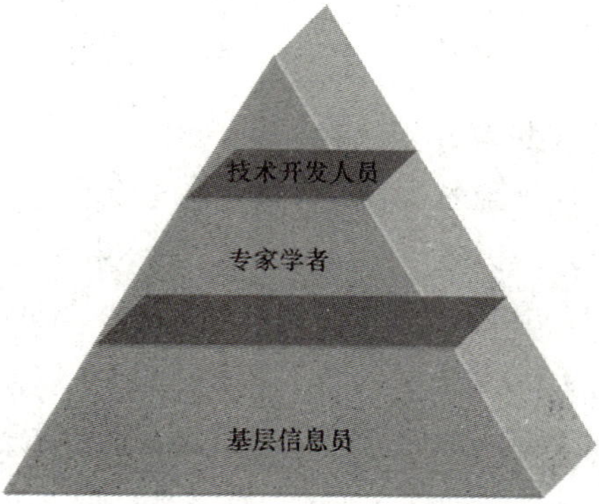

图 4–1　农村信息化服务队伍构成

① http://www.moa.gov.cn/ztzl/sewgh/fzbg/201112/t20111207_2424852.htm，中国农业农村信息化发展报告2010.

② 2012年中国信息化发展综述，国家信息中心，http://www.sic.gov.cn/News/249/2227.htm.

4.1.1.4 大力推进的信息服务平台建设

1995年，中国农业科学院文献信息中心构建了国家“中国农业科技文献数据库”，同时引进了世界四个大型农业科技文献数据库。1996年，农业部建立了第一个国家级农业信息网——中国农业信息网。同时，我国已初步建成省、市、县三级农村信息服务平台，并且不断完善“三电合一”①综合信息服务平台的建设。2010年在全国12个省，22个县新建“三电合一”综合信息服务平台，共建设了19个省级、78个地级和344个县级农业综合信息服务平台②，这些平台的建立，有效地提高了农村信息服务的覆盖面。

4.1.1.5 稳步推进的农村信息通信基础设施建设

目前，农村信息基础设施建设已经有了初步的积累，主要指宽带和电话的建设。自然村通电话方面，全年新增1.1万个自然村通电话，全国20户以上自然村通电话比例从年初的94.7%提高到95.2%；行政村通宽带方面，2012年新增通宽带行政村1.9万个，行政村通宽带比例从年初的84%提高到87.9%。随着“农村宽带入乡进村”和“公益机构接入普及”计划的组织开展，100所全国集中连片特困地区中小学和100所残疾人特殊教育学校已开通宽带并提速到4 M以上，同时提供三年免费上网③，农村居民拥有计算机的数量已上升为10台/百户④（表4-1），互联网在农村的应用水平得到显著的提高。因此农村信息化基础设施良好建设成为发展农村信息化重要保障。

表 4–1 我国农村宽带使用情况

时间	农村宽带用户（亿户）	宽带农村家庭普及率/%	农村宽带接入能力Mbps	行政村通宽带比例/%	农村网民数（亿人）
2013年	0.5	20	4（85%用户）	90	1.8
数据来源：2014年1月第33次中国互联网络发展状况统计报告。					

4.1.1.6 迅速发展的农村互联网建设

目前，我国已有以下5家商业性和4家公益性共9个互联网络平台：1994年4月建立的中国科学技术网（CSTNet）；1995年5月建立的中国公用计算机互联网（ChinaNet）；1995年11月建立的中国教育和科研计算机网（CERNet）；1996年9月建立的中国金桥信息网（ChinaGBN）；1999年4月建立的中国联通互联网（UniNet）；1999年7月建立的中国网通公用互联网（CNCNet）；2000年1月建立的中国移动互联网（CMNet）；

① 注：2005年，农业部在全国开展了“三电合一”农业综合信息服务平台的建设工作，即综合利用电视、电话、电脑三种信息载体开展农业信息服务。

② 中国农业农村信息化发展报告2010.

③ 2012年中国信息化发展综述，国家信息中心，http://www.sic.gov.cn/News/249/2227.htm.

④ 中国农业农村信息化发展报告2010.

2000年1月建立的中国长城互联网（CGWNet）；2000年1月建立的中国国际经济贸易互联网（CIETNet）。由此可见，我国农村的互联网发展非常迅速，也为农村信息化的发展打下了基础。

由于城乡差距，虽然农村互联网的普及率低于城镇的普及率（图4-2），而且这种状况也会一直存在，但是通过统计可以发现，一方面，我国网民的数量不断增加，特别是农村人口占比达到了28.6%①；另一方面，农村居民对互联网的需求持续增长，从长远来看，城乡互联网的差距将会不断缩小。同时，由于农村居民居住较分散，通过传统方式进行交流沟通、获得信息资源以及共享市场销售信息等所需要的成本远高于城镇居民，因此，传统的电视、固定电话等已满足不了农民的需求，而互联网无疑将成为农民丰富生活、提高劳动生产率的最优选择。

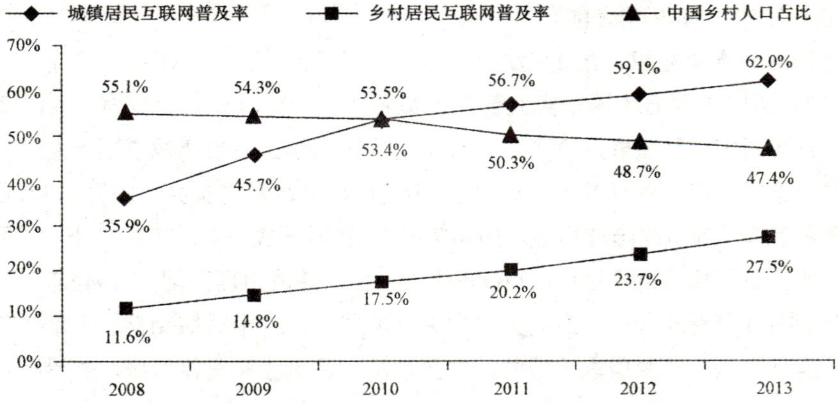

图 4-2　中国城乡居民互联网普及率和城镇化进程

（数据来源：2014年1月第33次中国互联网络发展状况统计报告）

虽然目前在全国3.4万多个乡镇中，仅有2 719个乡镇政府拥有独立政府域名，不到全国乡镇政府总量的十分之一②，而且从分布来看，这些网站一般出现在大都市等经济相对发达地区，有些地市县还没有建成农业网站平台，特别是在大部分的乡村缺乏网络沟通手段③；但是，根据中国互联网络信息中心（CNNIC）的调查统计，截止到2013年12月，我国网站总数为320万个④，其中，涉农网站的数量也已多达184.3万个，基本覆盖了农业和农村经济的各个方面。因此可以预见农村信息网站建设正在以迅猛的趋势向前发展。

① 2014年1月第33次中国互联网络发展状况统计报告.

② 张嬿．我国农业服务信息化分析[J]．中国农业信息，2012（5）：38.

③ 侯倩茹，林阳，郭鹏飞．我国农业信息化现状及对策研究[J]．中国农业信息，2011（3）.

④ 2014年1月第33次中国互联网络发展状况统计报告.

4.1.2 农村信息化标准体系的发展及成就

标准制定及实施活动都是为了政府或者社会获得最佳效益，得到最佳好处的过程，其运用范畴基本上已经覆盖到所有生活和生产领域。标准化就是在科学技术和社会进步的实践活动中不断发展起来的。

4.1.2.1 我国标准及信息化标准体系的发展

我国农村信息化标准体系建设首先是基于标准化的发展，然后是在信息化的发展的基础上而日益形成的，它适应于我国的社会制度变迁与经济发展。如果从国家标准的体制和体系演变的角度来看，我国农村信息化标准体系的发展历程，大致可以分为四个阶段。

1. 第一阶段（1949 年之前）

作为国际标准化组织（ISO）发起国之一，国际标准化对我国产生了直接的影响。1931年3月，国民党政府所属“实业部”草拟了“工业标准委员会简章”，“工业标准委员会”也在同年12月正式成立了。1940年，确定由全国度量衡局管理标准制定实施等事项，开始正式制定工业标准，并成立了4个专门标准起草委员会，编写了877项标准草案，收集和借鉴了许多的国外标准。1946年9月，我国正式公布了“标准法”，同时委派代表积极地参与国际标准化组织（ISO）成立大会，并成为理事国[①]。1947年，工业标准委员会与全国度量衡局合并，命名为“中央标准局”。这个时期制定的标准大部分是以资本主义国家的出口资源需求为导向，主要涉及的是工业和贸易领域，并没有涉及农业领域（图4-3）。

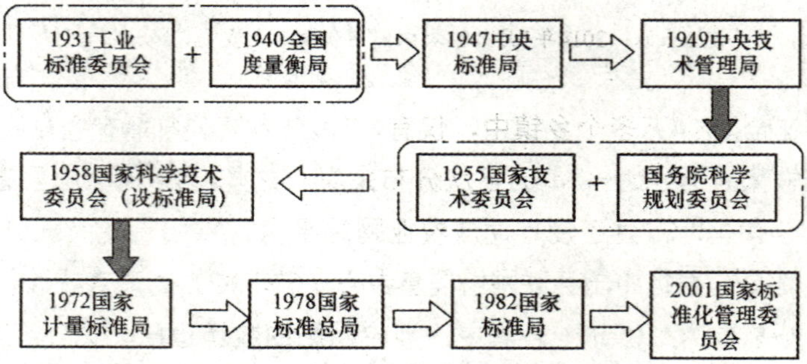

图 4-3 我国标准化组织发展

2. 第二阶段（1949—1987 年）

新中国成立后，政府为了促进经济发展，工业发展开始得到重视，工业方面的标准化建设也随之被提上了日程。1949年，我国成立了中央技术管理局，标准化规格化处

① 李春田．标准化概论[M]．5版．北京：中国人民大学出版社，2010：15.

作为其内设机构被成立。随后公布了由中央技术管理局制定的《工程制图》，它被称为"中华人民标准"，是第一个诞生于新中国成立之后的标准。接下来的几年，政府颁发了一大批工业类标准。

1955年，在国民经济的第一个五年计划到来时，政府提出了制定国家统一的技术标准和设立国家统一管理技术标准的机构两项任务。1957年开始，我国在国家技术委员会下设标准局，并于1958年颁发了第一号国家标准《标准幅面与格式首页、续页与封面要求》。这一时期，主要是通过与苏联的联系，大量引进苏联的标准，再加上我国自定的标准来满足经济建设的需要。

1962年，国务院发布了我国第一个标准管理法规，即《工农业产品和工程建设技术标准管理办法》，该办法明确了标准化工作方针、政策、任务及管理等方面的规定。这是标准在我国农业领域中的第一次运用，对于我国农业标准化的发展起着重要的推动意义。

1963年，在第一次全国标准化工作会议上，公布了《1963—1972年我国标准化发展10年规划》，提出应当建立一个以国家标准为核心的，适应我国资源和自然条件的、能够反映国内和平技术水平的、可以与领域门类相互配套的标准体系。1978年，国家标准总局由国务院批准成立，进一步推动了组织层面的国家标准化工作建设。1979年，在第二次全国标准化工作会议上，提出"加强管理，切实整顿，打好基础，积极发展"的标准化十六字方针。1979年7月，国务院颁布了《中华人民共和国标准化管理条例》（以下简称《条例》），提出了我国的标准化工作的新要求和新任务，规定我国的标准划分为国家标准、部（专业）标准和企业标准。该《条例》成为之后近十年标准化工作的标志性成就和法律依据。

在农业方面，由于我国在20世纪80年代以前，国家的工作重心主要是推动经济发展，所以对农业标准的制定相对落后。进入20世纪80年代后，农业领域的标准化发展渐渐开始受到政府的重视。1983年，国家标准局发出了开展农业综合标准化试点的通知，各地方标准化机构分别开始了组织工作，省市两级的很多相关领导都参与到了试点工作的开展，在实践中获得了多种类别的试点经验。1987年10月，国家标准局在辽宁省丹东市召开了"全国农业综合标准化经验交流会"。会议提出，农业生产综合性的特点鲜明，不论是产量增多、质量提高、品种改良还是生态环境保护，都是多元化的因素共同作用、相互影响的结果，各元素之间的关系错综复杂，只有理清这些关系才能制定合理的标准，否则即使制定了也不可能产生好的效果。

这个时期，标准化活动的适用领域持续扩展，最明显的是标准化活动扩展到了我国的经济管理、行政管理和农业生产，大量的管理类标准开始出现在各企业和技术及市场贸易等方面。

3. 第三阶段（1988—2001 年）

为了促进社会主义商品经济体制和科学技术的发展，1988年7月，国务院决定成立国家技术监督局统一管理全国的标准化工作，并在1988年12月的第七届全国人民代表大会第五次会议上通过了《中华人民共和国标准化法》，该法的颁布带来的影响，极大地推进了标准化工作管理体制的改革。

1990年4月，国务院在《中华人民共和国标准化法》的基础上，又制定了《中华人民共和国标准化法实施条例》，具体规定了包括管理体制、标准的制定和修订等在内的标准化工作内容，成为标准化建设重要的配套法规。随后，国家依据着这两项法律又颁布了一系列相关的部门规章和规范性管理文件。

2009年，国家标准化管理委员会发布了《国家标准化体系建设工程指南》，指出国家标准化体系建设的内容包括了标准体系和保障体系两个部分的建设。其中，标准体系建设包括了一、二、三产业及基础通用与社会事业的标准体系框架和构建标准体系表，标准化技术的组织优化；保障体系建设则包括标准化管理体系和运行机制、保障实施监督体系、人才培养体系、国际标准推荐机制、国家技术标准资源服务平台这几个方面的相关建设。

在农村信息化建设方面，1996年9月，国家技术监督局商国务院信息化工作领导小组办公室召开了“国家信息化标准化‘九五’规划和2010年远景目标纲要研讨会”，会议讨论了信息化标准化工作的指导思想、工作方针、总体框架、存在的问题、工作重点、亟待解决的科研课题等内容。

1997年，国务院信息化工作领导小组在深圳首届信息化工作会议上提出了内容为“统筹规划、国家主导、统一标准、联合建设、互联互通，资源共享”的信息化建设的二十四字方针，其中把标准化认定为信息化发展的重要组成。我国信息化建设的8条原则是：① 市场牵引，政府调控；② 政企分开，有序竞争；③ 维护主权，保证安全；④ 军民兼顾，专通结合；⑤ 产用结合，自主发展；⑥ 重视人才，强化创新；⑦ 讲求实效，因地制宜；⑧ 以法治业，加强管理。其中，又提到“以法治业，加强管理”。

这一阶段，我国的标准细分为四个层次，由国家标准、行业标准、地方标准和企业标准组成，共同构成标准化体系。同时又划分为强制性标准和推荐性标准两大类别。但是，由于计划经济体制的影响依然存在，这个时期的标准管理模式，大部分是以计划为主导，政府为主体的。同时，这个时期，由于改革开放带来的影响，政府开始渐渐重视信息化对社会发展的重要性，在信息化领域也日益将标准化渗透其中。

4. 第四阶段（2001 年以后）

为了适应完善社会主义市场经济体制和加入世界贸易组织之后新的国际形势的需要，国务院于2001年组建中国国家标准化管理委员会（SAC），该组织的成立，成为标准化改革的新开端。一系列由委员会开展的标准化改革，对我国的标准管理模式进行了有益的探索。

但是，由于我国的标准化工作本来起步较晚，对于农业领域的标准制定最初只是体现在农业产业、农业生产、农产品开发等方面，所以，在农村信息化标准方面的建设就显得更加滞后。

“十五”期间，科技部在“国家863计划”中启动了“数字农业”这一重大专项。随后，农业部启动了“金农工程”，各省市根据中央的要求，积极响应展开了信息化建设工作。在农村信息化建设的实践过程中，农村信息标准的重要性越来越为人们所认识到，在整个信息服务的过程中，对于信息采集、存储、加工、传播等各个环节，都体现出十分迫切的农业信息标准需求。因此，国家农业信息化工程技术中心成立了中国《数字农业信息标准研究》编委会，围绕作物生产研究、管理和信息系统建设，以作物生产和畜牧养殖为例，开展了农业术语标准和农业数据元标准研究。在农业方面的信息化标准建设，我国首先着手于信息数据的共享。2004年，包含着农业、林业、气象等九大类的科技数据中心在我国正式启动，即国家科技基础条件平台——科学数据共享工程。该工程提出了在农业科技信息领域中，农业科技基础数据库建设的规范和标准，并在其基础上开发出数据标准资源共享应用系统。

这个阶段，我国标准化的发展非常迅速。到目前为止，我国的标准化事业已经发展到了相当的规模，在各个行业里，各项标准纷纷在发挥着重要的作用。

4.1.2.2　我国标准及农村信息化标准体系建设所取得的成就

1．标准数量不断上升

在标准化发展的同时，各行各业标准制定的速度越来越快。到2011年年底，我国现行的国家标准总数已达到了28 422项，近七年来，国家标准和地方标准都在不断发展（图4-4），特别是地方标准的数量呈现不断上升的趋势，这是由于各地方政府在经济发展和社会进步过程中更加关注不同行业的标准建设，标准的细分也越来越具体。

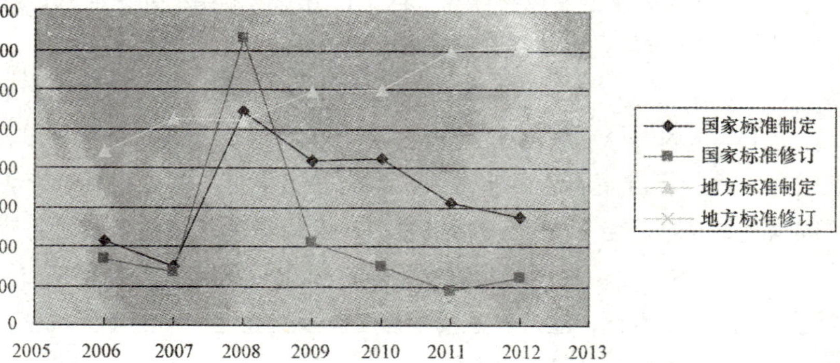

图4–4　2012年国家和地方标准制定和修订情况

数据来源：2013中国科技统计年鉴

结合前文的标准化建构原则，总体上看，我国的标准化发展基本上呈阶梯式发展。标准化每进入一个新的领域时，最初的标准制订数量迅速增多，经过一个时期后（0～t_1）修订标准的数量开始增多；再经过一个时期（t_1～t_2）后，标准制订开始减少，修订标准的数量继续增加；到下一个时期后（$t_2 \sim t_3$），修订标准的数量会超过制定的数量[①]（图4-5）。

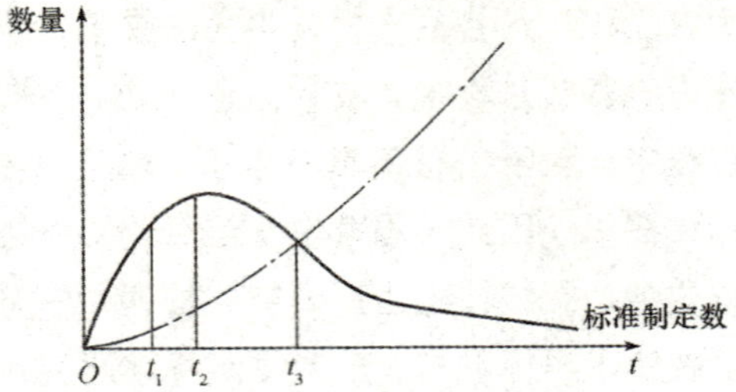

图 4–5　标准制定修订数量的变化趋势

这也说明，标准制定数量的增加会受到时空的影响，但是无论是标准制定，还是标准修订都是围绕着适应社会发展的目标而进行的。至今，我国标准化工作由政府到地方、由行业到企业全面交错铺开。在经济全球化的大环境下，与国际标准化的交流将不断提高我国标准化工作的水平。

2．农村信息化标准的组织体系日益稳固

近几年，由于国家对于农村信息化建设越来越重视，在标准化发展的大前提下，日益兴起的农村信息化标准体系建设将成为信息化建设中必要的环节。其中，标准体系中的组织体系建设是其他环节得以持续的基础。虽然农村信息化标准体系建设刚启动不久，但通过第3章可知，我国的标准制定部门和实施部门是自上而下的、稳定的组织，各部门都规定了各自的职责和工作范围，并且针对专业领域也有着相应的工作内容，可以说，农村信息化标准体系的建设将依赖于这个日益稳固的组织体系而快速发展起来。

3．农村信息化标准的内容体系开始形成

湖南省标准信息公共服务平台（http://www.hnbzw.com）是2012年刚开通的标准服务平台，它提供了国内外标准信息在线查询、标准文本订阅以及标准化技术咨询服务。由于信息服务方面的标准更新速度非常快，本文将该平台与“国家标准查询网”“工标网”“国家标准化委员会”等网站相结合，对农村信息化相关内容进行查询，截止到2014年5月，查阅到了13项农村农业信息化地方标准（表4-2），分别来自于北京、山东、黑龙江、河北四个省份，这无疑是我国标准体系发展过程中的重要成就，也表明我国的农村信息化标准体系有了实质的进展。

表 4–2　现行的农村农业信息化标准

关键词	标准编码	标准名称
“农村信息”	NY/T 2299—2013	农村信息员

① 金雪军，等．提高国际竞争力的技术标准体系战略研究——以浙江省为例[M]．浙江：浙江大学出版社，2006：69．

续表

关键词	标准编码	标准名称
“农业信息”	DB11/T 836—2011	农业信息资源数据集核心元数据
	DB23/T 950—2005	农业信息网络建设标准
	DB23/T 1028—2006	农业信息体系建设规范
	DB23/T 1120—2007	农业信息采集规范
	DB23/T 1231—2008	农业信息服务技术规范
	DB23/T 1028—2011	农业信息体系建设规范
	DB13/T 959—2008	农业信息网站信息采集编辑发布管理规范
	DB13/T 960—2008	河北省农业信息网络设施管理规范
	DB37/T 2352.1—2013	农村农业信息资源建设规范 第1部分：总体框架
	DB37/T 2352.2—2013	农村农业信息资源建设规范 第2部分：核心元数据规范
	DB37/T 2352.3—2013	农村农业信息资源建设规范 第3部分：资源唯一标识规范
	DB37/T 2352.4—2013	农村农业信息资源建设规范 第4部分：数据交换接口规范
	DB37/T 2352.5—2013	农村农业信息资源建设规范 第5部分：建库技术规范

4. “政策标准”发挥着重要作用

信息化特别是农村信息化政策建设的数量突飞猛进，从政策层面诠释了我国信息化建设，特别是农村信息化建设的推进措施（表4-3）。

从整体上来看，从首届信息化工作会议开始，我国对于信息化标准的建设和发展就开始重视起来。1997年颁布的《国家信息化标准化“九五”规划和2010年远景目标纲要》是我国信息化标准化建设的重要里程碑，标志着我国将信息化标准建设正式纳入国家建设的进程中。从这之后的十多年里，我国政府对于信息化的政策建设长远性与持续性越来越强。

表 4-3 我国对信息化建设的政策支持

时间	文件名	颁发部门
1986年	《农牧渔业信息管理系统总体设计》	农业部
1992年	《农村经济信息体系建设方案》	农业部
1997年	《国家信息化标准化“九五”规划和2010年远景目标纲要》	国家信息化领导小组
1997年	《“九五”时期农村经济信息体系建设规划》	农业部

续表

时间	文件名	颁发部门
1997年	《农业和农村经发展“九五”计划和2010年规划》	农业部
2001年	《国家信息化指标构成方案》	信息产业部
2001年	《“十五”农村市场信息服务行动计划》	农业部
2002年	《国民经济和社会发展第十个五年计划信息化重点专项规划》	国家信息化领导小组
2004年	《农业“七大体系”建设规划》	农业部
2005年	《农业部“三电合一”农业信息服务试点项目实施框架方案》	农业部
2006年	《关于进一步加强农业信息化建设的意见》	农业部
2006年	《“十一五”时期全国农业信息体系建设规划》	农业部
2006年	《关于开展农村信息化综合服务试点工作的意见》	信息产业部
2006年	《国家中长期科学和技术发展规划纲要（2006—2020年）》	科技部
2006年	《2006—2020年国家信息化发展战略》	国务院办公厅
2007年	《全国农业和农村信息化建设总体框架（2007—2015）》	农业部
2008年	《财政部信息化建设管理办法》	财政部
2008年	《新农村建设民生科技行动方案》	科技部
2008年	《关于加快推进农村信息化示范工作的意见》	农业部
2008年	《中共中央关于推进农村改革发展若干重大问题的决定》	国务院办公厅
2008年	《关于推进农村科技信息服务的意见》	科技部和信息产业部
2009年	《农村综合信息服务站建设和服务基本规范》	工业和信息化部
2010年	《农业行政部门网站建设标准与管理规范》	农业部
2010年	《农业农村信息化行动计划（2010—2012）》	工业和信息化部、科技部、农业部、商务部、文化部
2011年	《全国农业农村信息化发展“十二五”规划》	农业部
2011年	《国家重大信息化工程建设规划（2011—2015）》	工业和信息化部
2011年	《标准化事业发展“十二五”规划》的通知	国家标准委
2012年	《关于大力推进信息化发展和切实保障信息安全的若干意见》	国务院
2013年	《农业部关于加快推进农业信息化的意见》	工业和信息化部
2013年	《农业部关于加强农业广播电视学校建设加快构建新型职业农民教育培训体系的意见》	农业部
2013年	《全国农村经营管理信息化发展规划》	农业部
2013年	《2013年“通信村村通”工程任务的通知》	工业和信息化部
2013年	《“宽带中国”战略及实施方案》	国务院

2002年，国家信息化领导小组所颁布的《国民经济和社会发展第十个五年计划信

息化重点专项规划》成为第一个信息化的专项规划，其是规划和指导全国信息化建设的纲领性文件，《专项规划》全面分析了目前我国信息化的国内外形势，系统地总结了我国信息化过程中的成就和问题，提出了“十五”推进信息化的发展方针、发展目标、主要任务和政策措施。2007年，农业部发布的《全国农业和农村信息化建设总体框架（2007—2015）》中首次对农业农村信息化建设的标准规则体系提出了要求，提出要构建作用于农村经济、政治、文化、社会等领域的信息基础设施、信息资源、人才队伍、服务与应用系统，以及与之发展相适应的规则体系、运行机制等组成的农业和农村信息化建设总体框架。这也是目前我国农村信息化标准体系的政策支撑。2010年，为了强化农业网站的规范建设，农业部整合了部属事业单位和各部机关司局的子网站，努力建设具有高整合性的综合农业体系门户网站，制定了《农业行政部门网站建设标准与管理规范》，目的在于指导各级地方政府进行农业网站的建设，规范网站的建设模式，使农业网站统一标准化，提升网站的权威性，推动信息资源整合。该文件从网站的标准化建设入手，凸显了我国的农村信息化建设更加贴近基层的趋势。2011年年底，《全国农业农村信息化发展“十二五”规划》发布后，信息化政策在我国开始进一步的实施具体化，涉及信息安全、广播电视、农村经营管理等多个方面。2012年的中央一号文件尤其强调了农业农村信息化，是过去的八年里在中央一号文件中最为关注和强调农业农村信息化的一个文件。该文件提出了“立足我国基本国情，遵循农业科技规律……促进农业技术集成化、劳动过程机械化、生产经营信息化，构建适应高产、优质、高效、生态、安全农业发展要求的技术体系”。2013年，《“宽带中国”战略及实施方案》中指出信息化发展的目标“农村宽带进乡入村”，“行政村通宽带（有线或无线接入方式，下同）比例达到95%”，可以说，该文件是新形势下我国发展信息化的目标规定。

这些政策在一定程度上说明我国农村信息化的建设是以政策支持为前提，以政府为主导。政府在信息化标准建设方面的主导作用，主要是通过农村信息化的规划和政策的制定来实现。随着社会的不断发展，这些政策也在不断地发展和完善。

从另一个角度来看，由于我国的信息化标准建设较晚，政府制定的这些关于信息化发展的政策在特定的时期里也扮演着信息化建设的“标准”角色，发挥着标准的统一性、系统性的作用。如果没有这些政策作为规范，农村信息化就会出现一盘散沙状，各地都有自己的做法，不具备统一性，最终的结果可能造成信息化不能齐头并进，无法实现地区之间的互联互通。同时，现行的政策也可能成为该领域的地方标准。

因此，本文在研究农村信息化标准体系时，将以我国现有的农村信息化政策作为依据，形成政策“标准”并结合政策来分析我国信息化“标准”体系建设的潜在可能性。

4.2 农村信息化标准体系建设存在的问题

近年来，我国在信息化建设方面，特别是在农村信息化建设方面加大力度，推进着农村信息化发展的进程。虽然各地在政策制定方面给予了很大的支持，但还是存在着一些问题。为了进一步了解标准的内容，本文按照标准领域的相关理论，将与农村信息化发展有关的意见、规范、规划、计划、方案、流程等统一称之为政策“标准”。

除了国家层面的政策支持，各省、市、自治区、直辖市也积极响应国家号召，各省按照中央的要求不断加强信息化的建设。2010年，科技部联合中组部、工信部展开国家农村信息化示范省建设的试点工作，并将第一个“国家农村农业信息化示范省建设试点”确定为山东；2011年，国家农村农业信息化示范省建设试点工作在山东、湖南两省全面展开。2012年，又有六个省份相继成为“国家农村农业信息化示范省建设试点”，我国农村信息化将在这些试点省的引导下全面发展。本文借助于由中华人民共和国商务部主办的“全国农产品商务信息公共服务平台”和搜索引擎，列出了最近八年来我国31个省份在信息化政策、方案、意见等方面的规范性文件，其在（表4-4）建设方面都呈现快速发展的态势，其中，以省级政策的制定为主要内容。

表 4–4　全国政策标准的制定情况

	省份	标准名称	时间
国家农业信息化建设示范省	山东	《关于建立山东省农业电子信息网络的通知》	1997年
		《关于1998—2010年山东省信息化发展规划纲要》	1998年
		《关于加快山东省信息服务网络（金农工程）建设的报告》	1999年
		《关于推进农业信息化建设的实施意见》	2006年
		《山东省信息化建设管理规定》	2007年
		《山东省农技推广示范县基层农技人员培训工作实施方案》	2009年
		《山东省国家农村农业信息化示范省建设实施方案》	2010年
		《农村劳动力转移培训阳光工程农村信息员培训规范》	2010年
		《山东省国家农村农业信息化示范省基层信息服务站点建设标准》	2012年
		《山东省国家农村农业信息化示范省基层信息服务站点信息员任职资格与工作要求》	2012年
		《山东省信息化促进条例》	2013年
		《山东省农业厅关于举办农民合作社信息员培训班的通知》	2013年
	河南	《关于组织实施2013年新型农民科技培训工程项目的通知》	2013年
		《滨州市农村科技信息化管理中心章程》	2012年
		《关于大力支持中国联通中原农业信息网建设促进我省农业信息化发展的通知》	2006年
		《河南省信息化条例》	2008年
		《河南省人民政府关于进一步加快信息化建设的若干意见》	2009年
		《河南省国家农村农业信息化示范省建设实施方案》	2012年
		《2012年河南省信息化建设专项方案》	2012年
		《关于2012年加快农村信息网络设施建设深化信息下乡活动的通知》	2012年
		《国家农村信息化示范省建设工作规程》	2012年

续表

	省份	标准名称	时间
国家农业信息化建设示范省	河南	《河南省物联网产业发展规划（2012—2015年）》	2012年
		《河南省2012年河南省信息化建设专项方案》	2012年
		《关于加快推进信息化促进“四化”同步发展的意见》	2013年
	湖南	《湖南省12396科技服务引导与激励试行办法》	2010年
		《湖南省国家农村农业信息化示范省建设实施方案》	2011年
		《“数字湖南”建设规划（2011—2015年）》	2011年
		《农村卫生信息化建设项目实施方案》	2011年
		《湖南省农业信息化发展“十二五”规划》	2012年
		《湖南省人民政府办公厅关于加强农业信息化建设的意见》	2012年
		《湖南省信息化条例》修订	2012年
		《关于成立湖南省12316农业信息综合服务平台联络员和语音服务专家队伍的通知》	2013年
		《湖南省国家农村农业信息化示范省基层服务站点建设及运行实施方案的通知》	2013年
		《岳阳市2013年度国家农村农业信息化示范省基层服务站点建设及运行工作目标管理考核方案》	2013年
		《2014年湖南省农业标准化建设工作方案》	2014年
	湖北	《湖北省信息化新农村示范乡镇标准》	2010年
		《新农村信息化建设实施方案》	2013年
		《2006－2020年湖北省信息化发展战略》	2006年
		《湖北省信息化条例》	2009年
		《湖北省人民政府办公厅关于加强农业信息化建设的意见》	2013年
		《湖北省国家农村农业信息化示范省建设实施方案》	2013年
		《湖北省国家农村农业信息化示范建设领导小组的通知》	2013年
		《湖北12316“三农”综合信息服务工作》	2013年
		《湖北省农业厅办公室关于开通全省“12316”短信服务的通知》	2014年
	重庆	《重庆市国家级统筹城乡信息化试验区建设工作意见》	2010年
		《2011年农村信息化三级示范项目实施意见》	2011年
		《重庆国家农村农业信息化示范省建设实施方案》	2012年
		《重庆市农村信息化体系建设完善和提升方案（2013—2015年）》	2013年

续表

	省份	标准名称	时间
国家农业信息化建设示范省	广东	《广东省农村信息化行动计划（2013—2015年）》	2013年
		《广东农村科技信息“村村通”实施方案》	2003年
		《湛江市镇、村（居）信息化示范点标准》	2008年
		《湛江市农村信息化建设实施方案（2013—2015年）》	2013年
		《佛山市关于推进农村信息化建设工作方案》	2006年
		《广东省国家农村农业信息化示范省建设实施方案》	2012年
		《广东省科技厅、农业厅联合推进农民专业合作社信息化发展协议》	2013年
	安徽	《合肥市信息化项目管理实施细则》	2007年
		《安徽省新农村信息化科技示范省建设实施方案（2009—2012）》	2008年
		《安徽省国家农村农业信息化示范省建设实施方案》	2012年
		《安徽省“十二五”农业农村信息化发展规划》	2012年
非国家农业信息化建设示范省	北京	《北京市“十一五”国民经济与社会信息化发展规划》	2006年
		《北京市信息化促进条例》	2007年
		《首都信息化1998—2010年发展规划（纲要）》	1998年
		《北京市农村信息化2008—2010年实施规划》	2008年
		《北京信息化基础设施提升计划（2009—2012年）》	2009年
		《北京“十二五”都市型现代农业服务体系建设总体规划》	2012年
	浙江	《浙江省人民政府关于加快推进农业信息化的通知》	2005年
		《浙江省省级农村信息化示范标准（试行）》	2008年
		《浙江省信息化促进条例》	2010年
		《关于开展浙江省农村信息化示范创星“十百千”工程活动的通知》	2010年
	上海	《“千村万户”农村信息化培训普及工程实施工作》	2010年
	江西	《江西省农村信息化建设工作规划（2011—2015）》	2011年
		《江西省2013年农村信息化建设工作实施方案》	2013年
	江苏	《江苏省信息化条例》	2011年
		《全省农村信息化示范工程实施方案》	2008年
	河北	《河北省农业信息网络设施管理规范》	2008年
		《河北省国民经济和社会发展信息化“十二五”规划》（含农业信息化）	2012年
		《关于开展2013年度农业信息工作亮点推介活动的通知》	2013年
	福建	《福建省农村信息化推进工作方案》	2011年
	四川	《四川省农业信息化示范工程建设规划》	2011年
	黑龙江	《黑龙江农村信息化示范工程实施方案》	2008年

续表

	省份	标准名称	时间
非国家农业信息化建设示范省	海南	《海南省2012年信息化工作要点》	2012年
	山西	《山西省农业农村信息化"十二五"发展规划》	2012年
		《山西关于做好全省农业信息化建设情况调研的通知》	2013年
	陕西	《陕西省2011年信息化工作要点》	2011年
		《陕西省农业农村信息化发展规划和顶层设计框架》	2013年
	湖北	《湖北省信息化新农村示范乡镇标准》	2010年
		《新农村信息化建设实施方案》	2013年
		《2006—2020年湖北省信息化发展战略》	2006年
		《湖北省信息化条例》	2009年
		《湖北省人民政府办公厅关于加强农业信息化建设的意见》	2013年
		《湖北省国家农村农业信息化示范省建设实施方案》	2013年
		《湖北省国家农村农业信息化示范建设领导小组的通知》	2013年
		《湖北12316"三农"综合信息服务工作》	2013年
		《湖北省农业厅办公室关于开通全省"12316"短信服务的通知》	2014年
	重庆	《重庆市国家级统筹城乡信息化试验区建设工作意见》	2010年
		《2011年农村信息化三级示范项目实施意见》	2011年
		《重庆国家农村农业信息化示范省建设实施方案》	2012年
		《重庆市农村信息化体系建设完善和提升方案（2013—2015年）》	2013年
	广东	《广东省农村信息化行动计划（2013—2015年）》	2013年
		《广东农村科技信息"村村通"实施方案》	2003年
		《湛江市镇、村（居）信息化示范点标准》	2008年
		《湛江市农村信息化建设实施方案（2013—2015年）》	2013年
		《佛山市关于推进农村信息化建设工作方案》	2006年
		《广东省国家农村农业信息化示范省建设实施方案》	2012年
		《广东省科技厅、农业厅联合推进农民专业合作社信息化发展协议》	2013年
	安徽	《合肥市信息化项目管理实施细则》	2007年
		《安徽省新农村信息化科技示范省建设实施方案（2009—2012）》	2008年
		《安徽省国家农村农业信息化示范省建设实施方案》	2012年
		《安徽省"十二五"农业农村信息化发展规划》	2012年
	天津	《天津市信息化发展"十二五"规划》	2012年
		《天津市农业和农村经济发展"十二五"规划》	2012年

续表

	省份	标准名称	时间
非国家农业信息化建设示范省	贵州	《街镇农业信息化示范》	2011年
		《2013年贵州省通信行业农村信息化网络建设工作方案》	2013年
	云南	《关于成立农业农村信息化工作领导小组的通知》	2011年
	内蒙古	《关于做好内蒙古自治区“12316”三农服务热线语音数据库建设工作的通知》	2012年
		《内蒙古“12316”三农服务热线工作规程》	2012年
		《内蒙古农牧业信息采集、报送、发布管理办法》	2003年
		《内蒙古农业信息采集、报送、发布制度》	2007年
	吉林	《吉林省国民经济和社会信息化发展“十二五”规划》	2012年
		《吉林省信息化发展“十二五”专项》	2012年
	宁夏	《宁夏回族自治区信息化事业“十二五”发展规划》	2011
	青海	《关于加快青海城乡信息化发展的实施意见》	2008年
	甘肃	《甘肃省农业农村信息化行动计划（2010—2012年）》	2010年
		《甘肃省“十二五”信息化发展规划》	2011年
		《甘肃省农牧厅关于加快推进农业信息化的实施意见》	2013年
		《甘肃省农牧厅关于开展农业技术推广体系信息采集工作的通知》	2013年
	新疆	《新疆国民经济和社会信息化“十二五”规划》	2011年
	西藏	《西藏自治区国民经济和社会信息化“十二五”规划》	2011年
		《全区农牧区开展党员干部现代远程教育工作的意见》	2007年
		《关于下发（“西藏农牧信息网”信息发布教程）的通知》	2013年
	辽宁	《辽宁省人民政府办公厅关于转发省信息产业厅等部门全省涉农信息资源整合工作方案的通知》	2007年
		《农业信息采集与发布制度》	2007年
		《农业信息联络员工作制度》	2007年
		《辽宁国民经济和社会信息化“十二五”规划》	2011年
	广西	《广西农业信息化工程》	2001年
		《大力发展信息农业的实施方案》	2002年
		《南宁市农业农村信息化建设专项行动方案》	2011年
		《广西工业和信息化发展“十二五”规划》	2011年

4.2.1 标准体系建设方面

相比较而言，我国在农业信息化标准体系建设方面还比较落后，全国31个省市中，只有极少数的省市针对农村信息化制定了政策“标准”。从表4-4可以看出，当前我国的农村信息化标准体系建设存在着以下四个问题。

4.2.1.1 标准数量不足

通过上述标准网获得的查询结果可知，如果单独以现行的正式标准来看的话，截止到2014年4月，以“信息”为关键词的标准有7 942条，主要是关于信息数据处理、不同领域信息术语规范、信息技术等方面；以“信息化”为关键词，获得的标准有78项（图4-6），其中国家标准有16项，但是主要涉及社区、工业及信息化技术规范等内容；而以“农村信息”为关键词搜索到的标准只有1项，属于农业行业标准类；以“农业信息”为关键词的标准只有13条地方标准（表4-3）；以“农村信息化”和“农业信息化”为关键词的标准项数为0项。可知，农村/农业信息化标准体系作为农业标准体系的一个重要分支，与国内其他标准相比较，目前从数量上来看还处于非常劣势的局面。

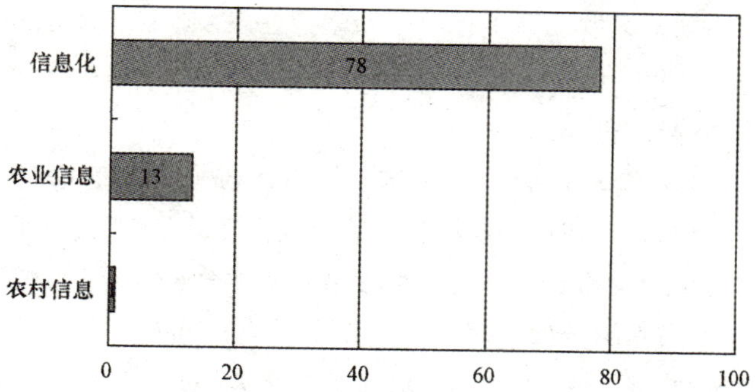

图 4–6 农村信息化标准项数分布

如果将各地现有的政策制度也看作是我国关于农村信息化发展的“标准”，可以看出，相对于全国的标准数而言，各地的农村信息化类的标准并不多，其中，属于“国家农业农村信息化示范省”的7个省份制定的信息化标准相对多一些，而非国家农村信息化示范省的政策“标准”明显较少，大部分省份一般只有1~3项政策。因此，与其他行业相比，目前农村信息化建设方面的现行标准和政策标准的数量都不足以规范我国信息化建设的发展，还需要在标准制定方面加大力度。

4.2.1.2 地区差异较大

通过统计发现，制定了关于农村信息化相关政策的省份一般属于经济发达地区或者较发达地区，而西部地区和不发达地区的信息化政策很少，甚至没有。在国家农村信息化示范省的建设中，以河南、湖南和山东三省的现有政策标准数量最多。这一方面是由于山东省、湖南省和河南省都是农业大省，农业人口基数很大，在社会发展的大背景下，只有将农业的发展作为促进全省经济提升的重点内容，才能使全省的整体发展速度加快，所以信息化建设起步较早；另一方面，随着市场化程度的提高，三省的农业和农村经济社会各方面对农村农业信息依赖性越来越强，其农业信息政策从无到有，日益规范。作为我国的示范省，山东省和河南省在原有的信息化政策的基础上，按照省一级的政策，将全省的农业与市场信息紧密结合起来，山东省不断推进从“省—市—县—乡”四级农业信息化建设，河南省现基本已经实现了“城市—县城—乡镇—村庄”的信息服务模式的构建，而湖南省在信息标准化建设方面，稍微落后于山东和河南省，除此以外，其他的示范省发展均等。

在不属于国家农村信息化示范省建设的区域中，北京和浙江的农村信息化政策制定与政策标准较全面，一方面是由于信息化政策的发展较早，北京较早就利用了“221”信息平台和“12316”农业服务热线；另一方面，这些地区的政策制定较全面，涉及面也较为广泛。而有些省份，属于经济不发达地区，如西部的新疆和西藏、北部的辽宁、南部的广西基本没找到相关的政策“标准”。

总体而言，虽然大多数地区都以一系列信息化政策为支撑，不断推进着农村信息化的快速发展，但是不同地区的政策“标准”的差异性较大，这种现象并不利于我国农村信息化的统一发展。

4.2.1.3 标准制修订速度过慢

通过对1993年至2000年8 389项国家标准制修订计划项目的统计分析发现，国家标准的平均制修订周期为4.7年[①]。现行的农村农业信息化标准最早制定于2005年，到2013年，也只有13项。同样，信息化政策“标准”的发展在有的省份早至1996年就开始，虽然一直在加快，但是有些标准的速度也跟不上信息化的发展步伐。由于标准制定的速度太慢，无法与农业技术进步、农产品市场、农业产业发展、农民需求相一致，这在一定程度上会阻碍信息化的发展。

4.2.1.4 标准规范的范围不均衡

通过表4-3可知，在我国现行的标准中，2013年由农业部制定的“农村信息员”标准属于行业推荐性标准；其他的13个标准都属于地方推荐性标准。但是，除了四个省份的标准外，其他省份都还没有这类标准。

从农村信息化的政策来看（表4-5），我国大部分省份都颁布了农村信息化政策，但是在标准内容的覆盖上，却不全面。有的省只是从省一级为农村信息化的发展做了顶层设计，如湖南、江西、江苏、福建、四川等地；有的省将信息化的推进自上而下地落实到基层，如浙江、广东等。

可知在全国范围内，多数省份还处于信息化建设的初期，标准的覆盖面非常狭小。虽然在国家信息化政策支持的大背景下，但是对于农村信息化的建设和发展还处于摸索阶段，各省在信息化和标准及政策标准制定方面正在探索最优的顶层设计，大部分基层信息化标准建设刚开始起步。

---

① http://www.haihongyuan.com/linxue/1246621.html.

表 4–5　标准覆盖范围

	省份	是否建立推荐性标准	政策标准覆盖面
国家农信息化建设示范省	山东	是	省、市、县、乡、村级
	湖南	否	省级
	河南	否	省级
	湖北	否	省级、乡镇
	重庆	否	省级
	广东	否	省、市、县、乡、村级
	安徽	否	省、市级
非农信息化建设示范省	北京	是	市级标准
	浙江	否	村、乡镇（街道）、县（市、区）
	上海	否	省级
	江西	否	省级
	江苏	否	省级
	福建	否	省级
	河北	是	省级
	四川	否	省级
	黑龙江	是	省级
	海南	否	省级
	山西	否	省级
	陕西	否	省级
	天津	否	省级
	贵州	否	省、乡镇
	云南	否	省级
	内蒙古	否	省级
	吉林	否	省级
非农信息化建设示范省	宁夏	否	省级
	青海	否	省级
	甘肃	否	省级
	新疆	否	省级
	西藏	否	省级
	辽宁	否	省级
	广西	否	省、市级

4.2.2 标准体系内容方面

早些年的政策标准在最初推进农村信息化工作时，起到了很大的作用。但是，由于信息化工作本身也处于探索阶段，因此，我国的信息化标准建设显得相对滞后，标准的内容也不符合现在的社会和经济发展水平，主要问题表现在标准内容重叠、标准内容冲突、标准内容不完善这几个方面[①]。

4.2.2.1 标准内容不全面

现行的农村信息化标准主要从信息资源数据、网站、网络等技术方面来加以规范（表4-3），这些内容既是信息化建设的重点内容，也是信息化建设中的重点环节，但是仅仅对技术标准的建设重视是远远不够的。标准的形成只是表示信息化工程在某一方面有了国家或地方的规定，如果不能依靠服务和实施主体来逐步推进信息化建设，而忽略了信息化的基础管理标准和信息服务的工作标准建设，那么农村信息化的实施效果不一定会显现。可见，信息化技术标准和信息管理、工作标准的重要性同样是关键，可以说，技术标准是基础，管理、工作标准是关键，只有将三者相互配合起来，才能发挥标准应有的作用[②]。

4.2.2.2 信息的描述缺少统一规定

农村信息化标准涉及农业领域和农村生活领域，但是不同领域对信息的基本描述并不相同。目前，在我国的标准中关于基础农村信息的描述几乎是空白，对农村信息所包括的内容也没有规定。到底哪些信息属于基础农业生产和市场信息，哪些信息属于农村生活信息，哪些信息是农民直接可以获得的，哪些信息是专业大户和龙头企业急需的等问题，都成为当前农村信息标准化建设中应明确的内容。但是，由于不同行业的人对农村信息有着各自的理解，基础农业信息的不确定，造成信息资源归口不清晰等问题。在使用中会使农户不了解信息的获取渠道，延误信息的时效性等，这些问题一方面会降低农业信息的应用质量，使信息无法公开透明，即使使用时也会造成时间延迟；另一方面会降低政府和行业信息服务的效率低下。

4.2.2.3 部分标准之间互不关联

虽然农村信息化的地方标准和行业标准并不多，但是随着经济发展和社会需求的增加，各地陆续开始制定政策“标准”，不同省份各自为政，使得各地标准之间互不关联，影响了各地之间的联系和农户的选择。另一方面，我国农业领域非常广泛，涉及的信息和数据也异常多，大量的农业数据信息如果没有统一的规范，很难在不同地区互通有无。另外，由于对农业信息尚未在描述定义、表示形式和信息应用环境等方面有统一的标准，致

---

① 朱虹，等．我国信息分类编码标准研究综述及展望[J]．标准科学，2011（11）：36-40.

② 何振，周伟．电子政务信息资源共建共享的基石——信息标准化问题分析[J]．情报理论与实践，2005：598-601.

使大量的数据处于分散状态，几乎不可能在广域和一个集成环境下使用，全社会的数据共享模式难以实现，因此，加快制定农村信息化的国家标准或行业标准势在必行。

4.2.2.4　各地标准内容不具体

大多数省份从顶层设计出发，制定了农村信息化实施方案，从宏观角度来规范信息化建设。如示范省全部制定了各省的《国家农村农业信息化示范省建设实施方案》；有的地区形成了与农村信息化有关的方案、计划、意见等。例如2014年河南省政府出台了《关于加快推进信息化促进“四化”同步发展的意见》，提出在推动全省工业化、城镇化、农业现代化“三化”协调的同时促进“四化”同步发展，加快实现中原崛起、河南振兴、富民强省，并提出了两个阶段性发展目标。但是，只有少数的地区（山东、湖北、广东、浙江、贵州），制定了到乡镇或者村一级的农村信息化政策，如湖北黄冈电信出台的《信息化新农村示范乡镇标准》明确提出，要求信息化示范乡镇所辖“信息化示范行政村”不少于3个，并具备“五个一”特点，包括1所中小学自建有校园网、1个乡镇网站、1个农村信息站、1个“网上党支部”、1名兼职信息员。广东省《湛江市镇、村（居）信息化示范点标准》提出了村级信息化示范点的标准：广播和有线电视入户率不低于90%，电话（包括移动电话）用户拥有率不低于70%，宽带网络接入户率不低于10%；有1个党员现代化远程教育接收点、1个信息化服务体验站；每个信息化服务体验站（点）有1处工作用房、1套互联网终端设备（3~5台电脑、1台打印机）、1名信息员、1套信息服务制度、1条以上对外信息收集发布服务渠道，有效开展信息服务和信息使用体验。

总之，从全国范围来看，各地区的标准内容建设并不具体，仅仅是从宏观层面来设想，大部分还没有落实到基层单位。

4.2.2.5　农村信息化标准制定的重复性

湖南省农村信息化标准与国家的信息化标准内容存在较大的重复性，农村信息化标准的应用主要体现在农村信息系统的硬件建设及软件平台建设上，例如在我省农村信息化标准体系框架中，除了专用标准，在信息化领域，软硬件设施、网络设施、软件应用服务等标准与国家信息化标准内容存在较多的重叠。因此，今后在信息化标准项目设立时应先查阅国家信息化标准，如果有类似的标准，建议直接采用，无须立项，避免标准的重复性制定，节省人力和物力。同时，信息化标准在内容上还存在层次混乱、体系界限不清、覆盖不全等问题。另外，行业标准和地方标准，地区与地区标准之间的差异性导致了由不同标准制定的数据和系统之间存在兼容性问题，给农村信息系统数据的处理、系统的跨平台管理带来不便。

4.2.3　标准体系的实施和评估方面

制定农村信息化标准的最终目的就是要优化农业生产过程，增加经济效益，构建统一高效的信息传输回路，而农村信息化标准的良好应用是实现这个目的的重要环节。只有将标准在农村生活和农业生产过程中推广应用，才能通过监督和评估发现标准的优势、协调性及其潜在的问题。否则，单纯追求标准数量的增加，而缺失了实施、应用和评估环节，实际上等于没有标准或者标准效果无法显现出来。目前，在我国现有的农村信息化标准应用和评估方面，这是一个非常薄弱的环节，虽然这也是各领域标准化发展初期的一个正常状态，但是对于政策“标准”而言，政策的执行、政策的监督和评估却是不容忽视的重要方面。

4.2.3.1 标准体系建设战略不明确

尽管在今后我国的信息产业标准建设中，农村信息化建设已经成为重要的议事日程，但是我国目前的农业信息建设依然缺乏明晰的战略部署。主要表现在：一是目前还没有制定完整的、成套的国家信息化标准体系，全国只有4个省份的地方标准和1个行业标准，使得农村信息标准化工作在宏观上缺乏有力的指导，在各地标准的制定和修订中也明显缺乏规划性和计划性；二是关于农村信息标准化的相关研究非常薄弱，缺乏有力的理论基础，虽然有一些关于农村农业信息标准化的研究，但是缺乏把基本理论与信息化的发展实际标准化的紧密结合的前沿思考和摸索；三是在配套性和可操作性方面较差[①]，主要表现在农村信息化的标准数量非常少，有关信息化的技术规范和操作规程也不多，信息化评估技术标准完全空缺；四是农村信息化标准体系还没有考虑到与国际接轨的问题，没有与相关的国际组织的协调和对接。

4.2.3.2 标准体系管理缺乏有效的协调沟通

目前我国的标准化工作管理体制，由国家标准委统一管理全国大部分标准化工作，然而实际上各部门、组织，导致了在实际的运作过程中有效的协调和沟通很难在不同部门之间实现。除了标准化管理机构这个国家统一机构外，在信息标准化建设过程中，还有信息产业部、工业与信息化部、农业部等政府管理部门的参与。在这些部门（行业）建设农村信息化系统时，由于各管理主体的需求不同，所以确定信息源、信息采集方式和表示方式都不尽相同，并自行制定标准或政策，这些形式多样的标准，在规定农业信息的传播和运用时，由于缺乏统一的规范，在交流和共享的基础上存在缺失，导致无法在农村信息管理部门之间、部门与农户之间实现有效的资源共享，使跨部门、跨行业的交流难以进行[②]。标准体系不协调、不统一，界限不清甚至相互矛盾，这些情况和问题的存在，不仅直接为有些地区在执行时增加了难度，也给信息化的监督管理带来不便。

4.2.3.3 标准体系实施基础不扎实

我国农村信息化标准和规程等政策在具体实施过程中表现出一些问题，如实现标准

---

① 吴棉国，林彦铨．大力推进甘蔗标准化体系建设的对策及建议[J]．中国农学通报，2011,27（01）：456-460.

② 陈晓玲．关于推进农业信息标准化的思考[J]．农业经济问题，2006（3）：75-77.

体系构建的难度较大。农村信息化建设和发展的前提是依照各种已经制定出台的标准和操作规程来执行，可由于农民受传统的小农意识的影响，又被自身的文化程度所制约，信息化和标准化的意识不强。2013年，笔者对湖南省不同地区的信息标准化情况作了实地调查，针对农户对信息化和标准化的了解程度做了调研。调查得知，78.3%的农户都认为“有没有信息化都可以”，87%的农户对标准化“不了解”（图4-7），标准化大生产和“小农户”之间的矛盾始终在不同程度上存在。

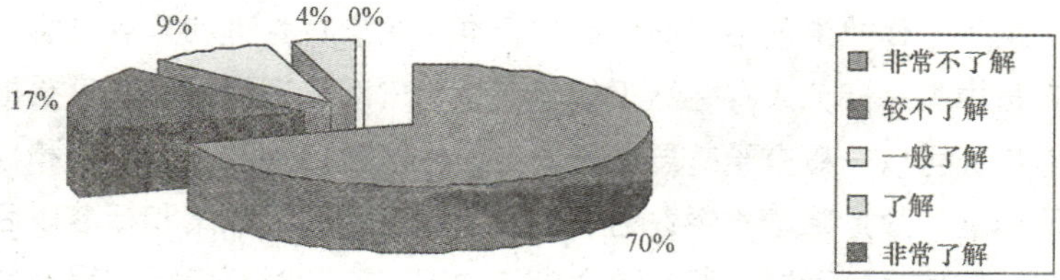

图 4-7　农民对信息化标准的了解程度

除此以外，在推进标准化政策的过程中，管理人员标准化意识的薄弱，监测能力和手段在农村信息化标准和政策执行过程中不足，对实施标准得过且过求低不求高；严重缺乏专业技术人员力量，推广实施中缺乏具体措施，不能满足必要的培训和直接的工作指导需要，都在影响着我国当下农村信息标准化的应用以及推广。

4.2.3.4　农村信息化标准制定实用性不高

制定农村信息化标准主要是为了进一步规范发展农村信息化，通过提高农村信息化水平带动现代化工业化，所制定的标准应该对提高农村信息化水平和农业现代化建设起全面的支撑作用。但是，目前各地区农村信息化标准的主要立项需求并不是来自农户、农业企业和农村信息应用部门，农村信息化标准立项大多数来自农村调查规划设计院的信息系统开发部门、农业院校和科研院所，没有来自真正的受众需求。农村信息化标准无论是行业标准还是地方标准往往都局限于起草人所熟悉的领域，局限性太大。有些标准只适用于制定该标准的单位开发的系统，失去了标准制定意义。另外，对农村信息化标准建设的宣传不够、推广实施力度不大也是导致实用性不高的因素之一。

4.2.3.5　标准体系建设的资金缺乏

农村信息化的建设是个长期的过程，它不是像其他农业项目那样运转一段时间后，直接可以获得收益。它需要大量的资金持续性、不间断地投入，才能保证信息化建设的正常运行。对于农村信息化标准体系建设而言，更是如此。虽然各地区都将农业发展列入了政府财政，也设立了专项资金从经费方面保障了农村信息化的建设。但是，从我国目前来看，农业支出在财政资金中所占比例正在不断缩小，这一比例由1978年的13.4%到2013年的8%以下，同时农业基本建设投资支出占国家财政支出的比重也由1978年的4.52下降到2003年的2.14，占财政支农支出的比例从2000年的33.65%下降到2006年的

15.89%。同时，由于我国农村信息化标准建设项目的资金来源比较单一，没有很好地利用社会组织的力量，与社会资金没有太多的联系。资金的缺乏，将成为严重阻碍农业信息化标准体系建设的进程。

4.2.3.6 标准体系管理部门监管和评估缺失

监管不力的现象容易出现在农村信息标准化的管理中，主要表现在以下两个方面：一方面，我国的地方标准和国家标准一般由政府相关部门制定，标准的实施也由政府工作人员监督，由于工作效率低下，必然影响标准化的宏观管理和重点监督。另外，政府标准化监管人员中有一部分人存在认识偏差，认为宏观管理的加强，只要把握好所谓强制条款，其他指标可以一概交给基层自行决定，地区各自为政，有政策和标准不实行，或者制定当地标准时故意降低水平；另一方面，制定相关的政策和标准以后，标准维护单位缺乏农户反馈信息的通道，没有建立专门的部门来及时获取标准用户的实际需求和具体意见[①]，同时，监管部门也没有形成系列评估政策，对正在实施的政策和标准进行评价。最终会造成，标准是实实在在地实施着，但效果却并不尽如人意。

4.3 大数据时代湖南省农村信息化标准体系建设现状及存在的问题

4.3.1 大数据时代湖南省农村信息化发展现状

作为“国家农村农业信息化示范省建设”之一的湖南省，信息化建设的开端领先于大多数其他省份，于2004年就已经开始了。当时，湖南省十届人大常委会制定了《湖南省信息化条例》，并于2012年进行了修订。2011年，湖南省委省政府提出了“四化两型”发展战略，即以“新型工业化、新型城镇化、农业现代化、信息化”为基本的发展途径,把湖南建成“资源节约型、环境友好型”的两型社会，将湖南省农业信息化和现代化建设摆在该战略中非常重要的位置上，加快湖南省农业农村信息化建设的推进，创建农业生产中产研结合的快速通道，全面满足农民各方面的诉求，提高农民的组织化程度，在农村构建新型的培训学习体系，使信息化成为强化基层工作、服务农村的重要抓手；就可以更快更好地将城市先进的生产要素、知识资源引向农村，进一步推动城市对于农村的支持，缩小城乡的现实差距与数字鸿沟，加强城乡之间的统筹，推进和引导覆盖农民生活方式、农业生产模式和农村经济发展方式的多方面的转变与发展[②]。

在农村信息化建设中，湖南省从顶层设计上紧密结合“数字湖南”规划的建设目

① 朱虹，张艳琦，史立武．我国信息分类编码标准研究综述及展望[J]．标准科学，2011（11）．
② 廖桂平，等．湖南农业农村信息化现状与发展[J]．情报杂志，2011（2）：62．

标和主要任务，紧贴农民、农村和农业需求，强调“扁平化”建设思路和“扶弱助强带中间”服务思想[①]，将“政府、市场、社会和技术”作为驱动力，把“最初一公里”和“最后一公里”当作主攻对象，坚持“一体两翼”的构架，构建全新的公益化的农村服务体系、社会化的农村创业体系和多元化的农村科技服务体系“三位一体”的新型农村农业信息服务体系[②]（图4-8）。2013年7月，湖南省建立了“省国家农村农业信息化示范省综合服务平台”，该平台以业务数据库、交互、云计算硬件、基础服务、应用服务资源五大模块为核心，以多方式的接入、多资源的整合、多样化的服务为目标，在其中形成了服务“百万农户”和“万家企业”的两大服务中心、湖南省农村农业信息化云数据中心、810个基层信息站点[③]和300多个中小企业服务站点。

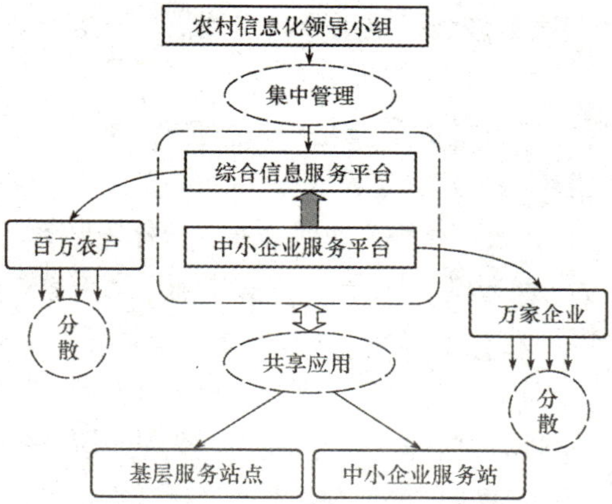

图 4-8　湖南省农村信息化建设整体设计

4.3.1.1　农业信息服务机构的确立——组织保障

湖南省政府成立了“湖南省农村科技信息服务协调领导小组”。全省14个市州的农业部门分别设立了农业信息管理机构，定编人员32人，其中13个市州设立了农业信息中心，定编人员29人。122个县市区中，106个农业部门设立了农业信息管理和服务机构，定编人员243人，其中65个县市区设立了农业信息中心，定编人员120人。85%以上的乡镇成立了信息服务站，建立村级的信息服务点共计3万个。目前，省、市、县、乡4级的农业信息管理机构已经基本建立，全省专职从事农业信息工作人员已经超过500人，农

① 注：扶弱助强带中间：是指以服务弱势群体（弱势的农村居民、弱势的农村中小企业和弱势的农村基层组织）为重点，帮助农村大户，带动中层农村居民。

② 注：一体两翼中一体是指农村农业综合信息服务平台；两翼是指两类重点服务群体，即“百万农户、万家企业”，及其相应的信息服务系统。
三产融合：既指一二三产业融合，又指农业产前、产中、产后融合。
四大示范工程：是指长株潭区“三网融合、三产融合”、洞庭湖区“现代农业物联网”、湘中南丘陵区“农村电子商务”、湘西山区“农村民生服务”等信息化示范工程。
五大服务能力：是指农村民生、农村科技、农村商务、农村政务、农村金融等五大服务能力。

③ 科技部，http://www.most.gov.cn/dfkj/hun/zxdt/201307/t20130719_107341.htm，2013年7月22日

村信息员逾3 000人[①]，已形成省—村的“纵向三个体系”（管理体系、服务体系、支撑体系）和“横向四个层面”（省级层面、市级层面、县级层面、乡村层面）的新型农村科技信息服务体系，农业信息化组织体系初具规模，形成了信息化建设坚实的组织保障。

4.3.1.2　农业与科技部门相联手——技术保障

湖南省的农村信息化工作主要是由农业厅和科技厅共同推进，农业厅利用“12316”热线服务于农民，科技厅使用星火科技“12396”长沙科技助农直通车服务于农民。其中“12396”工作取得了长足发展，2010—2012年，长沙市相继确定了40家直通车科技信息服务示范站，其中13家单位被认定为首批“湖南省国家农村农业信息化示范省基层服务站”，2014新增的16家单位包括特色种植和养殖业、生态农业、农村电子商务等方面，均为当地代表性较强、辐射面较广的信息服务站点[②]，这成为信息化建设有力的技术保障。

4.3.1.3　农业信息服务方式的多元化——服务保障

湖南省14个市州农业部门均建立了农业信息网，13个市州开通了语音热线，12个市州语音热线为“12316”，11个市州语音热线开通农资打假服务，5个市州开通专家在线咨询，6个市州设有农业电视专栏，5个市州设有农业广播专题，6个市州开通手机短信服务；在122个县市区农业部门中，有102个县市区建立局域网，有84个县市区建立农业信息网，有62个县市区开通电话语音热线，有37个县市区开通手机短信服务，有28个县市区创办农业科技小报[③]。同时，湖南省还结合信息化推进工作，开展了14个地州市的基层信息站点培训，先后在长沙、湘潭、娄底、常德、郴州进行了培训。培训内容主要包括湖南省国家农村农业信息化综合服务平台基本情况、中小企业服务平台基本情况以及信息站点如何与平台互动等具体操作内容，这种多元化的方式成为信息化建设的服务保障。

湖南省市州服务方式如图4-9所示。

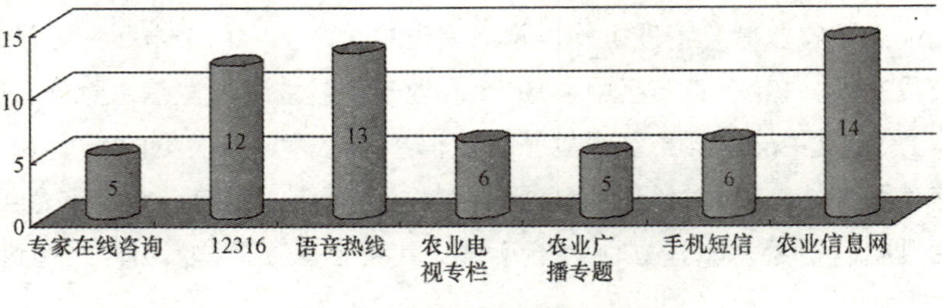

图 4–9　湖南省市州服务方式

4.3.1.4　服务队伍专业化——人才保障

“一村一大”工程、科技特派员和大学生村干部输送了大量的优秀人才支撑农村信

① 林中，周超．湖南省农业信息化发展现状调查研究[J]．现代农业科技，2012（4）：45.

② 长沙科技网，http://www.cssti.cn/html/sjdt/2013-9/2/17_13_51_953.html，2013-9.

③ 林中，周超．湖南省农业信息化发展现状调查研究[J]．现代农业科技，2012（4）：45.

息服务建设。五年以来，累计选派近万名科技特派员，其中包括近6千名农业科技特派员，科技开发项目实施近2 000个，新技术引进推广1 956项，新品种引进1 871个，领办和创办相关专业合作组织409个，建立利益共同体421个，创办经济实体197个，有效地推进了农村经济的发展[①]。服务队伍较之传统的基层服务，更加专业化和知识化，成为信息化建设专业的人才保障。

4.3.2 湖南省农村信息化标准体系建设的现状

湖南省属于农业大省，具有农业经营分散度高、产业组织度低的特征，是我国中西部农业典型特征的代表。当前，湖南省农村信息化的发展进度非常迅猛，特别是在成为“国家农村农业信息化示范省”之后，其发展态势呈阶梯状一级级上升，标准体系的各个子系统都在不断发展着，如组织体系、内容体系和实施体系。

4.3.2.1 湖南省农村信息化标准的组织体系

湖南省主要由省质量技术监督局来负责标准的制定工作。湖南省质量技术监督局设置了内部机构标准化处，直属机构湖南省标准化研究院。全省所有的标准制定及标准化工作都由这两个机构承担着。目前，虽然湖南省尚无农村信息化的地方标准，但是该领域的推荐性标准同样应该由这两个部门来制定。具体职责如下。

1．标准化处

标准化处的基本职能在于标准化的政策措施的拟定和推进，标准化法律、法规的组织实施；地方标准的组织制定和批准发布；备案管理企业产品标准；实施及监督检查强制和基础性国家标准、行业标准、地方标准的落实；指导三大产业的标准化工作；采用和推行国内外先进标准；组织审核；对进口设备等进行标准化；指导和调整各行业和部门的标准化；全省商品条码和组织机构代码的归口管理工作；承担对全省法人数据库的建设以及与之相关的一系列工作的指导任务。

2．湖南省标准化研究院

湖南省标准化研究院的前身为湖南省标准情报所，成立于1979年，是湖南省质量技术监督局直属二级单位独立事业法人，主要工作职能包括以下5个方面的内容。

（1）标准研究与服务工作。研究院是标准化研究在省一级的归口单位，承担着编制全省标准化发展规划纲要和研究省政府重要课题任务，是全省的标准化战略推进过程中的主要力量，另外，还承担湖南省物流标准化技术委员会以及湖南省服务标准化技术委员会两个机构的秘书处的职能。

（2）组织机构代码管理与服务工作。负责在全省范围内登记与管理组织机构代码

① 《湖南省国家农村信息化示范省建设实施方案》

的工作，拥有70万的全省组织机构代码数据赋码总量，目前已经广泛地将代码标识应用在银行、工商、税务、统计、国有资产管理、人事管理、电子口岸、机构编制、车辆管理、外汇业务、对外贸易等20多个领域。

（3）物品编码管理与服务工作。负责全省与条码相关的一系列管理与服务工作，包括商品条码系统成员注册，各种商品编码信息采集，确认商品条码印刷企业资格，运用编码标准化技术，实现对全省物品编码应用的积极有效地推动。

（4）法人库建设与服务工作。承担着建设全省法人库基础数据库的任务，负责开发全省法人库应用系统、运行维护工作以及机房建设，在全省范围内实现电子政务信息的互联互通，为促进信息化发展、加强“数字湖南”建设提供相应的技术支持。

（5）标准文献管理与服务工作。承担开发与运行维护湖南省标准信息公共服务平台的工作，面向社会提供有关法律法规以及国内外标准、计量、质量的信息查询、资料打印及图书发行服务。目前，已建成拥有包括国家、行业标准文本近10万件，涉及行业种类达63个，超过100万条标准题录信息的数据库，为社会各界、企事业单位提供优质、快捷的标准信息服务。

3．领导小组及委托单位

在湖南省“国家农村农业信息化示范省”建设的大背景下，湖南省委、省政府已经成立了以省委书记任组长，省委常委任副组长，省科技厅、省委远教办、省经信委、省财政厅、省水利厅、省农业厅、省林业厅、省商务厅、省卫生厅、省广电局、省供销社、省农科院、省气象局、省通信管理局、湖南电信、湖南移动、湖南联通、湖南农业大学、中南林业科技大学、长沙市人民政府和常德市人民政府等有关部门和单位为成员的湖南省国家农村农业信息化科技示范省建设试点工作领导小组。除此之外，湖南省农村信息化标准体系建设的委托单位设在湖南省科技厅，主要负责和发起农村信息化标准制定工作。

4.3.2.2 湖南省农村信息化建设的内容体系

现在全省的农村信息化标准建设还比较滞后，没有如山东省等地区形成系列的标准，也没有一个地方推荐性标准出台，在这种情形下，湖南省从上至下，制定了支持农村信息化建设的一系列相关政策。在信息化建设的初期，这些制度、方案等政策将发挥着支撑和规范农村信息化建设的重要作用。

实施标准化战略是政府、企业和社会的共同责任，需要全社会的广泛参与，特别是农村信息化刚刚处于起步阶段时，全社会都在考虑标准化是什么？标准体系建设成什么结构？由谁来做？怎么做？这些问题一直困扰着各级政府。

湖南省在面临如何规范农村信息化的推进时，首先是在“湖南省实施标准化战略工作协调领导小组”的领导之下，不断加强各个领域标准的建设。

到“十一五”末，湖南省共承担了17个全国专业标准化技术委员会秘书处工作，参与制定修订国家标准、行业标准800多项，地方标准318项，其中17项标准荣获“中国标准创新贡献奖”[①]。这说明，湖南省近些年来，标准化发展速度迅猛，但是，关于农村信息化的地方标准还没有形成。目前，湖南省在省科技厅的指导之下，正在研究农村信息化的标准建设，在标准出台之前，湖南省信息化的发展主要以现有的方案、制度等政策作为依据。

2011年，《湖南省国家农村信息化示范省建设实施方案》提出了资源整合、平台建设、服务体系建设、基层站点建设等方面的要求，并确定了信息化的主体及目标。这无疑指明了湖南省信息化建设方向的宏观“标准”，也要求全省按照这个方案进行信息化建设。

2011年，《湖南省标准化“十二五”发展规划》提出，发展信息技术标准，重点加强信息获取、处理、储存、交换、管理和推进“数字湖南”方面的研究。

2012年，《湖南省农业信息化发展“十二五”规划》（以下简称《规划》）的制定是推进农业信息化进程的有效保障。《规划》根据当前现代信息技术发展趋势，针对湖南“十二五”农业农村信息化发展的需求，提出夯实农业信息化基础、完善信息服务体系、提升农业信息技术应用能力、实施五大农业信息化推进工程的目标任务和框架体系，层次清楚、结构合理、任务明确、重点突出[②]。

2012年5月，湖南省人民代表大会在修订的《湖南省信息化条例》（以下简称《条例》）当中指出：“县级以上人民政府应当扶持农村信息化发展，引导完善农村基础信息网络，整合农村信息资源和农村信息业务应用系统，构建农村信息综合服务平台，建立城乡一体化的综合信息服务体系，提高农村信息化服务水平”[③]。《条例》说明了湖南省农村信息化的必要性，并对各级政府在农村信息化建设过程中作为服务主体的地位进行了重申，规定了在信息化工作中政府的职责。应该说，该《条例》在一定程度上规范了政府的角色和作用。

2011—2012年，为了促进国家农村农业信息化示范省的建设，在全省范围内进行了基层服务站点的建设，到目前为止，全省已经建成基层服务站点810个，各个站点都结合本地实际，形成了相应的建设方案和考核方案，如《岳阳市2013年度国家农村农业信息化示范省基层服务站点建设及运行工作目标管理考核方案》《衡阳市2013年度国家农村农业信息化示范省基层服务站点建设及运行工作目标管理考核方案》等。

4.3.2.3　湖南省农村信息化建设的实施体系

虽然湖南省农村信息化标准体系还没形成，还处于政策制定的阶段，但是有些研究机构已经注意到标准对现代农村农业信息化发展的重要性，与相关部门一起正在致力于

---

① 《湖南省标准化“十二五”发展规划》

② http://www.hnjxw.gov.cn/eca/view.do?id=8a8880893445e04501348dc6071875e1

③ 《湖南省信息化条例》

该领域标准的研究，政策将成为标准的前身。但是，无论是标准还是政策“标准”，一旦形成，都具有特定的含义，其实施主体应该对之负主要责任，并承担起评估标准的实施效果等工作。

4.3.3 湖南省农村信息化标准体系建设存在的问题

近年来，标准化工作在湖南省取得了明显的成效，但并没有形成较高的标准化总体水平。当前，湖南省缺乏相对应的标准及标准体系，这成为最为突出的问题之一，导致了在农村标准化建设的过程当中推进工作职责不明、推进工作目标不具体、建设无序、管理不力、运行不畅，在全省没有形成一个系统统一的农村信息化标准的局面，湖南省与国家农村农业示范省建设的要求，与全面提升参与国际竞争能力的要求和构建和谐社会的要求还不能完全相适应。主要表现在以下几个方面。

4.3.3.1 标准化政策缺乏有效整合

纵观湖南省关于信息化建设的政策体系，可以看出湖南省的标准化政策法规体系还存在很多极不科学的地方，缺乏真正意义上的信息化标准，在农村信息化领域政策支持也不完善。同时，现有的标准化服务的平台不完善，没有完全与国际接轨，因此，平台无法为基层提供一定的支持，就形成了非双向的、流通不畅的信息流。

4.3.3.2 缺乏标准化的机构

农村农业信息化建设现在主要是进行自上而下的行政推动，以农业局的农业信息为支撑，科技局具体负责组织协调，各级相关部门共同参与的组织体系。然而根据调研的情况来看，各地农村农业信息化建设主管机构各不相同，有的地方其主管机构是农业局，有些则是科技局，还有些地方则是党委组织部。相当部分地方没有建立起推进农村农业信息化建设的协调机构，可能产生职责分工不明、各自为政、互相推诿和沟通缺乏有效性等问题。即使有些县区设置了信息化办公室专门机构，但是这些机构与所属部门的职责没有一个明确的划分，各个地区的标准也不一样，这种无标准的状态必将阻碍湖南省国家农村农业信息化示范省建设进程的有序推进。

4.3.3.3 缺乏统一的工作标准

标准化工作规范是推动农村农业信息化建设及应用发展的重要基础性工作之一。然而对于如何推进农村农业信息化，如设置什么工作岗位、如何确定其工作范围、职责和流程等，各级地方政府明显缺乏统一的工作规范，基本上处于等政策、盼标准或者盲目干的阶段，这可能导致各个地方在农村农业信息化建设过程中要么消极无为，要么重复建设、重复劳动和资源浪费。

4.3.3.4 缺乏统一的技术标准

各个地方、各个建设单位在进行农村农业信息化建设的过程中各自为政，这为将来推广应用农村农业信息化示范建设模式带来严峻挑战，也将对各地的互联互通和资源共享产生严重影响。如“三网融合”的建设方面，各个运营商与各部门分别展开建设工作多头并进，重复性高，标准化的程度低，共享的难度大，包括移动、联通、电信在内的各个网络运营商都在建立给予自身标准的数字化、网络化体系，使得“三网融合”的推进举步维艰。

4.3.3.5　缺乏统一的管理标准

湖南省管理落后的问题在农村农业信息化建设过程中尤为突出。长期以来，农村农业相关工作采取条块分割的划分方式，在各部门、各行业、各单位间，资源分布十分分散，信息化建设也是各自为政，缺少统筹协调机制和有力的整体规划。如何统一部署农村农业信息化建设，如何确保有序高效地推进农村农业信息化建设，如何进行农村信息化建设绩效的评价，这一系列问题仍然缺乏一个统一的执行标准。各地区基本上还没有建立健全的农村信息化建设的发展规划和管理制度，没有形成健全的管理体制，各行其道，“信息孤岛”现象严重，信息化建设绩效偏低。

4.3.3.6　农村信息化标准基层平台建设相对滞后

农村信息化标准的实施关键要依靠网络平台为手段，进行推广落实，湖南省农村信息化基层网络平台建设尚处于初级阶段，网络平台相对数量少、能力差，标准化信息服务的服务水平和服务能力急需进一步的提升。

本章小结

国内的农村信息化建设虽然已经取得了较大的成就，但标准数量尚不充足，仅仅是个别的省建立了相关标准，数量和质量方面都还不能适应现阶段的要求，特别是标准体系建设本身的组织体系的管理、内容体系的缺失、实施体系的不足，成为当前我国应进一步关注的问题。

第5章 大数据时代湖南省农村信息化标准体系建设影响因素分析

建设湖南省农村信息化标准体系，以现代服务业引领现代农业，促进“三产融合”，这将对农村信息化建设起到明显的示范和带动作用。但是，由于湖南省的农村信息化标准体系与国内有些地区还存在着差距，全省农村信息化的地方标准尚还未制定，信息化类的政策法规数量并不多，涉及农村信息化的更少。到目前为止，关于信息传递、信息安全、信息共享等方面尚没有足够的政策性和强制性措施。所以，应该通过文献研究，明确导致湖南省的信息化标准体系发展缓慢的原因，这对于农村信息化标准体系建设和发展的推进，起着直接的作用。

5.1 农村信息化标准体系建设的相关文献借鉴

5.1.1 研究方法的借鉴

对信息化进行研究测评开始于20世纪60年代，国内外有关信息化研究的方法有30种左右，比较通用的测评方法主要包括：马克卢普-波拉特统计分析测度方法，从人类信息活动的经济角度入手，分析信息经济占GNP的比例，构建了一个以信息产业占GNP比例为指标体系的测算模型。

厄斯的经济-信息活动相关分析方法，通过49种变量作相关分析，然后确定以三个主要因子来分析每个国家的信息活动水平。加拿大工业部、统计局和文化部提出了新的信息电话分类法（ITT），将软件与硬件结合在一起，形成一个比较协调的分类体系。“信息社会坐标法（ISI）”由国际数据公司（IDC）提出，坐标变量分三大类20个指标，以此作为测试社会信息化的基础。信息利用潜力指数模型（IUP）法是多变量、多层次的信息环境评估模型[①]。三维度的信息化指数说明信息化体现在三个层次上，这三个层次的信息化指数与信息化水平的关系并非简单地分布在一个维度上，而是分别映射在三个维度上，共同构成社会信息化水平[②]。信息化综合指数法（CIIC），由我国学者钟义信、舒华杰等从整体性、综合性角度出发设计建立了五大类八小类的指标，共18项

① 郑建明．信息化指标构建理论及测试分析研究[J]．北京：中国社会科学出版社，2011，78-86.

② 王明，杨书源，对我国信息化水平测度方法的思考[J]．情报杂志，2005（1）：96-98.

指标[①]。

在进行数据基本分析时，应该根据数据的特点来选择模型[②]。DEMATEL模型法在农业领域的采纳和使用越来越多。李中东等采用该方法研究了我国山东省等五个省采用了不同技术对农产品质量安全效应的影响[③]。葛宝山等采用DEMATEL方法在分析影响农业信息化发展的主要因素时采用0~1的标度建立矩阵[④]，高齐圣等专家按照1~5级的标准给农产品质量打分，来确定各因素间的关系[⑤]，徐金杰，武忠也用DEMATEL法通过1~5级的分值研究了技术创新网络知识转移的关键影响因素[⑥]。黄景文等在研究信息安全的影响因素时也采用了DEMATEL模型，并用0~4建立直接影响矩阵[⑦]，章玲等采用专家的1～9的标度分析了高等教育教学质量影响因素[⑧]。

大部分学者利用Tobit的研究是以效率值为因变量，其取值范围为0~1，就形成了潜在的删失变量，如郭淡泊，雷家骕等（2012）在研究国家创新体系的影响因素时也采用了Tobit模型[⑨]。张召华，雷玲运用Tobit法研究了农业生产效率及其影响因素[⑩]。卢新璞，吴明（2010）在研究北京市4 698名外来农村流动人口的家庭医疗支出的影响因素时采用了该方法[⑪]。涂俊，吴贵生（2006）利用Tobit模型对区域农业创新系统进行了评价[⑫]。但是在实际研究中，虽然有的因变量是连续型变量，也可以采用该方法进行研究，如钟太洋，黄贤金等（2008）在采用Tobit模型研究农业土地用途变更时，由于因变量的取值为（0，+∞），选择使用了Tobit方法[⑬]。

因此，以上这些研究方法对信息化发展起着一定的推动作用，虽然都没有涉及农村信息化标准体系的研究分析，但是可以成为本文分析的方法借鉴。若要对农村信息化标准体系的影响因素进行分析可以采用DEMATEL模型来分析，若要对农村信息化标准体系进行效果分析可以采用Tobit方法。实际上，对农村信息化进行研究的方法可以是多

---

① 钟义信，舒华杰，吕廷杰．信息化水平测度的新方法（CIIC）[M]．北京：经济科学出版社，2001：179-189.

② http://www.docin.com/p-435006445.html.

③ 李中东，孙焕．基于DEMATEL的不同类型技术对农产品质量安全影响效应的实证分析[J]．中国农村经济，2011（3）：26-34.

④ 葛宝山，李军．中国农业信息化发展影响因素辨识及系统分析[J]．农业图书情报学刊，2007（9）：182-185.

⑤ 高齐圣，路兰．农产品质量安全影响因素分析——基于DEMATEL和QFD方法[J]．复杂系统与复杂性科学，2013（3）：89-93.

⑥ 徐金杰，武忠．基于AHP和DEMATEL法的技术创新网络知识转移研究——以江苏省风电产业技术创新联盟为例[J]．情报杂志，2012（9）：121-125.

⑦ 黄景文．信息安全风险因素的DEMATEL识别[J]．情报杂志，2007（9）：65-70.

⑧ 章玲，周德群，汤建影．基于DEMATEL方法的高等教育教学质量影响因素分析[J]．南京航空航天大学学报（社会科学版），2009（3）：49-52.

⑨ 郭淡泊，雷家骕，等．国家创新体系效率及影响因素研究——基于DEA-Tobit两步法的分析[J]．清华大学学报（哲学社会科学版），2012（2）：143-148.

⑩ 张召华，雷玲．陕西农业生产效率评价以及影响因素分析——基于DEA -Tobit两步法[J]．农机化研究，2011（5）：39-42.

⑪ 卢新璞，吴明．北京市外来农村流动人口家庭医疗支出的影响因素——模型方法[J]．北京大学学报，2010（10）．

⑫ 涂俊，吴贵生．基于DEA-Tobit两步法的区域农业创新系统评价及分析[J]．数量经济技术经济研究，2006（4）：136-142.

⑬ 钟太洋，黄贤金，张秀英，等．基于Tobit模型的农户层次农业土地用途变更分析[J]．水土保持通报，2008（10）：166.

样性的，对于同一样本，虽然可以采取不同的模型，但是不同模型的分析结果差别并不大，并不影响政策的制定①。

5.1.2 农村信息化及标准体系影响因素的文献借鉴

任何模型分析的精确程度都取决于农村信息化标准制定的指标选取。选择指标应遵循的原则主要是科学性、数据的可获得性及能否反映客观评价的要求。

5.1.2.1 内部因素分析

许多学者在对农村农业信息化的建设进行研究时，大多数会考虑影响农业信息化发展程度的因素,认为这些因素将会成为促进或阻碍农村信息化发展的关键环节。如丁疆辉（2012）在研究农业信息化发展的空间作用的影响因素时，研究了不同变量对农业信息化建设的影响,其中农民收入状况、受教育程度、农村地区的产业结构等因素的影响最大②。葛宝山（2007）等计算出农业信息化系统中各因素的影响程度，其中涉农信息消费者受教育程度、涉农信息服务人员数量等因素是影响我国农业信息化建设的重点和核心要素③。宋燕华（2012）在综合分析了我国31个省市的农村信息化发展水平后，采用因子分析法评价了农村信息化发展水平，并指出农村信息化社会环境是影响农村信息化发展的关键影响因素④。

在农村信息化标准系统方面，杜璟，李道亮等（2013）认为影响农村信息化系统的主要原因是农村信息化政策制定、执行及效果。政府的重视力度、统一规划与有效管理是农村信息化顺利开展的最关键因素⑤。学者苏俊斌以技术社会学与行动者网络理论为基础，探讨了信息技术标准的构建步骤：由于行动者网络理论在研究行动者的影响因素时，把人的因素和非人的因素都看作是行动者，因此行动者社会磋商的最终成果会影响着信息技术标准的形成⑥。丁日佳、陈佳鹏等对标准化发展战略和影响因素进行了深入的分析研究，首次根据经济学原理研究了标准的基本性质，认为标准既有公共品的性质，也具有私人品的性质。正是因为这些性质，影响标准制定的因素也有所不同，从公共品角度来看，政府的引导是最重要的因素，标准制定或实施所需要的资金和人力通常由政府来提供；从私人品角度来看，企业或企业联盟是最重要的影响因素，因为标准需要的资金和人力由企业自身的财力提供就可以保障，而政府只需要为企业提供标准制定

---

① Buntin M B,Zaslavsky AM.Too much ado about two-part models and transformation? Comparing methods of modeling medicare ex-penditures [J].J Health Econ, 2004, 23（3）:525 -542.

② 丁疆辉，刘卫东，吴建民．农村信息化空间作用的影响因素与影响机理[J]．地域研究与开发，2012，31（6）：151-155.

③ 葛宝山，李军．中国农业信息化发展影响因素辨识及系统分析[J]．农业图书情报学刊，2007，19（9）：182-185.

④ 宋燕华，施韶亭，由源清．我国农村信息化发展影响因素分析[J]．图书与情报，2012（4）：138-140.

⑤ 杜璟，李道亮，陈英义．我国农村信息化影响因素的关系结构分析[J]．江西农业学报，2013（7）：125-130.

⑥ 苏俊斌．信息技术标准的社会形成[J]．中国数字电视，2007（5）：64-65.

实施的渠道①。田文勇研究合作社标准化时认为选择实施标准化生产决策一般受决策者自身因素、合作社内部因素、外部因素及类型因素影响②。总之，农村信息化标准的制定和实施受到多种因素的影响，主要受到传统习惯、农民素质、现有经济水平等因素的影响。

5.1.2.2 外部因素分析

国内外很多学者对影响标准化的因素进行了研究。Hawkins把标准作为技术进步的关键环节，他认为当技术不断进步，经济水平不断提高时，知识产权与标准共同发挥的作用对标准化会产生重要的影响③。Blind（2003）指出由谁来制定标准的核心就是论谁来把握市场主动权和控制权，其目的是通过制定标准来决定产业技术的制度，并由自行制定的标准中获取更多的利益④。Shapiro和 Varian（1999）指出通过七大要素可以达到标准体系竞争的成功：对用户安装基础（指已有的客户规模）的控制、知识产权、创新能力、先发优势、生产能力、互补产品的力量、品牌和声誉⑤。徐明华，史瑶瑶（2007）在研究标准形成的要素时，提出标准的技术特征、市场环境、企业能力和政府政策等方面是影响标准制定的重要原因⑥。许合先，常静（2008）从推广实施我国TD-SCDMA标准策略方面分析了技术标准竞争的主要影响因素，包括“标准本身的技术特性、市场或消费者因素，企业或联盟的能力、标准的供给机制及政府政策”⑦。王生辉，张京红（2004）认为“在位用户，预期用户，兼容性和价格这四个变量是影响网络化产业标准产生的主要因素”⑧。冯根福等人阐明了信息产业标准化的市场机制，并通过构建网络竞争模型，揭示了技术标准形成和实施的主要影响因素，主要包括网络规模和预期规模等⑨。舒辉（2011）罗列出了43个技术标准战略的影响要素，采用因子分析方法，精简出 10个公共因子，包括市场预期、标准的技术性能、研发能力、标准制定的速度、政府、技术的系统性、标准的开放性等，并进一步采用层次分析法研究了标准选择的主要影响因素，明确了各因素之间的关系，从而得到影响标准选择的关键影响因素⑩。

除了农村信息化标准体系固有的标准性以外，由于农村信息化标准体系的建设还

① 谢伟．标准竞争的特点和信息产业[J]．软科学，2004．18（4）：10-13.

② 田文勇，张会峒，李冬梅．实施农业标准化生产行为的影响因素分析——基于四川省种植类农民专业合作社的实证研究[J]．开发研究，2013（4）：87.

③ Hawkins.R．Determining the Significance of Industrial Standards as Indicators of Technical Change,Science Policy Research Unit final report，Brighton:University of Sussex,1996,1.

④ Blind K．Driving Forces for the Introduction of Quality Standards in Innovative Services Company：an Empirical Analysis for Germany,Technological Forecasting and Social Change，New York：American Elsevier Publications Co．，2003，29-44.

⑤ Carl Shapiro，Hal R. Varian，The art of standards wars，California Management Review，1999，41（2）：8-32.

⑥ 徐明华，史瑶瑶．技术标准形成的影响因素分析及其对我国ICT产业标准战略的启示[J]．科学学与科学技术管理，2007（9）：5-9.

⑦ 许合先，常静．从技术标准竞争影响因素看我国通信产业TD -SCDMA标准推广策略[J]．科学管理研究，2008（6）.

⑧ 王生辉，张京红．网络化产业中的技术标准战略[J]．科学管理研究，2004（4）：22-25.

⑨ 冯根福，李再扬，姚树洁．信息产业标准的形成机制及其效率研究[J]．中国工业经济，2006（1）：99-112.

⑩ 舒辉．技术标准战略关键影响因素的识别与分析[J]．软科学，2011（8）.

具有公共品特性，因此作为公共品也会受到外界因素的影响。如陈仲常等（2011）则发现地理区位方面的差异，使各地取得相同公共产出的投入成本相异，其公共支出的结构与规模也有差别[①]。林万龙（2005）认为城市化水平对各地经济发展水平有很显著的影响，进而影响到城乡公共品统筹供给的实现[②]。李燕凌（2011）研究发现距县城距离及城市化水平影响到政府财政支农效率[③]。房崇珺，李旭辉（2011）则通过调查发现农村信息资源开发利用程度受教育和重视教育程度的影响[④]。

综上可知，学者们的研究在一定程度上涉及了农业信息化标准体系对于农业信息化发展的重要性，以及农村标准化的影响因素，但很少有研究探索农村信息化标准体系的影响因素，所以国内学术界对于农村信息化标准体系建设的研究工作还不够充分。同时，由于我国农业信息化起步较晚，不同地域的农业生产和农业信息化发展水平又不相同，虽然各地也出现了一些信息化标准，但是针对具有地方特色的农业信息化标准却并不全面。

本研究借鉴以上学者们提出的影响指标，结合湖南省县级农村信息化标准体系的发展状况，建立适合我国农村农业信息化发展的指标体系，包括内生性指标和外生性指标两大类，利用DEMATEL方法对全省县一级地区进行农村信息化标准体系建设的内生性因素分析，又利用Tobit方法对县域地区探讨了影响农村信息化标准体系建设的外生性因素，为农村信息化标准体系的建设打下了实证基础。

5.2 影响农村信息化标准体系建设的内生性因素分析

本部分将定量分析影响农业信息化发展的内生性因素对农村信息化标准建设的影响，通过DEMATEL方法来阐述综合影响关系、不同因素对农业信息化发展的影响程度及其重要程度，从而找出影响农业信息化发展的关键内生性因素，为农业信息化的发展提供科学依据。

5.2.1 DEMATEL理论模型及基本原理

5.2.1.1 DEMATEL理论模型

DEMATEL方法是Decision Making Trial and Evaluation Laboratory的简称，在20世纪

① 陈仲常，张峥．我国地方政府公共财政支出效率的影响因素分析——基于DEA-Tobit模型的实证研究[J]．南京财经大学学报，2011（5）．

② 林万龙．经济发展水平制约下的城乡公共产品统筹供给[J]．中国农村观察，2005（2）．

③ 李燕凌．县乡政府财政支农支出效率的实证分析[J]．经济研究．2011（10）．

④ 房崇珺，李旭辉．安徽省农村信息化体系构建影响因素分析[J]．农业网络信息，2011（9）．

70年代由美国学者A．Gabus和E．Fontela提出，通常译为“决策试验与评价实验室”方法。该方法以进行系统分析为目标，并简化系统结构分析的过程，将图论与矩阵结合在一起对系统中的关系不确定的要素加以辨识。但是，它关注的不仅是要素间的相互直接影响关系，还考虑了全部要素间的间接影响关系，进一步分析了要素集合对整体系统产生的综合影响。

DEMATEL方法通过有向图确定系统中各个因素之间的逻辑关系，并通过矩阵运算计算出每个因素的中心度与原因度，从而确定因素间的因果关系和每个因素在系统中所属的类别（Hori and Shimizu，1999）①，这种算法对那些要素关系不确定的系统非常有效。通过获得计算结果可知，农业信息化标准制定的影响度即各行对应要素对所有其他要素的综合影响值，被影响度即各列对应因素受到所有其他因素的综合影响值。系统因素的影响度和被影响度相加得到其中心度，表示该影响因素在系统中的重要性程度，中心度越大，因素重要程度越高。系统因素的影响度和被影响度相减得到其原因度。原因度表示该影响因素与其他影响因素的因果逻辑关系程度，若为正，表示该影响因素对其他影响因素的影响大，称为原因因素；若为负，则表示该影响因素受其他致因因素的影响大，称为结果因素。

5.2.1.2 具体步骤

采用DEMATEL方法，要按照具体步骤来做：通过专家的经验或者要素间的相关性，确定系统中各因素之间的逻辑关系与直接影响矩阵，计算出每个要素对其他要素的影响程度及被影响程度。

不同因素对农业信息化标准制定影响因素的分析方法如下。

步骤1：确定影响农业信息化标准制定包含的因素，即指标体系，设为X_1、X_2……X_n。

步骤2：考察不同影响因素之间的影响关系，通过专家调查法或者线性驾照系数来确定不同因素间的直接影响程度。本文主要通过对不同对象的实际调查，根据他们对不同因素重要程度的认识，应用回归估计的方法，确定因素之间的直接影响矩阵。

假设三类因素影响农业信息化发展的直接影响矩阵为ϕ（$\phi=[\beta_{ij}]_{n\times n}$），其中：

$$\phi=\begin{bmatrix}\beta_{11} & \beta_{12} & \beta_{13} & \cdots & \beta_{1n}\\ \beta_{21} & \beta_{22} & \beta_{23} & \cdots & \beta_{2n}\\ \beta_{31} & \beta_{32} & \beta_{33} & \cdots & \beta_{3n}\\ \vdots & \vdots & \vdots & \vdots & \vdots\\ \beta_{n1} & \beta_{n2} & \beta_{n3} & \beta_{54} & \beta_{nn}\end{bmatrix} \tag{1}$$

式（1）中，因素β_{ij}表示两类因素之间的直接影响关系，代表因素i对因素j的直接影

① Hori, Shinichiro and Shimizu, Yujiro: Designing Methods of Human Interface for Supervisory Control Systems, Control Engineering Practice, 7:1413-1419,1999..

响程度（其中，i和j分别等于1，2，3，…，n）；为了突出其他类因素对某类因素的影响，若$i=j$，则有$\beta_{ij}=0$。

步骤3：计算规范化直接影响系数g_{ij}，得规范化直接影响矩阵G（$G=[g_{ij}]_{n\times n}$）。其中：

$$g_{ij}=\frac{\beta_{ij}}{\max\limits_{1\leqslant i\leqslant n}\sum_{j=1}^{n}\beta_{ij}} \tag{2}$$

步骤4：计算各类因素之间的综合影响矩阵$\boldsymbol{T}$（$\boldsymbol{T}=[t_{ij}]_{n\times n}$），通过$\boldsymbol{T}=\boldsymbol{G}+\boldsymbol{G}_2+\cdots+\boldsymbol{G}_n$计算得到（Goodman，1998）。当$n$充分大时，可以用$\boldsymbol{G}(\boldsymbol{I}-\boldsymbol{G})^{-1}$近似计算$\boldsymbol{T}$，其中$\boldsymbol{I}$为单位阵。$t_{ij}$表示因素$i$对因素$j$的直接影响和间接影响的程度。

步骤5：计算各类因素的影响度和被影响度。对矩阵$\boldsymbol{T}$中元素按行相加得到相应类别因素的影响度（即各行对应因素对所有其他因素的综合影响值），对矩阵$\boldsymbol{T}$中元素按列相加得到相应类别因素的被影响度（即各列对应因素受到所有其他因素的综合影响值）。计算公式为：

$$f_i=\sum_{j=1}^{n}t_{ij},(i=1,2,\cdots,n) \tag{3}$$

$$e_i=\sum_{j=1}^{n}t_{ji},(i=1,2,\cdots,n) \tag{4}$$

式（3）中，f_i是因素i的影响度；式（4）中，e_i是因素i的被影响度。

步骤6：计算各类因素的中心度和原因度。计算公式为：

$$m_i=m_i+e_i,\ (i=1,\ 2,\ \cdots,\ n) \tag{5}$$

$$n_i=f_i+e_i,\ (i=1,\ 2,\ \cdots,\ n) \tag{6}$$

式（5）中，m_i代表中心度；式（6）中，n_i代表原因度。

5.2.2 农村信息化标准体系建设的内生性影响因素

5.2.2.1 数据来源

本文用于农村信息化标准体系建设的数据来源于2012.7—2014.1期间的问卷调查。笔者在导师的指导下，与湖南省科技厅农村处协作制定了《湖南省县域农村农业信息化标准体系建设（调查问卷）》，于2013年上半年向湖南省80个县（区）下发，2013年下半年继续向其余42个县区下发，同时要求各县（区）一级的科技局认真填报问卷内容。为了解决这种上传下达式调查的缺点，如客观性不足、真实性不够等，调查组要求各级科技部门填表写完后，在问卷上盖章，在发电子稿的同时，一并寄送纸质版至省科技厅农村处。在下发的一共122套问卷中，回收有效问卷118份，回收率达到96.7%。

5.2.2.2　指标体系

对于农村农业信息化标准体系建设的影响要素，少有学者对之进行研究，但是，结合上文所述的关于信息化发展和标准的研究，学者们的观点在一定程度也可以说是信息化标准体系建设进程中应该考虑或者是应该建设的方面，特别是在当前还没有正式标准规范的大背景下，影响因素的研究对于标准的制定和标准体系的建设具有很大的借鉴作用，因此借鉴如下（表5-1）。

其中，社会和政府支持因素是指由政府和社会组织共同实现的对农业信息化的基础投入，包括移动电话运营商信息平台、有政府网站的乡镇个数、政府对农民的信息化培训、配备电脑的农民合作社的数量、进行网上交易的涉农企业的比例、政府对信息化补贴的金额等多元化的支持方式。

服务队伍因素是指信息员、科特派、专家和信息化从业人员等从事信息化服务的群体，他们对于信息化标准的建设发挥着举足轻重的作用。

基础设施因素指用于信息化标准内容涉及的宽带、3G、接入有线电视的行政村、农村党员干部现代远程教育系统等设施在农村的使用情况。

信息化服务内容是指用于农村信息化服务媒介的服务时间和服务数量，如县域涉农网站、农业信息类电视节目播放时间、广播的播放时间、信息更新的条数、基层信息员服务时间等。

农民参与因素包括农民主观层面对农业信息化的投入，如广播、电话、电脑的普及率等，其中配备电脑的合作社数量这一因素视同为农民对电脑媒介的接纳程度。

表5-1　农村信息化标准体系内生性影响因素的指标体系

目标层	二级指标	三级指标	变量
农业信息化标准制定内生性因素	社会和政府支持	移动电话运营商信息平台服务用户数量	X_1
		建立政府网站的乡镇个数/县域乡镇总数	X_2
		县级农民接受信息化培训比例	X_3
		进行网上交易的涉农企业的比例	X_4
		2012年度用于信息补贴的金额（万元）	X_5
	服务队伍	县乡村专兼职信息员数量总和/农村人口乘以10 000	X_6
		服务本县的科技特派员人数/乡镇数量	X_7
		服务本县的科技特派员的中高级职称总和	X_8

续表

目标层	二级指标	三级指标	变量
农业信息化标准制定内生性因素	服务队伍	县乡村专兼职信息员接受培训情况总和	X_9
		农村农业信息服务业从业人员比重/%	X_{10}
		信息咨询专家的数量（人）/乡镇数量	X_{11}
农业信息化标准制定内生性因素	基础设施	宽带到村入户的数量（个）	X_{12}
		3G移动通信覆盖率/%	X_{13}
		农村党员干部现代远程教育系统正常使用的村	X_{14}
		已接入有线电视的行政村的比重	X_{15}
	服务内容	县域涉农网站数量	X_{16}
		政府门户网站月均更新信息条数	X_{17}
		乡镇综合信息服务站发布信息条数/基层信息服务站数量	X_{18}
		基层信息服务站数量/乡镇数量	X_{19}
		信息员的工作小时/每周	X_{20}
		县级农业类电视广播节目播出每周播放小时数	X_{21}
		行政村广播年平均使用次数	X_{22}
	农民参与	移动电话普及率	X_{23}
		电脑普及率	X_{24}
		配备电脑的农民合作社的数量	X_{25}

根据以上指标对数据进行整理，基本描述见表5-2。

表 5–2　数据的基本描述

变量	样本数	最小值	最大值	均值	Std. Deviation	Skewness		Kurtosis	
						Statistic	Std. Error	Statistic	Std. Error
X_1	118	978	60 000	22 216.77	11 980.980	0.753	0.223	−0.064	0.442
X_2	118	0	138	82.62	28.325	−1.412	0.223	1.012	0.442
X_3	118	1	76	22.65	17.018	0.885	0.223	0.154	0.442

续表

变量	样本数	最小值	最大值	均值	Std. Deviation	Skewness		Kurtosis	
						Statistic	Std. Error	Statistic	Std. Error
X_4	118	1	90	34.88	24.321	0.413	0.223	−0.955	0.442
X_5	118	0	80	11.78	14.520	1.862	0.223	4.260	0.442
X_6	118	0.55	45.25	8.868 3	6.311 08	1.979	0.223	8.509	0.442
X_7	118	0.01	13.33	2.608 5	2.085 63	1.977	0.223	6.378	0.442
X_8	118	0.00	169.00	22.767 1	21.019 90	3.534	0.223	20.240	0.442
X_9	118	3.00	998.00	281.504 4	245.760 76	0.899	0.223	0.103	0.442
X_{10}	118	1.0	95.2	33.345	23.723 8	0.572	0.223	−0.496	0.442
X_{11}	118	0	39	5.77	7.160	2.138	0.223	5.390	0.442
X_{12}	118	349	9764	3 414.00	2 214.066	0.875	0.223	−0.001	0.442
X_{13}	118	10.00	100.23	85.246 6	22.386 17	−1.569	0.223	1.713	0.442
X_{14}	118	26	956	337.88	219.616	0.702	0.223	0.018	0.442
X_{15}	118	4.16	100.00	65.360 5	32.210 94	-0.370	0.223	−1.313	0.442
X_{16}	118	1	96	23.97	22.666	1.191	0.223	0.684	0.442
X_{17}	118	20	990	378.78	272.562	0.648	0.223	-0.714	0.442
X_{18}	118	0	86	16.24	19.608	1.874	0.223	3.201	0.442
X_{19}	118	0	29	8.64	6.276	0.897	0.223	0.505	0.442
X_{20}	118	1.0	12.0	5.864	2.656 8	0.365	0.223	−0.394	0.442
X_{21}	118	1	37	7.69	7.219	1.314	0.223	1.789	0.442
X_{22}	118	9	256	74.40	56.780	1.097	0.223	0.400	0.442
X_{23}	118	19.80	94.89	59.199 2	18.271 23	−0.165	0.223	−0.726	0.442
X_{24}	118	1.00	100.00	22.440 0	20.534 46	1.524	0.223	2.618	0.442
X_{25}	118	2	550	82.31	75.888	2.448	0.223	11.453	0.442
Valid N（list-wise）	118								

5.2.2.3 数据分析

农业信息化标准制定会受到一些因素直接或者间接的影响，具体主要是指社会和政府支持因素、服务队伍因素、基础设施因素和农民参与因素等。本研究将这些因素看作影响农村信息化标准制定的内生性因素进行分析，具体步骤如下。

步骤1：构建要素间的直接影响矩阵。本文核心数据是不同变量之间的直接影响系数。学者们用DEMATEL方法计算因素间的直接影响系数时，通常采用德尔菲法（DelphiMethod，专家会议预测法）来确定直接影响矩阵，这是一种由不同专家进行研究决策的形式，但是德尔菲法，是一种主观预测方法，它以专家的主观经验来判定分值，正是由于该方法的主观性，它在某种程度上会影响到实际工作的客观性。

由于笔者的调查数据主要来自湖南省各县的科技和农业部门统计的数据，为了更科学地确定不同因素之间的直接影响系数，笔者参照李中东和孙焕分析农产品质量安全时所采用的一元线性回归方程，计算并得到直接影响系数。还有些学者也采用相关系数形成直接影响矩阵，但是相关系数是标量，无法体现不同因素相互作用方向上的差别。因此，本研究“采用回归系数的绝对值作为两类技术之间的直接影响系数，没有用两类技术之间的相关系数作为两类技术之间的直接影响系数，主要是因为两类技术之间的相关系数是标量，无法体现不同类型技术相互作用方向上的差别。实际上两类技术相互之间对对方的影响是不同的，即$b_{ij} \neq b_{ji}$有方向性的差别。而回归系数就可以体现这种差别，因此，本文用两两技术重要程度分值间的线性回归得到回归系数，进而确定不同类型技术对对方的直接影响系数”[①]。因此，本文选择线性回归系数来确定因素间关系的关联度，构造有向矩阵，该方法会更客观地反映因素之间的关系。研究采用的一元线性回归模型如下：

$$x_j = a + b_{ij} x_i + \varepsilon_i \qquad (7)$$

式中，将回归系数b_{ij}表示第i个变量的重要程度分值权重设为x_i，第j个变量重要程度分值设为x_j，当x_i对x_j产生影响时，即变量i重要程度对变量j的重要程度所产生的影响。对各变量的影响程度进行回归，回归系数均通过了t检验，并在0.01水平上显著。回归系数b_{ij}的绝对值就是式（2）中的β_{ij}，β_{ij}即为第i个变量对第j个变量影响程度的直接影响系数，最后得到农业信息化标准制定影响因素间的直接矩阵（表5-3），因矩阵较大，被分为两个部分显示。

在对直接影响矩阵进行规范化后，得到各类因素之间的综合影响矩阵（表5-4）。

① 李中东，孙焕．基于DEMATEL的不同类型技术对农产品质量安全影响效应的实证分析——来自山东、浙江、江苏、河南和陕西五省农户的调查[J]．中国农村经济，2011（3）：26-34.

表 5-3 农村信息化标准体系建设的直接影响矩阵

	X_1	X_2	X_3	X_4	X_5	X_6	X_7	X_8	X_9	X_{10}	X_{11}	X_{12}
X_1	0.000 000 0	0.000 009 8	0.000 270 3	0.000 205 5	0.000 112 7	0.000 169 0	0.000 033 2	0.000 014 3	0.000 055 2	0.001 273 0	0.000 066 6	0.000 045 8
X_2	1.758 994 3	0.000 000 0	0.074 405 2	0.277 100 2	0.142 623 7	0.023 702 7	0.009 886 7	0.003 617 7	0.077 506 2	1.660 172 9	0.083 304 8	0.028 542 8
X_3	133.988 955 1	0.206 128 6	0.000 000 0	0.608 225 7	0.116 018 7	0.028 540 1	0.000 334 2	0.001 956 6	0.011 686 0	2.830 145 3	0.193 410 5	0.041 015 8
X_4	5.122 246 5	0.038 604 2	0.030 586 3	0.000 000 0	0.061 525 4	0.001 754 0	0.006 302 1	0.003 609 6	0.054 806 3	0.102 199 0	0.039 382 3	0.004 022 5
X_5	27.338 706 7	0.193 449 4	0.056 802 6	0.599 007 5	0.000 000 0	0.075 125 0	0.010 407 3	0.011 813 9	0.202 970 0	2.523 115 5	0.021 783 4	0.001 363 5
X_6	115.093 080 6	0.090 201 3	0.039 204 5	0.047 913 2	0.210 777 1	0.000 000 0	0.036 064 1	0.012 320 3	0.080 179 9	1.299 381 2	0.243 247 6	0.066 103 2
X_7	119.539 587 6	0.199 154 0	0.002 430 1	0.911 224 3	0.154 560 0	0.190 895 7	0.000 000 0	0.013 284 0	0.406 047 2	4.672 836 3	0.460 131 7	0.049 077 9
X_8	471.870 263 3	0.667 263 6	0.130 264 0	4.778 881 0	1.606 511 3	0.597 136 8	0.121 635 0	0.000 000 0	4.531 969 7	1.941 325 2	0.046 235 5	0.946 704 7
X_9	17.9483 787	0.140 740 0	0.007 659 7	0.714 354 7	0.271 729 9	0.038 258 8	0.036 603 4	0.044 617 2	0.000 000 0	1.294 065 2	0.161 747 5	0.028 921 3
X_{10}	3.025 481 5	0.022 053 2	0.013 570 3	0.009 744 7	0.024 710 4	0.004 535 6	0.003 081 5	0.000 139 8	0.0094666	0.000 000 0	0.018 230 7	0.001 094 6
X_{11}	16.987 228 9	0.118 752 7	0.099 521 9	0.402 973 7	0.022 894 1	0.091 118 7	0.032 562 7	0.000 357 3	0.126 978 5	1.956 404 0	0.000 000 0	0.016 077 2
X_{12}	128.105 734 1	0.446 687 7	0.231 698 7	0.451 859 7	0.015 732 3	0.271 841 4	0.038 129 2	0.08 0326 0	0.249 255 3	1.289 611 0	0.176 500 3	0.000 000 0
X_{13}	0.284 662 2	0.001 216 5	0.000 658 2	0.003 158 2	0.000 817 6	0.000 168 5	0.000 056 3	0.000 107 9	0.001 084 2	0.005 143 2	0.000 439 4	0.000 179 7
X_{14}	13.272 255 1	0.111 867 5	0.026 841 5	0.063 612 9	0.001 524 8	0.091 879 4	0.029 816 2	0.004 164 8	0.025 528 9	1.936 965 3	0.148 992 6	0.002 691 9
X_{15}	9.184 505 3	0.002 853 5	0.001 249 5	0.104 038 6	0.010 764 6	0.002 729 4	0.001 915 7	0.002 117 6	0.0069275	0.002 379 5	0.019 414 4	0.003 839 6
X_{16}	109.122 811 0	0.289 111 0	0.100 017 7	0.598 714 0	0.180 004 6	0.027 164 6	0.008 064 2	0.001 913 4	0.284 052 5	2.978 258 6	0.228 336 0	0.024 610 0
X_{17}	2.955 956 5	0.026 536 8	0.000 925 6	0.069 821 1	0.013 769 7	0.002 232 3	0.001 556 1	0.000 128 8	0.022 085 4	0.022 986 7	0.005 068 1	0.001 035 3
X_{18}	19.241 164 2	0.147 968 7	0.048 821 4	0.099 635 7	0.232 186 3	0.047 368 4	0.077 135 6	0.000 291 5	0.007 033 9	0.394 499 6	0.000 819 3	0.019 710 6
X_{19}	217.342 024 2	0.268 356 1	0.238 651 1	0.566 723 8	0.214 141 0	0.031 106 9	0.110 133 1	0.005 067 5	0.091 001 6	2.336 574 1	0.571 307 0	0.161 909 8
X_{20}	164.810 728 8	0.409 430 5	0.453 949 6	1.518 730 5	0.751 986 3	0.056 707 1	0.104 299 4	0.003 965 9	0.622 317 8	3.021 477 2	0.437 473 8	0.025 686 4
X_{21}	23.033 842 0	0.005 606 3	0.040 427 8	0.135 442 2	0.121 727 5	0.054 036 9	0.002 403 9	0.005 039 3	0.111 508 6	0.226 750 2	0.020 436 4	0.000 523 3
X_{22}	41.926 644 2	0.086 211 3	0.032 618 3	0.511 582 0	0.001 459 4	0.085 034 2	0.029 784 7	0.000 380 4	0.146 897 2	1.258 142 6	0.188 071 7	0.053 649 5
X_{23}	8.326 077 0	0.062 117 7	0.150 746 3	0.127 420 0	0.150 997 4	0.053 050 1	0.001 992 7	0.006 961 7	0.103 114 9	0.391 997 6	0.182 947 3	0.006 235 2
X_{24}	0.388 323 6	0.142 892 8	0.060 229 3	0.092 014 1	0.075 178 7	0.055 381 3	0.020 983 4	0.001 657 1	0.054 086 5	0.625 954 5	0.082 316 2	0.037 365 8
X_{25}	5.956 827 6	0.272 940 9	0.754 283 5	2.927 485 6	1.079 495 1	0.158 061 2	0.206 304 1	0.116 023 5	0.384 527 6	11.298 934 5	0.724 840 9	0.189 477 6

续表

	X_{13}	X_{14}	X_{15}	X_{16}	X_{17}	X_{18}	X_{19}	X_{20}	X_{21}	X_{22}	X_{23}	X_{24}	X_{25}
X_1	0.009 721 3	0.000 046 3	0.003 086 0	0.000 390 6	0.001 529 8	0.000 051 5	0.000 059 6	0.000 059 8	0.000 517 3	0.000 097 5	0.000 024 5	0.000 002 8	0.000 000 3
X_2	7.432 642 5	0.069 874 9	0.171 541 2	0.185 127 6	2.457 187 0	0.070 908 1	0.013 175 2	0.026 592 7	0.022 527 9	0.035 872 1	0.032 646 7	0.184 788 3	0.002 401 2
X_3	11.140 535 9	0.046 447 1	0.208 091 3	0.177 426 7	0.237 446 9	0.064 814 4	0.032 459 7	0.081 681 7	0.450 050 3	0.037 600 2	0.219 485 7	0.215 777 9	0.018 383 7
X_4	2.688 300 9	0.005 535 5	0.871 321 2	0.053 410 2	0.900 687 5	0.006 651 8	0.003 876 3	0.013 742 3	0.075 822 3	0.029 655 5	0.009 329 5	0.016 577 4	0.003 588 0
X_5	6.775 959 4	0.001 291 9	0.877 726 9	0.156 338 5	1.729 376 7	0.150 917 0	0.014 260 0	0.066 247 2	0.663 452 1	0.000 823 6	0.107 638 9	0.131 866 6	0.012 881 3
X_6	3.918 105 3	0.218 398 5	0.624 411 3	0.066 195 0	0.786 617 1	0.086 383 1	0.005 811 9	0.014 016 3	0.826 324 2	0.134 648 4	0.106 102 4	0.272 547 4	0.005 291 8
X_7	6.925 503 4	0.375 149 5	2.319 797 7	0.104 017 1	2.902 522 6	0.744 588 7	0.108 917 9	0.136 458 2	0.194 582 2	0.249 644 5	0.021 096 5	0.546 608 5	0.036 560 0
X_8	121.5962700	0.479 818 1	23.479 349 5	0.225 984 3	2.199 654 0	0.025 767 9	0.045 888 2	0.047 510 0	3.734 932 3	0.029 190 8	0.674 843 3	0.395 251 4	0.188 267 1
X_9	12.028 626 2	0.028 955 4	0.756 216 2	0.330 283 2	3.713 429 1	0.006 120 7	0.008 112 9	0.073 396 5	0.813 644 7	0.110 990 9	0.098 407 2	0.127 008 8	0.006 142 9
X_{10}	0.417 436 2	0.016 071 5	0.001 900 1	0.025 333 0	0.028 273 8	0.002 511 2	0.001 523 9	0.002 606 9	0.012 103 5	0.006 954 1	0.002 736 7	0.010 752 9	0.001 320 4
X_{11}	3.827 406 6	0.132 664 8	1.663 733 2	0.208 427 4	0.668 967 6	0.000 559 7	0.039 984 2	0.040 504 9	0.117 063 9	0.111 555 2	0.137 064 2	0.151 748 0	0.009 090 3
X_{12}	17.181 453 7	0.026 314 1	3.612 242 8	0.246 618 7	1.500 227 8	0.147 820 0	0.124 401 7	0.026 109 2	0.032 908 8	0.349 354 4	0.051 284 4	0.756 216 4	0.026 087 2
X_{13}	0.000 000 0	0.001 483 7	0.006 451 6	0.000 431 4	0.001 090 4	0.000 251 6	0.000 207 3	0.000 057 0	0.002 450 6	0.000 425 6	0.000 457 6	0.002 743 9	0.000 277 3
X_{14}	14.513 319 6	0.000 000 0	0.079 424 6	0.032 746 6	1.107 362 5	0.086 277 8	0.002 051 9	0.032 794 9	0.118 689 7	0.130 993 9	0.006 664 4	0.060 297 8	0.002 572 0
X_{15}	0.655 724 7	0.000 825 3	0.000 000 0	0.008 107 7	0.194 795 3	0.008 179 1	0.006 095 4	0.002 415 7	0.040 842 5	0.001 584 4	0.001 151 7	0.007 301 9	0.002 349 2
X_{16}	4.116 770 7	0.031 943 1	0.761 157 0	0.000 000 0	1.812 523 6	0.095 294 6	0.009 392 2	0.042 986 0	0.079 378 1	0.069 378 2	0.077 420 2	0.035 955 1	0.008 138 8
X_{17}	0.071 952 0	0.007 469 9	0.126 466 3	0.012 534 3	0.000 000 0	0.003 921 9	0.000 048 8	0.002 015 9	0.043 029 0	0.008 025 3	0.006 950 3	0.003 433 7	0.001 233 3
X_{18}	3.208 017 4	0.112 457 9	1.026 038 6	0.127 335 4	0.757 805 8	0.000 000 0	0.088 325 1	0.054 668 5	0.458 868 9	0.080 969 2	0.148 476 8	0.103 796 1	0.008 011 5
X_{19}	25.803 774 7	0.026 104 8	7.463 456 8	0.122 497 6	0.091 995 2	0.862 113 5	0.000 000 0	0.036 197 0	0.302 902 9	0.031 100 4	0.018 020 0	0.123 798 0	0.090 318 0
X_{20}	5.365 342 3	0.315 384 7	2.235 911 7	0.423 791 0	2.874 002 5	0.403 348 9	0.027 361 2	0.000 000 0	2.364 017 6	0.048 743 0	0.516 431 1	0.142 748 5	0.042 206 8
X_{21}	3.726 263 8	0.018 449 5	0.611 016 2	0.012 649 2	0.991 529 0	0.054 722 9	0.003 700 9	0.038 210 9	0.000 000 0	0.017 179 4	0.049 688 7	0.092 284 3	0.000 888 1
X_{22}	6.249 447 1	0.196 641 6	0.228 912 2	0.106 767 0	1.785 895 4	0.093 250 8	0.003 669 6	0.007 608 5	0.165 905 0	0.000 000 0	0.148 863 1	0.116 332 0	0.004 087 8
X_{23}	5.319 775 9	0.007 920 5	0.131 731 8	0.094 327 2	1.224 535 8	0.135 381 8	0.001 683 4	0.063 822 0	0.379 908 1	0.117 857 0	0.000 000 0	0.080 545 9	0.005 357 0
X_{24}	12.9642944	0.0291242	0.3394379	0.0178034	0.2458603	0.0384630	0.0047000	0.0071695	0.2867538	0.0374307	0.0327343	0.0000000	0.001 310 3
X_{25}	192.5892875	0.1826121	16.0522420	0.5923827	12.9807429	0.4363939	0.5040309	0.3116031	0.4056647	0.1933391	0.3200236	0.1926095	0.000 000 0

表 5–4 农业信息化标准体系建设的综合影响矩阵

	X_1	X_2	X_3	X_4	X_5	X_6	X_7	X_8	X_9	X_{10}	X_{11}	X_{12}
X_1	0.000 000 5	0.000 000 0	0.000 000 4	0.000 000 3	0.000 000 2	0.000 000 3	0.000 000 1	0.000 000 0	0.000 000 1	0.000 002 0	0.000 000 1	0.000 000 1
X_2	0.002 931 5	0.000 000 8	0.000 116 5	0.000 434 5	0.000 223 3	0.000 037 2	0.000 015 5	0.000 005 7	0.000 121 7	0.002 597 7	0.000 130 6	0.000 044 7
X_3	0.209 459 5	0.000 322 7	0.000 000 7	0.000 951 8	0.000 182 2	0.000 044 9	0.000 000 7	0.000 003 1	0.000 019 2	0.004 426 9	0.000 302 8	0.000 064 2
X_4	0.008 083 7	0.000 060 5	0.000 047 9	0.000 001 0	0.000 096 3	0.000 002 8	0.000 009 9	0.000 005 7	0.000 085 9	0.000 161 7	0.000 061 7	0.000 006 3
X_5	0.042 946 6	0.000 302 9	0.000 089 2	0.000 937 7	0.000 001 2	0.000 117 6	0.000 016 4	0.000 018 5	0.000 317 9	0.003 945 8	0.000 034 8	0.000 002 3
X_6	0.179 951 4	0.000 141 6	0.000 061 7	0.000 077 1	0.000 330 0	0.000 000 5	0.000 056 5	0.000 019 3	0.000 126 2	0.002 036 9	0.000 380 5	0.000 103 4
X_7	0.187 159 3	0.000 313 0	0.000 004 9	0.001 427 9	0.000 243 5	0.000 298 9	0.000 000 5	0.000 020 9	0.000 635 6	0.007 311 8	0.000 720 2	0.000 077 0
X_8	0.738 791 9	0.001 047 7	0.000 206 7	0.007 486 3	0.002 516 5	0.000 935 3	0.000 191 0	0.000 001 1	0.007 082 3	0.003 083 7	0.000 078 4	0.001 479 5
X_9	0.028 392 1	0.000 220 9	0.000 012 6	0.001 119 1	0.000 425 6	0.000 060 2	0.000 057 3	0.000 069 7	0.000 001 8	0.002 029 8	0.000 253 4	0.000 045 4
X_{10}	0.004 746 1	0.000 034 5	0.000 021 2	0.000 015 4	0.000 038 6	0.000 007 1	0.000 004 8	0.000 000 2	0.000 014 8	0.000 000 9	0.000 028 5	0.000 001 7
X_{11}	0.026 791 5	0.000 186 2	0.000 155 8	0.000 631 4	0.000 036 6	0.000 142 5	0.000 051 0	0.000 000 6	0.000 198 9	0.003 061 5	0.000 000 9	0.000 025 3
X_{12}	0.200 639 3	0.000 699 0	0.000 362 6	0.000 710 9	0.000 026 3	0.000 425 1	0.000 059 8	0.000 125 5	0.000 391 2	0.002 027 5	0.000 277 2	0.000 000 6
X_{13}	0.000 445 9	0.000 001 9	0.000 001 0	0.000 004 9	0.000 001 3	0.000 000 3	0.000 000 1	0.000 000 2	0.000 001 7	0.000 008 1	0.000 000 7	0.000 000 3
X_{14}	0.020 865 7	0.000 175 2	0.000 042 2	0.000 100 6	0.000 002 9	0.000 143 7	0.000 046 7	0.000 006 5	0.000 040 4	0.003 028 4	0.000 233 1	0.000 004 3
X_{15}	0.014 362 5	0.000 004 5	0.000 002 0	0.000 162 7	0.000 016 9	0.000 004 3	0.000 003 0	0.000 003 3	0.000 010 9	0.000 004 3	0.000 030 4	0.000 006 0
X_{16}	0.170 600 5	0.000 452 3	0.000 156 7	0.000 937 4	0.000 282 1	0.000 042 7	0.000 012 8	0.000 003 1	0.000 444 3	0.004 658 0	0.000 357 3	0.000 038 6
X_{17}	0.004 632 1	0.000 041 5	0.000 001 5	0.000 109 2	0.000 021 6	0.000 003 5	0.000 002 4	0.000 000 2	0.000 034 5	0.000 036 5	0.000 008 0	0.000 001 6
X_{18}	0.030 301 2	0.000 231 7	0.000 076 6	0.000 157 7	0.000 363 3	0.000 074 3	0.000 120 6	0.000 000 5	0.000 011 7	0.000 623 1	0.000 002 0	0.000 030 9
X_{19}	0.339 946 5	0.000 420 6	0.000 373 7	0.000 890 7	0.000 336 3	0.000 049 3	0.000 172 4	0.000 008 1	0.000 143 4	0.003 664 1	0.000 893 5	0.000 253 2
X_{20}	0.258 100 2	0.000 641 7	0.000 710 3	0.002 379 0	0.001 177 2	0.000 089 7	0.000 163 3	0.000 006 4	0.000 974 3	0.004 743 0	0.000 685 2	0.000 040 5
X_{21}	0.036 072 9	0.000 009 1	0.000 063 3	0.000 212 7	0.000 190 5	0.000 084 5	0.000 003 8	0.000 007 9	0.000 174 5	0.000 356 8	0.000 032 2	0.000 000 9
X_{22}	0.065 644 0	0.000 135 3	0.000 051 3	0.000 800 5	0.000 003 0	0.000 133 1	0.000 046 6	0.000 000 6	0.000 230 0	0.001 970 3	0.000 294 3	0.000 083 9
X_{23}	0.013 211 7	0.000 097 6	0.000 235 7	0.000 201 0	0.000 236 5	0.000 083 1	0.000 003 2	0.000 010 9	0.000 161 7	0.000 618 2	0.000 286 1	0.000 009 8
X_{24}	0.000 730 8	0.000 223 5	0.000 094 3	0.000 144 8	0.000 117 8	0.000 086 7	0.000 032 8	0.000 002 6	0.000 084 8	0.000 981 0	0.000 128 9	0.000 058 4
X_{25}	0.011 303 8	0.000 431 8	0.001 180 5	0.004 589 4	0.001 691 0	0.000 248 5	0.000 323 0	0.000 181 5	0.000 606 4	0.017 682 6	0.001 136 6	0.000 297 0

续表

	X_{13}	X_{14}	X_{15}	X_{16}	X_{17}	X_{18}	X_{19}	X_{20}	X_{21}	X_{22}	X_{23}	X_{24}	X_{25}
X_1	0.000 000 1	0.000 004 8	0.000 000 6	0.000 002 4	0.000 000 1	0.000 000 1	0.000 000 1	0.000 000 8	0.000 000 2	0.000 000 0	0.000 000 0	0.000 000 0	0.000 000 1
X_2	0.000109 4	0.000 272 0	0.000 289 6	0.003 841 6	0.000 111 0	0.000 020 7	0.000 041 7	0.000 036 7	0.000 056 3	0.000 051 3	0.000 289 0	0.000 003 8	0.000 109 4
X_3	0.000 073 0	0.000 332 4	0.000 278 0	0.000 379 6	0.000 101 8	0.000 050 8	0.000 127 8	0.000 704 7	0.000 059 2	0.000 343 2	0.000 337 7	0.000 028 8	0.000 073 0
X_4	0.000 008 8	0.001 362 3	0.000 083 6	0.001 409 0	0.000 010 5	0.000 006 1	0.000 021 5	0.000 119 0	0.000 046 4	0.000 014 7	0.000 026 1	0.000 005 6	0.000 008 8
X_5	0.000 002 5	0.001 377 2	0.000 245 0	0.002 709 9	0.000 236 1	0.000 022 4	0.000 103 7	0.001 038 1	0.000 001 7	0.000 168 6	0.000 206 6	0.000 020 2	0.000 002 5
X_6	0.000 341 5	0.000 981 9	0.000 104 2	0.001 236 9	0.000 135 4	0.000 009 2	0.000 022 2	0.001 292 1	0.000 210 7	0.000 166 2	0.000 426 4	0.000 008 3	0.000 341 5
X_7	0.000 587 0	0.003 638 2	0.000 164 5	0.004 550 4	0.001 163 7	0.000 170 5	0.000 213 6	0.000 309 0	0.000 390 8	0.000 034 1	0.000 855 0	0.000 057 2	0.000 587 0
X_8	0.000 751 4	0.036 719 8	0.000 360 8	0.003 536 6	0.000 043 7	0.000 073 0	0.000 076 5	0.005 852 2	0.000 049 4	0.001 056 9	0.000 624 6	0.000 294 5	0.000 751 4
X_9	0.000 045 8	0.001 191 2	0.000 516 6	0.005 809 1	0.000 010 2	0.000 012 8	0.000 114 9	0.001 273 1	0.000 173 8	0.000 154 3	0.000 199 2	0.000 009 7	0.000 045 8
X_{10}	0.000 025 1	0.000 003 4	0.000 039 6	0.000 044 9	0.000 004 0	0.000 002 4	0.000 004 1	0.000 019 0	0.000 010 9	0.000 004 3	0.000 016 9	0.000 002 1	0.000 025 1
X_{11}	0.000 207 5	0.002 602 4	0.000 326 1	0.001 052 2	0.000 001 4	0.000 062 5	0.000 063 4	0.000 184 5	0.000 174 6	0.000 214 4	0.000 237 5	0.000 014 3	0.000 207 5
X_{12}	0.000 042 0	0.005 655 5	0.000 386 5	0.002 357 5	0.000 231 8	0.000 194 5	0.000 041 1	0.000 055 7	0.000 546 2	0.000 081 0	0.001 182 2	0.000 040 9	0.000 042 0
X_{13}	0.000 002 3	0.000 010 1	0.000 000 7	0.000 001 8	0.000 000 4	0.000 000 3	0.000 000 1	0.000 003 8	0.000 000 7	0.000 000 7	0.000 004 3	0.000 000 4	0.000 002 3
X_{14}	0.000 000 4	0.000 127 0	0.000 051 6	0.001 732 8	0.000 135 0	0.000 003 3	0.000 051 3	0.000 186 4	0.000 204 8	0.000 010 7	0.000 094 7	0.000 004 1	0.000 000 4
X_{15}	0.000 001 3	0.000 001 0	0.000 012 7	0.000 304 9	0.000 012 8	0.000 009 5	0.000 003 8	0.000 063 9	0.000 002 5	0.000 001 8	0.000 011 5	0.000 003 7	0.000 001 3
X_{16}	0.000 050 4	0.001 195 0	0.000 001 2	0.002 840 1	0.000 149 2	0.000 014 8	0.000 067 4	0.000 126 2	0.000 108 8	0.000 121 4	0.000 056 9	0.000 012 8	0.000 050 4
X_{17}	0.000 011 7	0.000 198 0	0.000 019 6	0.000 001 0	0.000 006 2	0.000 000 1	0.000 003 2	0.000 067 3	0.000 012 6	0.000 010 9	0.000 005 4	0.000 001 9	0.000 011 7
X_{18}	0.000 175 9	0.001 607 6	0.000 199 4	0.001 190 4	0.000 000 8	0.000 138 0	0.000 085 6	0.000 718 1	0.000 126 7	0.000 232 2	0.000 162 7	0.000 012 6	0.000 175 9
X_{19}	0.000 041 8	0.011 670 7	0.000 193 2	0.000 161 7	0.001 347 2	0.000 000 6	0.000 057 1	0.000 476 9	0.000 049 5	0.000 029 2	0.000 195 1	0.000 141 2	0.000 041 8
X_{20}	0.000 493 5	0.003 511 1	0.000 664 4	0.004 519 0	0.000 631 4	0.000 043 2	0.000 001 0	0.003 697 4	0.000 077 4	0.000 808 0	0.000 225 3	0.000 066 1	0.000 493 5
X_{21}	0.000 029 0	0.000 956 5	0.000 020 1	0.001 551 6	0.000 085 6	0.000 005 8	0.000 059 8	0.000 001 3	0.000 027 0	0.000 077 8	0.000 144 4	0.000 001 4	0.000 029 0
X_{22}	0.000 307 4	0.000 362 6	0.000 167 4	0.002 795 4	0.000 146 0	0.000 005 8	0.000 012 1	0.000 260 6	0.000 000 5	0.000 232 8	0.000 182 3	0.000 006 4	0.000 307 4
X_{23}	0.000 012 7	0.000 210 2	0.000 147 9	0.001 918 0	0.000 211 7	0.000 002 7	0.000 099 9	0.000 595 0	0.000 184 3	0.000 000 5	0.000 126 3	0.000 008 4	0.000 012 7
X_{24}	0.000 045 7	0.000 532 6	0.000 028 2	0.000 387 9	0.000 060 3	0.000 007 4	0.000 011 3	0.000 448 6	0.000 058 7	0.000 051 3	0.000 000 5	0.000 002 1	0.000 045 7
X_{25}	0.000 288 0	0.025 111 2	0.000 929 7	0.020 310 0	0.000 685 0	0.000 788 0	0.000 487 8	0.000 646 9	0.000 304 0	0.000 502 5	0.000 305 7	0.000 000 7	0.000 288 0

5.2.3　结果分析

通过对农村信息化标准建设内生性影响因素进行分析，结果见表5-5。

表 5–5　农村信息化标准建设内生性影响因素的求解结果

变量	影响度	被影响度	中心度	原因度	变量	影响度	被影响度	中心度	原因度
X_1	0.000 03	2.596 11	2.596 14	−2.596 08	X_{13}	0.000 49	0.733 39	0.733 88	−0.732 90
X_2	0.023 42	0.006 20	0.029 62	0.017 22	X_{14}	0.049 97	0.003 65	0.053 63	0.046 32
X_3	0.236 04	0.004 07	0.240 11	0.231 97	X_{15}	0.016 07	0.099 63	0.115 70	−0.083 57
X_4	0.015 95	0.024 48	0.040 43	−0.008 54	X_{16}	0.189 20	0.005 23	0.194 44	0.183 97
X_5	0.065 49	0.008 56	0.074 05	0.056 93	X_{17}	0.005 35	0.064 64	0.069 99	−0.059 30
X_6	0.194 39	0.003 12	0.197 51	0.191 28	X_{18}	0.041 69	0.005 52	0.047 21	0.036 17
X_7	0.221 28	0.001 39	0.222 67	0.219 89	X_{19}	0.401 93	0.001 64	0.403 57	0.400 28
X_8	1.002 70	0.00050	1.003 20	1.002 20	X_{20}	0.292 98	0.001 77	0.29475	0.291 21
X_9	0.061 04	0.011 91	0.072 95	0.049 12	X_{21}	0.046 01	0.018 18	0.064 18	0.027 83
X_{10}	0.005 75	0.069 06	0.074 81	−0.063 31	X_{22}	0.083 67	0.002 88	0.086 55	0.080 79
X_{11}	0.042 44	0.006 36	0.048 80	0.036 09	X_{23}	0.027 01	0.004 37	0.031 38	0.022 64
X_{12}	0.243 51	0.002 68	0.246 19	0.240 83	X_{24}	0.024 59	0.005 92	0.030 50	0.018 67
					X_{25}	0.391 02	0.000 75	0.391 77	0.390 27

（1）从影响度来看，除了因素“移动电话运营商信息平台服务用户数量（X_1）”以外，其他因素对农业信息化的影响度都比较大，说明这些因素对农业信息化发展来说是必不可少的。这个结论和农业信息化发展的进程是相符的。在农业信息化发展的初期阶段，首要工作是在原有基础设施建设的基础上进行现代化的、科学的信息化建设，因此专家、服务站、信息员、网络等都会对现有的信息化标准制定产生显著的影响。从被影响度来看，移动电话运营商信息平台服务用户数量（X_1）的被影响度为2.596 11，明显高于其他因素，这也说明在信息化发展的初期，当标准还没正式形成时，虽然用户数量很重要，但是它会受到诸如移动电话、有线电视等其他因素的影响，所以，使用移动平台的用户数量很容易被其他类因素所影响。如3G移动通信覆盖率%（X_{13}）、已接入有线电视的行政村的比重（X_{15}）、农村农业信息服务业从业人员比重%（X_{10}）、政府门户网站月均更新信息条数（X_{17}）、进行网上交易的涉农企业的比例（X_4）等因素最容易受到其他因素的影响，被影响度分别为0.733 39、0.099 63、0.069 06、0.064 64、0.024 48，它们在一定程度上高于其他因素的被影响度。

（2）从中心度来看，“移动电话运营商信息平台服务用户数量”的中心度为2.596 14，明显高于其他因素的中心度。这说明，在信息化发展初期，农民对信息化培训程度是农村信息化标准体系建设过程中普遍应关注的中心，是目前确定农村信息化标准体系建设的中心问题。移动电话运营商信息平台服务用户数量（X_1）、县的科技特派员的中高级职称总和（X_8）、3G移动通信覆盖率%（X_{13}）、基层信息服务站数量/乡镇数量（X_{19}）、配备电脑的农民合作社的数量（X_{25}）等因素的中心度较大，说明这类因素也是目前农业信息化标准建设的关注点，同样需要加以重视。

（3）从原因度来看，原因因素对其他因素的影响较大，结果表明农村信息化标准体系发展的原因度有正有负，这表明，这些因素对农村信息化发展的影响是一个复杂的过程。若想提高农村信息化发展水平，首先必须把握其发展原因。从表5-5可以看出，影响农村信息化标准制定的因素有19个，按原因大小排序依次为：服务本县的科技特派员的中高级职称总和（X_8）、基层信息服务站数量/乡镇数量（X_{19}）、配备电脑的农民合作社的数量（X_{25}）、县级农业类电视广播节目播出每周播放小时数（X_{20}）、宽带到村入户的数量（个）（X_{12}）、县级农民接受信息化培训比例（X_3）、服务本县的科技特派员人数/乡镇数量（X_7）、县乡村专兼职信息员数量总和/农村人口乘以10 000（X_6）、县域涉农网站数量（X_{16}）、行政村广播年平均使用次数（X_{22}）、2012年度用于信息补贴的金额（万元）（X_5）、县乡村专兼职信息员接受培训情况总和（X_9）、农村党员干部现代远程教育系统正常使用的村（X_{14}）、乡镇综合信息服务站发布信息条数/基层信息服务站数量（X_{18}）、信息咨询专家的数量（人）/乡镇数量（X_{11}）、县级农业类电视广播节目播出每周播放小时数（X_{21}）、移动电话普及率（X_{23}）、电脑普及率（X_{24}）、建立政府网站的乡镇个数/县域乡镇总数（X_2）。因此，保证农村信息化服务热线的畅通，加大热线宣传，加快在乡镇建设符合本地实际的农村信息网络，维护农村党员干部现代远程教育系统的正常使用都是提高农村信息化发展水平的首要和关键措施。

（4）结果因素受到其他因素的影响较大。在原因度中表现为负值的变量可以看作是结果因素。农业信息化发展中的结果因素一共有6个，包括：移动电话运营商信息平台服务用户数量（X_1）、进行网上交易的涉农企业的比例（X_4）、农村农业信息服务业从业人员比重%（X_{10}）、3G移动通信覆盖率%（X_{13}）、已接入有线电视的行政村的比重（X_{15}）、政府门户网站月均更新信息条数（X_{17}）。结果因素会受到其他因素的影响而间接地影响农村信息化标准体系的建设进程。

5.3 影响农村信息化标准体系建设的外生性因素分析

在进行农村信息化标准体系建设的外生性因素分析时，主要分析的到底是哪些原因会影响到各地在农村信息化建设活动中的效果，我们将该效果的表达用各县的达标项数来表示，因此，本部分内容先分析了各县达标的基本情况，再以该达标数作为因变量Y，用计量分析探讨了影响Y不同的各个因素。

5.3.1 农村信息化标准体系的达标情况

在标准体系建设方面，可以借鉴国际方面的经验，例如，苏联的经验。苏联在进行标准化研究时，提出："质量水平的最佳状态绝不能得意地理解为指标最高。这个水平是要在既满足需求，又使生产过程所必需的消耗最小的情况下达到，这就是基本的经济原则"①。依据这样的原则制定标准时，对标准对象的参数值的确定，不可能依靠过去的专家拍脑袋的方式进行，这种情况只是孤立地为制定标准而制定，事实上，标准的制定应该是要把标准放到社会实际中进行综合权衡，如农业生产和农村生活等。

1．分析方法选择

在标准制定工作中，某个数据标准的确定并不是随机而定的，一般会根据当前领域内的发展现状、实际社会情况、经济发展水平及具体的指标而确定。在标准确定之前，在一定的数据范围内，通常按照两个步骤来进行：一是明确该范围内用于衡量的数据的特殊值，如中位数、平均值、众数等；二是运用统计学方法找到适合设定为标准值的量。

标准体系作为一个整体，强调子体系及组成元素间的支撑协调关系。标准的技术水平应比较接近，可避免某一个标准的技术指标明显落后于其他标准的水平，才能发挥整体效应，类似于"水桶效应"，标准体系中的标准就像水桶的一块木板，长短不同，水桶的容量由最低的那块木板决定，而不是最高的那块木板②。而最低的那块木板常常是低于平均值，因此要在平均值的基础上，使数据群有个更高的提升，就需要把最低的那块木板加长。

在农村信息化标准建设中，依照现有的信息化发展现状，在此基础之上，设定一个数据值为标准。所以，根据不低于中位值数值调整的原则③，其标准值可以按照高于中位值进行设定，即在中位值之上找到一个层次，这个层次可以用上四分位数来加以衡量。在实践中，如果某地区的实际工作达到中位值之上，或75%的位置，那么可以认为该项工作达标。

四分位法（quantile）是统计学的一种分析方法。简单地说，就是将全部数据按照从大到小的顺序排列，排在前1/4位置上的数（也就是75%位置上的数）叫作上四分位数

① 李春田．现代标准化方法——综合标准化[M]．北京：中国标准出版社，2011：11.

② 岳高峰，赵祖明，邢立强．标准体系理论与实务[M]．北京：中国计量出版社，2011：24.

③ 汤卫东，金佩泽．转让定价专业服务之我见[J]．天津经济，2008（2）：61-64.

（third quantile），也称为75%分位数；排在后1/4位置上的数（也就是25%位置上的数）叫作下四分位数（first quantile），也称为25%分位数。其意义为：约有四分之一的数据大于上四分位数；约1/4的数据小于下四分位数。有50%的数据分布在中间，也就是50%位置上的数，叫作中位数值[①]。具体过程如下[②]：

$$下四分位数的位置=\frac{n+1}{4}$$

$$中位数的位置=\frac{n+1}{2}$$

$$上四分位数的位置=\frac{3(n+1)}{4}$$

2. 分析结果

需要了解数据的分布特征，如数据的集中趋势、偏态、峰态等，见表5-6。

表 5–6　上四分位数

变量	均值	上四分位数	变量	均值	上四分位数
X_1	22 217	14 000	X_{13}	85.25	72
X_2	82.62	68	X_{14}	337.9	178
X_3	22.65	9	X_{15}	65.36	40
X_4	34.88	12	X_{16}	23.97	6
X_5	11.78	0	X_{17}	378.8	147
X_6	8.868	4.32	X_{18}	16.24	3.63
X_7	2.608	1.26	X_{19}	8.64	4.13
X_8	22.77	10	X_{20}	5.864	4
X_9	281.5	63	X_{21}	7.692	2
X_{10}	33.35	12	X_{22}	74.4	30
X_{11}	5.774	1.00	X_{23}	59.2	48
X_{12}	3 414	1 590	X_{24}	22.44	7
			X_{25}	82.31	30

可以通过盒形图来描述这些指标，盒子上下两边分别代表着上四分位数和下四分位数。由于变量较多，这里仅以变量1为例，通过图5-1可以看出：变量1呈正态分布，在75%位置上的值为14 000，上横线之外，有一个离群点，它是第8个样本，即桃源县。同

① 费宇．统计学实验——SPSS和R软件应用与实例[M]．北京：高等教育出版社，2012：15.
② 注：下四分位数也称为第一四分位数，中位数也称为第二四分位数，上四分位数也称为第三四分位数。

样，其他的变量都呈正态分布，有些变量有离群点，这说明各县在不同的指标上可能会有一些较大的差异。

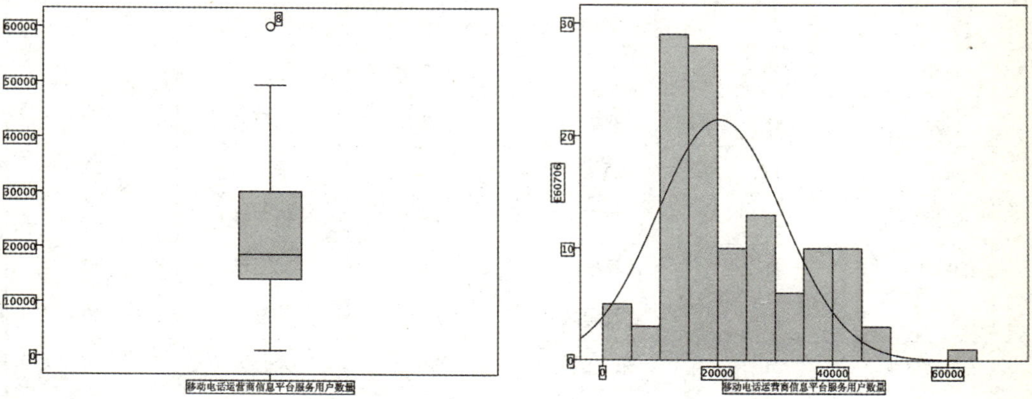

图 5–1　以变量 1 为例说明基本分布

因此，按照各县标准体系中的内容体系，将各项内容变量与上四分位数作比较，列出各县达到上四分位数的变量个数，见表5-7。

表 5–7　湖南省 118 个县农村信息化标准体系达标情况（因变量 Y）

县区	达标项数	县区	达标项数	县区	达标项数
安乡	18	辰溪	20	安仁县	19
鼎城区	19	鹤城区	21	北湖区	16
汉寿	23	洪江市	20	桂东	20
津市	15	溆浦	21	桂阳	20
澧县	15	沅陵	14	嘉禾	19
临澧	15	会同	21	临武	19
石门	21	靖州	18	汝城	19
桃源	21	麻阳	18	苏仙区	20
雨湖区	18	通道	22	宜章	23
岳塘区	21	新晃	16	永兴	25
湘乡	21	中方	15	资兴市	20
韶山	18	芷江	20	双清区	21
湘潭	22	保靖	16	大祥区	19
大通湖区	21	凤凰	16	北塔区	17
南县	21	古丈	20	邵东县	20
安化	20	吉首市	21	新邵县	18

续表

县区	达标项数	县区	达标项数	县区	达标项数
赫山	21	永顺	20	邵阳县	21
资阳	22	龙山	17	隆回县	23
桃江	18	花垣	20	洞口县	19
沅江	17	泸溪	16	绥宁县	23
临湘	24	慈利	15	新宁县	20
汨罗市	21	桑植	18	武冈市	22
平江	20	武陵源区	14	芙蓉区	20
岳阳楼区	21	永定区	21	天心区	19
君山区	22	常宁市	18	岳麓区	23
云溪区	22	衡东	23	开福区	18
岳阳	22	衡南	21	雨花区	20
华容	22	衡山	22	浏阳市	22
湘阴	21	衡阳	17	宁乡	22
茶陵	15	耒阳市	12	望城区	23
荷塘区	14	南岳区	20	长沙县	21
醴陵	25	祁东	15	零陵区	21
天元区	13	石鼓区	18	冷水滩区	21
炎陵	16	雁峰区	19	祁阳	18
攸县	24	蒸湘区	13	双牌	21
石峰区	19	珠晖区	12	道县	21
芦淞区	23	冷水江市	16	江永	18
株洲	18	双峰县	16	宁远	21
		新化县	21	蓝山	22
		溆浦县	16	新田	22

为了客观地了解各地区的达标数，可以按照市区一级进行划分，将每个市中的各县的达标数累加，可以发现，小于100项的有张家界和娄底，在100~150项之间的有湘潭、益阳、常德和湘西；在150~200项之间的有岳阳、株洲、长沙和永州；大于200项的有怀化、衡阳、郴州和邵阳，见表5-8。

表 5-8　湖南省各地农村信息化标准总达标情况

地区	常德	湘潭	益阳	岳阳	株洲	怀化	湘西	张家界	衡阳	娄底	郴州	邵阳	长沙	永州
总达标数	147	100	100	195	167	226	146	68	210	69	220	223	188	185

为了更直观地了解湖南省农村信息化标准的达标情况，可以通过湖南省农村信息化达标情况图来看（图5-2），可知，由于湖南省14个市州的地理位置、经济发展水平、农业生产方式、农民生活方式等方面有着很大的差异性，所以在农村信息化基本建设方面也有着不同。以现有的农村信息化基本情况来看，各地区农村信息化的达标差异性较大。那么，到底是什么因素使各地的达标情况出现差异呢？具体而言，标准本身在各地的实施情况和当地自身的发展情况等应该是造成地区差异的内生性和外生性因素，这些因素从根本上影响着各地标准的达标情况。

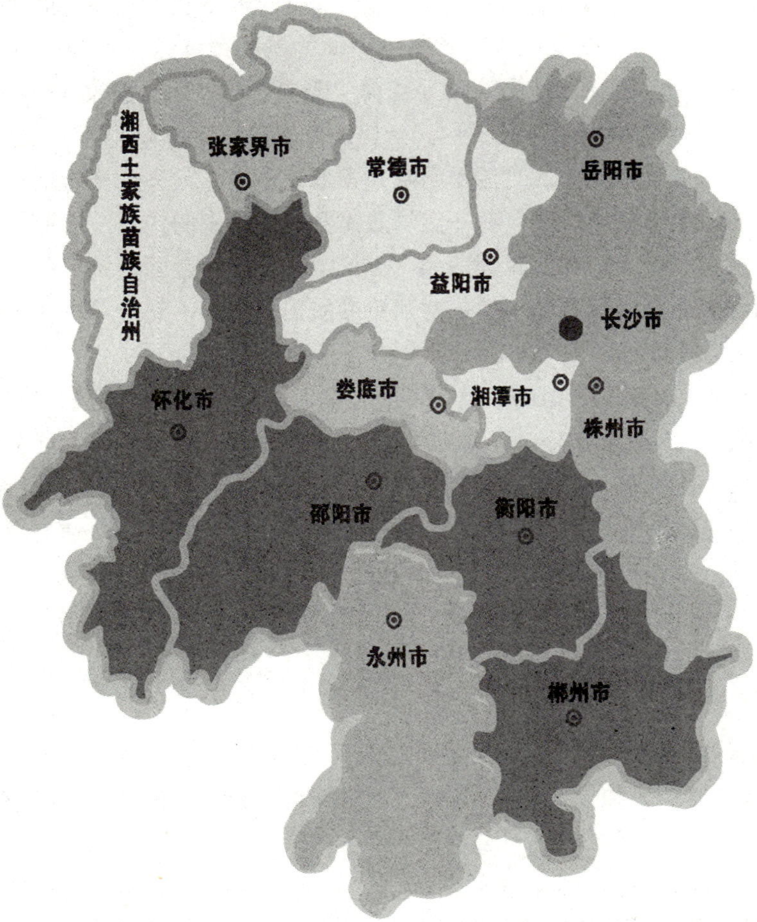

图 5-2　湖南省 14 个市州农村信息化标准体系的达标图示

5.3.2 Tobit理论模型及基本原理

本研究在对各县的达标项数进行统计时发现（表5-7），所要研究的因变量Y，即达标项数，属于混合类型数据（mixed type data）就是来自非正态总体，其数据恒非负。Tobit模型的基础是联合决策（joint decision making）过程，消费行为（是否消费及消费额度）在一步之内发生，是否进行消费受到预期消费多少的影响[①]。因此，本研究决定采用Tobit回归模型来分析达标项数的影响因素。

Tobit回归模型属于因变量受到限制的一种模型，这个概念最早是由经济学家James Tobin（1958）提出，他的经典例子被称为（tobit regression）——这就是Tobit回归的由来，然后被计量经济学家Arthur Goldberger（1964）在介绍“Tobin’s probit”时首先采用。[②]在Tobin的经典研究中，通过考察人们对消费品的消费发现：如果“购买欲”足够强，人们就会实施购买行为，而“购买欲”是通过花费在该商品上的费用来衡量，并标识为一个常数，也就是说，花费高的个体的购买欲就强。因此，根据对“购买欲”这个指标，可以看出，测量在0这个点是“删失”的，因为按照这个指标来看，那些没有购买行为的“购买欲”被记录为0。但是在现实社会中，这部分人的购买行为不一定只受“购买欲”影响，还可能受到价格高低的影响，或许价格再低一点他们就会发生购买行为。这个例子说明：在一定的效用及收入约束制约下，消费者的消费行为可以分成两类，一类是购买耐用消费品，但这类行为的量是固定的，是一个常数，该消费行为的特点无法获取；另一类是对消费品的购买行为与某个经济变量有关，该类消费行为是可以获得的。

一般情况下，如果自变量的取值在某个范围之内或者在数据整理时进行了截断，且与自变量X有关，由此构造出Tobit回归模型[③]。Tobit模型描述了非负的因变量和自变量（或向量）之间的关系，通过截去和添加，它使用了解到类似于该概率模型的术语[④]。该统计模型将观测分成两组：无删失观测和有删失观测。对于在某τ值处存在删失的因变量Y的观测值，用以下模型：

$$Y_i=\begin{cases} Y_{\mathrm{I}}^{*}=a+\sum_{k=1}^{k}b_kX_{ik}+\varepsilon_i & \text{if} \quad Y_i^{*}>\tau \\ \tau_{\mathrm{Y}} & \text{if} \quad Y_i^{*}\leqslant\tau \end{cases}$$

该模型假定，有一个潜在（即无法观察的）变量Y_{I}*。这个变量线性地通过一个参数（向量）b_k，来确定独立变量（或向量）和潜变量（就像在一个线性模型）之间的关

① Culyer AJ. Handbook of health economics [M]. Oxford: Elsevier Science Ltd., 1998：19 -33.

② Donald J.Teiman．量化数据分析：通过社会研究检验想法[M]．任强，译．社会科学文献出版社，2012（7）：332-339.

③ 朱帮助，吴万水，等．基于超效率DEA的中国省际能源效率评价[J]．数学的实践与认识，2013（5）.

④ William A. Darity, Jr.International Encyclopedia of the Social Sciences . Macmillan Reference USA， 2008.

系。此外，还有一个正态分布的误差项来确定随机因素对这种关系的影响。也就是说，如果Y的“真实”值Y^*大于删失值，Y的观测值就等于其真实值Y^*；如果真实值Y^*等于或小于删失值，Y的观测值就等于某一常数（该常数值就是删失值）。对于第一类，用与常规最小二乘估计同样的方法得到估计值。对于第二类，可以先按自变量的聚会来估计观测发生删失的概率，然后用此概率来估计似然值。

5.3.3 基于Tobit模型的农村信息化标准的外生性影响因素

5.3.3.1 指标选择

现有文献中，对农村信息化标准体系影响因素的研究目前还是空白，因此本文在上文（即5.1文献借鉴）现有的少量文献基础上，结合湖南省农村信息化标准建设的自身特点，听取该领域标准化专家、信息化专家等多个专家的意见，设定如表5-9所示指标。

表 5-9 外生性因素基本指标

一级指标	二级指标	指标描述	指标
外生性因素	个体因素	农民受教育平均年限	F1
		农民家庭年纯收入（元）	F2
	社会环境因素	年末总人口（万人）	F3
		农村从业人员（万人）	F4
		行政村平均人口数（人）	F5
		农林牧渔业总产值（万元）	F6
		城镇化水平（%）	F7
		县距离中心城市（市政府所在城市）的距离（公里）	F8
	政策、制度支持因素	现有标准、流程、规范等数量（个）	F9

5.3.3.2 描述性统计

对外生性变量的基本描述可以看出（表5-10）：研究对象一共是118个样本，其中，农民受教育平均年限（F1）均值为8.24年，最少读书4年，最多受教育12年；农民家庭年纯收入（F2）一般是8 185.54，最少只有153元，最多收入31 752元，差异非常大；各县的年末总人口（万人）（F3）均值为53.38万人；农村从业人员（万人）（F4）一般有24.97万人，最少的县有0.24，最多的县有74万人；行政村平均人口数（人）（F5）一般有1 697人；农林牧渔业总产值（万元）（F6）均值为283 999万元，最少有3 401万元，最多有843 970万元；城镇化水平（%）（F7）一般达到43.3%；县距离中心城市（市政府所在城市）的距离（F8）均值有68.43公里；现有标准、流程、规范等数量（F9）均值为34个，最小的县有5个，最多的县制定有105个。通过这些基本统计量可知，湖南省各县的信息化标准体系建设的社会环境、政策支持等方面的差异非常大，在农民个体因素方面的差异也较大。

表 5–10　外生性因素的基本统计量

变量	样本数	均值	标准差	最小值	最大值
standardnum	118	19.30	2.82	12.00	25.00
F1	118	8.24	1.59	4.00	12.00
F2	118	8 185.54	4 895.82	153.00	31 752.00
F3	118	53.38	25.18	5.23	104.14
F4	118	24.97	16.47	0.24	74.00
F5	118	1 697.67	1 024.89	359.00	9 500.00
F6	118	283 999.90	170 913.20	3 401.00	843 970.00
F7	118	43.30	15.62	2.76	95.05
F8	118	68.43	44.71	5.00	225.00
F9	118	34.23	21.46	5.00	105.00

5.3.3.3　数据分析

以各县达标的项数（standardnum）为因变量，以个体因素（农民受教育平均年限和农民家庭纯收入（元））和社会因素［（年末总人口）、农村从业人员（万人）、行政村平均人口数（人）］及制度支持因素等为解释变量，用来检验上面有关影响达标项的影响因素的理论假设是否成立。

根据上面的理论假设，构建农村信息化建设运行效率影响因素Tobit回归方程如下：

$$Y_u = \beta_u + \sum_{j=1}^{r} \beta_{uj} X_{uj} + \varepsilon_{ui} (u = 1,\ 2,\ 3\cdots,\ m,\ j = 1,\ 2,\ 3,\ \cdots,\ r)$$

上式中 Y_u 是农村信息化建设运行效率系数 θ_u，u 是决策单元个数即县的数量，β_u 是常数项，β_{uj} 为估计参数，X_{uj} 是农村信息化建设运行效率的影响因素，r 是农村信息化建设运行效率影响因素的个数，ε 为随机扰动项。因此，本研究提出了如表 5-11 所示基本假设，并用 Tobit 模型对之加以检验。

表 5–11　基本假设

影响因素	基本假设
农村人均受教育年限（年）	信息化标准的建设在一定程度上取决于农民的信息意识、文化知识及教育水平，即农村人均受教育年限对农村信息标准的达标数有显著影响

续表

影响因素	基本假设
农民家庭纯收入（元）	对标准的遵守也取决于农村家庭纯收入，它与达标数显著相关
年末总人口（万人）	年末总人口与达标数显著相关
农村从业人员（万人）	农村从业人员越多，农业规模越大，信息化达标数越少
行政村平均人口数（人）	行政村人口越多，信息化技术越易于扩散应用，相应的农村信息化标准的达标数就越高
农林牧渔业总产值（万元）	农林牧渔业总产值与信息化达标数呈显著相关
城镇化水平	城镇化水平与达标数显著相关，城镇化水平越高，其信息化标准达标数就越低
县距离中心城市（市政府所在城市）的距离（公里）	信息化标准建设与达标数显著相关。 由于受地域因素影响，信息化标准的建设是由上而下的，由中心城市向周边区域扩散，越到基层应该达标程度更高，即距中心城市越远，县域农村信息化建设的达标程度就越高
农村信息化标准、规范、制度制定总数（个）	农村信息化标准的建设受管理规范化程度制约，即相关标准、规范及制度的数量与农村信息化标准达标数呈显著相关关系

本研究运用Stata12.0软件估计模型参数，模型估计结果见表5-12。

表 5-12　Tobit 模型估计结果

standardnum	系数	标准误	*T* 值	*P*>*t*	[95% Conf.	Interval]
F1	0.293 31* *	0.154 85	1.89	0.041	−0.013 6	0.600 22
F2	0.000 05*	0.000 05	0.98	0.089	−0.000 05	0.000 15
F3	0.023 01* *	0.011 83	1.94	0.049	−0.000 45	0.046 47
F4	0.003 75	0.017 99	0.21	0.835	−0.031 9	0.039 41
F5	0.000 67* **	0.000 23	2.91	0.004	0.000 21	0.001 13
F6	0.000 00	0.000 00	0.25	0.8	0.000 00	0.000 00
F7	−0.008 73*	0.015 97	−0.55	0.086	−0.040 38	0.022 93
F8	−0.000 6	0.005 74	−0.1	0.917	−0.011 98	0.010 78
F9	0.000 23	0.012	0.02	0.985	−0.023 56	0.024 03
_cons	14.351 13	1.775 91	8.08	0	10.831 33	17.870 93
/sigma	2.464 33	0.197 087			2.073 71	2.854 95
注：*表示在 0.1水平上显著；**表示在 0.05水平上显著；***表示在0.01水平上显著。						

参与模拟的样本数量为 118，删失样本数和未删失样本数分别为 29和89。似然比检验的卡方值（LR chi2）为20.50，该值的显著性检验值为0.000 0，说明模型检验显

著，另外，模型中大多数变量系数的T检验多数是显著的。因此，可以使用该结果进行解释。

5.3.4 结果分析

由表5-12可知，从影响农业信息化标准体系的强度来看，农民受教育平均年限（F1）>年末总人口（F3）>城镇化水平（F7）>农村从业人员（F4）>行政村平均人口数（F5）>县距离中心城市（市政府所在城市）的距离（F8）>现有标准、流程、规范的数量（F9）>农民家庭纯收入（F2）>农林牧渔业总产值（F6）。但是农民受教育平均年限（F1）和年末总人口（F3）这两个因素在0.05的水平上显著，行政村平均人口数（F5）在0.01的水平上显著，农民家庭纯收入（F2）和城镇化水平（F7）在 0.1水平上显著，即前面提出的理论假设得到实证检验的支持，由此可以判定这五个因素对农业信息化标准体系建设的效果具有显著影响。因此可以得出如下结论：

农民受教育平均年限（F1）对农村信息化标准体系建设的影响最大，系数为0.293 31，呈显著正相关，在0.05的检验水平上影响显著。这说明，农民受教育的时间越长，对农村信息化建设体系的接纳程度越高，当地的信息化达标数就显著高一些。这与相关研究提出的目前农民受教育水平在一定程度上决定着农民是否会遵循人们制度的制定的结论相一致。如果受教育年限较短，其认可、接受和使用新信息、新技术的能力稍弱，从而不利于农村信息标准的推广；另一方面，如果农民受教育年限较长，能够更好地理解和接受所实施的农村信息化标准制度。

年末总人口（F3）对农村信息化标准体系建设的影响较大，系数为0.023 01，说明县级人口数与各县信息化的达标数呈显著正相关，在0.05的检验水平上影响显著。县级人口数越多，说明该县的规模越大，当地的经济发展水平就会越高，对信息化标准体系的推进和实施力度也会越大。

行政村平均人口数（F5）呈显著正相关，在0.01的水平上影响显著，系数为0.000 67。表明随着行政村人口的变化，人口多的行政村，在信息化标准达标实施中，达标程度更好。这是因为行政村是推动信息化建设的最基层单位，人口多，相对人口年龄分布更合理，中青年这一阶段的人口会相对多一些，他们更有能力实施农村信息化标准建设的推进；另一方面，人口多的行政村在制定标准、方案、规范等制度时，能够合理地考虑到当地的经济规模，使人力资源成为信息化标准体系建设的有力工具。因此，行政村的人口数量直接影响到该村对信息化的接纳程度。

农民家庭纯收入（F2）呈显著正相关，在 0.1水平上影响显著，系数为0.000 05。在信息化标准发展建设过程中，农民收入对于信息化的推进起着绝对的作用，这是因为收入直接影响着农民对信息化媒介的拥有程度。收入高的家庭，购买力相对较强，对于电视、电脑、手机等传播工具能够更快地掌握；反之，收入稍低的家庭，购买力相对较弱；另一方面，收入水平还影响着农民对信息化标准的认可程度和实施力度，收入高的家庭试图通过信息化这种新科技、新技术使家庭收入更上一层楼，所以较容易按照标准来进行。

城镇化水平（F7）呈显著负相关，在 0.1水平上影响显著，系数为– 0.008 73。城镇化水平越高意味着县域的特征更趋向于城市化发展，该地区的农业特征将越来越不明显，表现出城市化发展的现象，这种城镇化背景下，县一级越来越倾向于发展城市产业，对农村信息化标准实施的关注度可能会变低，因此达标的项数就会随之变低。

农村从业人员（F4）呈不显著正相关，系数为0.003 75，对农村信息化标准的达标程度影响并不大，否定了原假设。当地农村的从业人员越多，信息化标准的达标数就越高。这是因为在农村从事农业工作的人员更重视农村信息化的建设，对于信息化的发展更容易认同，当从业人数增加时，人们的从业行为会增加对信息化的制度的遵守程度，因此达标数会越高。

农林牧渔业总产值（F6）对农村信息化标准建设的影响最小，系数为0.000 00，表现为不显著，否定原假设。应该说农林牧渔业的总产值属于经济指标，经济与信息化的关系并不是取决于标准的达标数而定的。

县距离中心城市（市政府所在城市）的距离（F8），对农村信息化标准的达标程度影响并不大，呈不显著负相关，系数为– 0.000 6，否定原假设。离中心城市越近的县信息化标准的达标数却越高，一般认为这是因为离中心城市越近，上级政府部门的管理会更频繁，有利于各县对信息化工作的规范管理。

农村现有标准、流程、规范的数量（F9）与标准的达标数呈不显著正相关，系数为0.000 23，否定原假设，对农村信息化标准体系中的达标程度影响并不大。这意味着在当前社会中，由于农业信息化建设和服务的相关标准、制度等都还不完善，农村已有制度的认可程度并不高，导致基于这些制度的数量越多，对信息化的规定越细化，信息化标准的达标数也却越高。

本章小结

对于影响农村信息化标准体系建设的内生性和外生性因素而言，二者都在一定意义上影响着农村信息化标准体系的建设实施，总结如下。

第一，建设农村信息化标准及标准体系是一个复杂的、规范的过程，受到诸多因素的共同影响，同时不同因素之间又相互影响。本章采用DEMATEL分析方法，就湖南省县域农村信息化标准体系建设情况对不同因素在农村信息化标准体系建设方面的影响程度进行了分析。计算结果表明，虽然这些原因在农村信息化标准制定和建设过程中的重要程度有所差异，但“移动电话运营商信息平台服务用户数量”是目前影响农村信息化标准制定的中心问题，是最值得关注的内容。

第二，不同因素对农村信息化标准体系建设也有显著影响。分析结果表明，信息服务热线、建立政府网站的乡镇个数、农村党员干部现代远程教育系统正常使用的村、配备电脑的农民合作社的数量、县级农业类电视广播节目播出时间、门户网站月均更新信息条数、信息服务业从业人员比重、乡镇综合信息服务站发布信息条数、县乡村专兼职信息员接受培训情况等因素都属于原因因素，对农村信息化标准体系建设起着直接的作用。

第三，在进行农村信息化标准体系建设时，重点要考虑到原因因素，对这些因素的标准量的设定应加以科学、规范的探究；同时，还要把结果因素放到标准范围内，完善标准内容的全面性。

第四，对于影响农村信息化标准体系建设的外生性因素而言，农民受教育平均年限、年末总人口、行政村平均人口数、农民家庭纯收入、城镇化水平这五个因素在一定水平上呈显著相关。

第五，县距离中心城市，农林牧渔业总产值，农村从业人员，农村现有标准、流程、规范的数量这四个因素对各县农村信息化标准的达标数呈显著不相关。

第6章 国外农村信息化标准体系建设及其对我国的启示

农村信息化的发展是世界各国对于农业和经济发展的重要战略之一。对于农村信息化的建设，各国普遍给予了高度的重视，分别根据自身情况制定了各自的战略和标准。我国目前正处于农村信息化发展的关键性时期，借鉴信息化标准建设具体实施中的先进经验，将有助于我国建设完善、合理的信息化标准体系，明确我国农村信息化的发展方向。毋庸置疑，农村信息化建设的过程中，农村信息化标准是最为重要的核心之一。在农村信息化建设的整体过程中，实务界和理论界已经初步达成了如下共识：其一，制定一套兼具科学性与现实性的信息化标准，并对其严格执行；其二，构建一个完善的信息化组织系统，以保障信息收集、整理的准确性以及信息传输、发布的及时性。因此，本研究意图通过对国外现有的信息标准和操作经验进行梳理和借鉴，进而探求一套既符合国际标准趋同之潮流，又适宜中国特色的农村信息化标准体系。

6.1 国外农村信息化标准体系建设的组织机构

当世界各国对农村信息化发展开始持续关注时，标准的制定日益成为信息化发展的重要基石，标准的内容和实施直接影响到标准制定的主客体之间的利益。因此，国际上也越来越重视农村农业领域的信息化标准的建设。

6.1.1 国外信息化标准制定的组织机构

标准是由一个专门组织加以制定的，标准制定组织是一个团体，负责标准制定及标准组织实施的相关活动。

按照标准的使用范围，标准制定组织可以分为国际、地区和国家标准制定组织[①]。国际标准化起源于国与国之间的交流和贸易往来，如文化、科技、贸易交流。

6.1.1.1 国际组织

随着经济贸易的国际化，标准也开始日趋国际化。WTO对各成员国的要求是以国际标准为基础来制定各国标准。目前，世界上约有近300个国际和区域性组织可以制定

① WSSN.World Standards Services Network.2003[cited;Available from:http://www.wssn.net]

各行各业的标准或技术规则。其中最主要的是国际标准化组织（ISO）、国际电工委员会（IEC）和国际电信联盟（ITU），见表6-1。

表 6-1 主要的国际信息化标准制定组织

三大标准组织	成员及工作领域	与中国的关系
国际标准化组织（ISO）	2013年12月，其成员已包括164个国家和地区的标准化团体。截至2012年年底，ISO制定发布了近20 000项国际标准。工作技术领域涉及信息技术、交通运输、农业、保健和环境等	我国于1978年正式加入国际标准化组织，在2008年正式成为国际标准化组织的常任理事国。2012年，国际标准化组织决定将起重机技术委员会秘书处从英国迁移到中国。2013年9月20日，在俄罗斯圣彼得堡举行的第36届国际标准化组织（ISO）大会上，国家质检总局、国家标准委提名的中国标准化专家委员会委员、国际钢铁协会副主席张晓刚成功当选ISO主席
国际电工委员会（IEC）	2012年，已有67个成员国。已制定了6 000多个国际标准。工作领域已由传统的研究电气设备、电子工程名词术语等问题扩展到电工技术的众多分支领域，如信息技术的开发与利用；电子、电力及其应用；人工智能及其应用；新型医疗器械和核仪表等	我国于1957年正式加入IEC，直到1988年重新更改为以国家技术监督局的名义参与IEC的日常工作，而后又以中国国家标准化管理委员会的名义参与到IEC的工作当中来。1990年和2002年北京先后成功承办了IEC第54届和第66届年会。2011年10月28日，在澳大利亚召开的第75届国际电工委员会（IEC）理事大会上，正式通过了中国成为IEC常任理事国的决议
国际电信联盟（ITU）	2012年10月，国际电联共有192个成员，537个部门成员，157个部门准成员。主要工作领域：无障碍获取、宽带、气候变化、网络安全、数字鸿沟、应急通信、互联网、信息通信与女性	我国于1920年加入国际电联，1932年首次派代表参加了在马德里召开的全权代表大会，并签署了马德里《国际电信公约》。1947年在美国大西洋城召开的全权代表大会上中国第一次被选为行政理事会的理事国。1972年5月，国际电联恢复中国合法席位。此后，中国一直担任国际电联理事国

1. 国际标准化组织（ISO）

成立于1946年的国际标准化组织（International Organization for Standardization，ISO），是一个全球性的非政府组织，目前它是世界上最大、最权威的综合性国际标准化组织，到2013年12月，其成员已包括164个国家和地区的标准化团体[①]。截至2012年任

① http://www.iso.org/iso/home/about/iso_members.htm，ISO Members.

年底，ISO制定发布了近2万项国际标准。这些标准的权威性与适用性已经被世界各国普遍认可，在国际贸易中更是被誉为“通行证”。国际标准化组织于1951年发布了第一个标准——工业长度测量用标准参考温度。1952年，ISO成立了标准原理委员会（STACO），委员会承担着ISO理事会的顾问责任，承担着研究与决策标准化过程中原理、方法和技术等方面问题的职责，委员会的目的是使得标准化能够跟上经济发展的步伐，使ISO的标准化活动能够持续取得最好的现实效果。随后，有些国家借鉴ISO的组织构成，设立了类似的机构，为标准化的发展起着一定的作用[①]。

在信息化方面，ISO标准的制定主要由不同专业领域的技术委员会（TC）负责，主要制定不同专业领域的标准。在不同的技术委员会中，关于信息资源标准有26个，在信息技术方面的标准有2 311个，自动化系统方面的标准有754个[②]，见表6-2。

表 6–2　ISO 的农业信息化标准

标准编号	标准中文名称	标准英文名称
ISO 11788—1—1997	农业信息系统间的电子数据交换农业数据元辞典　第1部分：一般描述	Electronic data interchange between information systems in agriculture - Agricultural data element dictionary - Part 1: General description
ISO 11788—2—2000	农业信息系统间的电子数据交换农业数据元辞典　第2部分：奶牛饲养业	Electronic data interchange between information systems in agriculture - Agricultural data element dictionary - Part 2: Dairy farming
ISO 11788—3—2000	农业信息系统间的电子数据交换农业数据元辞典　第3部分：猪饲养业	Electronic data interchange between information systems in agriculture - Agricultural data element dictionary - Part 3: Pig farming
BS ISO 11788—3—2000	农业信息系统间的电子数据交换.农业电子数据元字典.猪饲养业	Electronic data interchange between information systems in agriculture - Agricultural data element dictionary - Pig farming
BS ISO 11788—1—1997	农业信息系统间的电子数据交换.农业电子数据要素辞典.一般描述	Electronic data interchange between information systems in agriculture - Agricultural data element dictionary - General description
资料来源：标准网，http://www.standardcn.com/standard_plan/search_stand.asp。		

2．国际电工委员会（IEC）

国际标准化活动最初发生在电子领域，于1906年宣告成立的国际电工委员会（IEC）被公认为是全球范围内最早成立的国际标准化机构。作为一个全球性的非政府

① 张吉国．农产品质量管理与农业标准化[D].博士论文：山东农业大学，2004：88.

② 傅柯萌．国外信息资源标准现状研究[J].情报杂志，2012（1）：13.

组织，它的历史已经有上百年之久。它主要在电器和电子工程的领域进行国家化标准的制定。在其漫长的发展过程中，与国际标准化组织（ISO）一直保持着非常密切的关系：1947年被并入国际标准化组织（ISO）成为一个独立的电工部门。而后，于1976年又从中脱离出来。ISIEC成员国已从1960年的35个增加到正式成员（full members）67个，称为IEC国家委员会，每个国家只能有一个机构作为其成员。他们共计拥有世界人口总数的80%，所消耗的电能占全球总消耗量的95%。IEC标准已涉及了世界市场中的35%的产品，这个数据仍在持续上升，到20世纪末，这个数字预计可达50%。经由IEC制定的标准可谓是呈蓬勃之势发展：从1963年至2012年这短短的50年间里，已由最初的120个标准剧增到如今的6 000多个国际标准[①]。

与ISO相同，IEC下设技术委员会（TC）有95个，下设分技术委员会（SC）80个，和一些项目组（PT）。其中有十余个技术委员会是涉及信息资源标准的，如：TC108（视频、音频、信息技术和通信技术领域内的电子设备安全委员会）；CISPR（无线电干扰国际特别委员会）；ISO/IEC JTC 1 ISO/IEC（信息技术联合委员会）；ISO/IEC JTC 1/SC 6（系统间电信和信息交换委员会）；ISO/IEC JTC 1/SC 25（信息技术设备互连委员会）等。在信息技术方面主要由联合技术委员会（JTC1）来制定标准。事实上，信息技术方面的委员会是由ISO和IEC共同成立的。

IEC与ISO的共同之处：主要表现为二者之间存在着密切的联系。从二者的机构性质与职责范围来看，同为全球性的非政府组织的ISO和IEC作为业内的中流砥柱，共同肩负着制订全球协商一致的国际标准的使命与任务；从二者的运作机理来看，它们的运作方式大体一致，使用共同的技术工作导则，遵循共同的工作程序。而且它们制订的各类标准实质上多为自愿性的“规范”，隐含的命题是这些标准必须是合乎情理的优秀的标准，最好能为行业及企业带来实质性的创收，如此才能保证这些标准得以自觉地遵守和执行；从二者的相互之间的合作来看，由ISO与IEC共同牵头所组建起来的联合技术委员会（JTC1）可以说是两个机构在信息技术方面良好合作的集中体现。该机构主要承担信息技术方面的各项国际标准的制定，下设的秘书处则是由美国标准学会（ANSI）担任。到目前为止，它是ISO、IEC组织机构中最大的技术委员会，其日常工作量大约是ISO、IEC的1/3，发布的国际标准数量也是ISO、IEC的1/3。

随着现代信息技术的迅猛发展，尤其是在网上交易模式盛行的当下，包括黑客入侵、病毒感染、网页改写、绝密资料的流失与泄露等各种形式在内的信息安全问题纷至沓来，这一系列的问题，严重威胁到了组织的生存、安全和发展甚至包括成员国的国家安全。基于此，由国际标准化组织（ISO）和国际电工委员会（IEC）联合制定并发布的ISO/IEC 27001《信息技术-安全技术-信息安全管理体系-要求》于2005年应运而

① http://www.iec.ch/

生。其意欲为包括政府、银行、电讯、软件服务企业等在内的所有类型的组织，在构建、实施、运行、监督、评审、改良信息安全管理体系时提供参考蓝本和模型。并且还制定了与之配套的，适用于不同机构与组织实际情况的具体安全措施实施要求。在一定意义上，ISO/IEC 27001《信息技术-安全技术-信息安全管理体系-要求》的内容涉及了最广泛意义上的信息安全，为组织施行、管理和维护自身的信息安全提供了最科学、完善的商业操作指南，并认可了其作为第三方认证的依据的法律效力。2008年6月19日，我国等同采用并发布了国家标准《信息技术　安全技术　信息安全管理体系要求》（GB/T 22080—2008）①。

3．国际电信联盟（ITU）

国际电信联盟（International Telecommunication Union，ITU，简称国际电联）是联合国现任主管国际电信事务的专门机构，其基本职责是确立国际无线电和电信的管理制度和标准。（它的前身是于1865年5月17日在巴黎创立的国际电报联盟，其一度被公认为世界上历史最悠久的国际组织。）ITU的机构管理和事务处理实行"成员国负责制"。ITU以联合国下属机构的形式存在，所有的联合国成员国都是它的成员，同时，其他的组织机构与公司也可以以"联盟者"或者"部门成员"的身份加入ITU。值得注意的是，这两种成员资格都可以直接参与标准的制定（而ISO显然不允许）。截至2011年10月，国际电联共有192个成员，537个部门成员，157个部门准成员。国际电联的主要任务是制定标准，分配无线电资源。然而，它的活动半径远不止如此。一方面，国际电联在全球相关领域的事务中频繁现身，主要包括管理无线电频谱，开发、制定并更新电信技术的全球性标准，设定当今和未来通信网络的主要模式；另一方面，国际电联还致力于开展各类活动，力争为信息通信技术在新兴市场的开拓与发展破除坚冰。

与ISO和IEC不同的是，ITU组织中不设置TC和SC，所有的标准制定工作由研究小组（SG）完成。每个领域对应一个研究小组，每个制定对应的专业领域内的标准。在每个SG中又按照不同的工作划分成多个工作组（WP），每个WP又可以再细分成专家组或更细②。

6.1.1.2　信息化标准制定专门委员会

在三大标准化组织之内，由于标准化的领域不同，分管不同领域的标准化工作由特定的委员会负责，如ISO/IEC/JTC1、ISO/TC154、ISO/TC46等。

1．ISO/IEC/JTC1 委员会

该组织委员会的秘书处设在ANSI（美国国家标准协会），由ISO和IEC协同管理，是两者第一个合作建立的标准化技术委员会，主要承担着信息技术方面的国际标准的制

---

① http://www.cqc.com.cn/chinese/txrz/xxaqgltx/rzjj/webinfo/2012/08/1343926857261789.htm.

② 傅柯萌．国外信息资源标准现状研究[J]．情报杂志，2012（1）：13.

定和修订工作，以及与之相关的技术报告制作。当前，ISO/IEC/JTC1委员会的标准化工作主要由17个SC（分技术委员会）实施。

其工作目标包括：在充分考虑市场状况的前提下制定标准；积极加强对有关产品标准化进程的引导和促进；提高标准和服务质量及标准自身功能的质量；制定的标准和服务应充分考虑到用户需求；与其他部门形成合作关系。

2．ISO/TC154 委员会

ISO/TC154委员会是隶属于IOS的标准化专门技术委员会之一，其工作范围主要包括行政、商业和工业注册以及过程的标准化，以及机构内部或机构之间在信息交流的过程中所交换数据的标准化，主要涉及EDI和电子商务中的语法规则、数据元，基本主义数据字典等。

3．ISO/TC46 委员会

ISO/TC46委员会从属于ISO组织，也是一个标准化专门技术委员会，主要负责图书馆、情报中心、索引与文摘服务、情报科学和出版有关业务的标准化工作。现已制定和颁布了近百个信息与文献类国际标准，包括国际标准书号（ISBN）和国际连续出版物号（ISSN）等。该技术委员会的秘书处设在法国的标准化协会（AFNOR），下设四个分技术委员会，SC4（技术互操作）秘书处由美国ANSI承担，SC8（质量统计和绩效评估）秘书处由瑞典SIS承担，SC9（识别与描述）秘书处挂靠在加拿大图书档案馆，SC11（档案/报告管理）秘书处由澳大利亚SAI承担。中国是该委员会的积极会员，也叫P成员，有投票权①。

除了上述这三大信息化标准制定组织以外，还有许多机构参与了这三个组织的工作，并且在组织所承担的领域内开展与标准化有关的活动，也属于国际标准化组织。这些机构的标准化工作成果会直接被ISO和IEC所吸收和使用，并出版成为国际标准。如太空信息系统咨询委员会（Consultative Committee for Space Data Systems，CCSDS），国际WEB联盟（World Wide Web Consortium，W3C）、互联网标准化组织（IETF-Internet Engineering Task Force）等。

6.1.2 区域信息化标准制定组织机构

随着世界区域经济体系日趋成熟，各个区域自身内部的标准化也开始发展起来。区域标准化是以区域为单位，区域内部包括国家、团体的多元组织共同参与的标准化活动。目前，部分区域已经成立了属于自己的标准化组织，这些标准化组织在信息化进程的整体推进中起着重要的作用（表6-3），其中，影响最大的是欧洲的区域标准化组

① http://cips.chinapublish.com.cn/chinapublish/cbbz/zzjg/qfh/qfhjj/200701/t20070123_19643.html.

织。欧洲标准化委员会、欧洲电工标准化委员会和欧洲电信标准学会是三个既相互独立，又相互支持的标准化组织。

表 6-3　区域标准化组织

地区	区域标准化组织	工作范围
非洲	非洲地区标准化组织（ARSO）	成立于1977年，是一个政府间组织，它的最高权力机构是全体大会，现有20个成员国，下设9个专业委员会，具体承担非洲标准（ARS）的标准具体制定工作。宗旨是完善非洲内部市场及标准化工作，与贫困斗争，提升生活质量
美洲	泛美技术标准委员会（COPANT）	成立于1947年，宗旨是制定美洲统一使用的标准，促进中南美洲国家经济和贸易的发展，协调拉丁美洲国家标准化机构的活动
阿拉伯	阿拉伯标准化与计量组织（ARMO）	1967年成立于开罗，作为阿拉伯国家联盟的专门机构，在标准化、质量管理和计量方面为阿拉伯国家服务
亚太地区	太平洋地区标准大会（PASC）	1973年，第一届太平洋地区标准大会在夏威夷檀香山召开。大会宗旨是为太平洋沿岸国家和地区提供区域性论坛、推动区域标准化工作的开展、加强和便利与相关国际标准化组织特别是与ISO、IEC、ITU间的沟通与交流
独联体	欧亚标准计量认证委员会（EASC）	该委员会是独联体国家政府间机构关于标准制定、实施和协调的组织，在标准化等13个认证领域实现标准化、计量和认证
欧洲	欧洲标准化委员会（CEN）	成立于1961年，以西欧国家为主体。负责除CENELEC和ETSI以外的其他领域的标准化工作。宗旨是促进成员国之间在标准化活动中密切合作
	欧洲电工标准化委员会（CENELEC）	成立于1972年，负责电子领域标准化工作，宗旨是协调成员国电工电子标准，制定欧洲统一的标准
	欧洲电信标准学会（ETSI）	成立于1988年，是制定欧洲电信标准的机构，负责通信技术与工程领域标准化工作，宗旨是利用欧洲现有电信资源，加快欧洲电信技术的标准化过程

6.2　各国农村信息化标准体系的发展

从20世纪80年代开始，发达国家意识到农业信息日益成为农业科研、农业生产可持续发展的重要推进力，农业信息在收集、管理和发布的整个流程中各方面工作的标准化，越来越受到各国政府的重视。根据本国农业发展的实际情况，各个国家一方面致力于研究适用于本国国情的农业信息化科研、生产的信息标准，另一方面也不断地发布出台了相关的标准规范。但是，不同国家由于历史、政治、经济等原因，进行信息标准化的时间和背景也不同，承担标准化工作的机构也不同。发达国家为了促进科学技术和贸易的发展，较早地开展了工业领域的标准化工作，随之带动了信息标准化的发展。而发展中国家，由于经济发展水平的影响，标准化工作的推进较晚，专门领域的标准化工作也开展得较晚。

6.2.1 英国——公益性的信息标准体系

世界上第一个国家标准组织是英国标准协会（BSI）的前身，即英国工程标准委员会（ESC），成立于1901年，是集标准研发、标准技术信息提供、产品测试、体系认证和商检服务五大互补性业务于一体的国际标准服务提供商，面向全球提供服务[①]，它是一个非营利性质的机构，成本之外的盈余必须用于业务。英国标准协会根据五大互补性业务的需要，开设了五个相对应的部门，而五个部门中负责标准研发的英国标准部是BSI体系中的核心部门，测试部设有规模宏大的汉梅尔汉普斯德检验所，是测试检验中心；质量保证部负责风筝标志和安全标志的管理。1966年，又成立了出口商技术服务部（THE），为出口提供标准信息服务和技术咨询。该协会在英国政府眼中，被看作国家标准机构，负责英国内部的标准制定、标准修订等一系列标准活动。对外，代表英国行使在国际标准组织中的标准制定、交流联络职能以及各项权利，在各个欧洲和国际标准组织中发挥着重要的作用；对内，与股东相互合作，制定和应用标准化方案，满足社会经济和各类企业的需求。如今，BSI管理着24万个现行的英国标准、2 500个专业标准委员会，参加标准委员会的成员达23万多名，BSI正在进行着7 000多个标准项目的研发。

BSI制定的标准并没涉及所有领域，而是专注于优势领域，一般包括健康、电工、工程、材料、化学、消费品与服务、信息技术，同时涉及交通、建筑、风险业、环境可持续发展、电子商务、信息安全、质量管理等领域[②]。目前，它已经制定发布标准27 000多项，所定的标准覆盖了农业、工程、商品和服务业、信息通信技术等方面，包括信息资源标准，该类标准属于信息通信技术（ICT）标准。BSI在制定标准时参照ISO和IEC的运作模式实行技术委员会制度，并根据需要建立SC，TC和SC可针对具体项目建立WG[③]。

在标准体系研究方面，英国Brass Bullet公司的Jon Holt博士和英国标准学会的Paul MeNeillis博士共同发表了《系统工程在全球标准化中的角色》，该文提出“与工程师的工作密不可分的一个重要部分就是标准，特别是在技术系统中，标准的形成会越来越烦琐”。文中采用系统工程的方法，用UML图式表示出标准体系间的关联度，如图6-1所示。

在信息化标准方面，英国标准学会已发布《信息安全管理》（BS 7799—1999）

① 王朋．英国标准协会和英国标准战略框架[J]．全球科技经济瞭望，2005（1）：24-27.

② http://baike.baidu.com/link?url=aD-jUOZN72QlsyLn6-0BP2Fj7yVWevhkxWL9AXOlwbjBkG2d6kUDd8zbdhWYo1eyMjS4ck29vOU8VEboH6Tw__

③ 逄征虎，王益谊，白殿一．英国标准学会（BSI）技术组织的体系结构[J]．世界标准化与质量管理，2007（1）：60-61.

《文献管理·元数据元素和信息参考模型》（BS EN 82045—2—2005）、《信息和文件管理·文献数据元件目录·采集应用》（BS ISO 8459．2—1993）、《农业信息系统的电子数据交换·农业电子数据要素辞典·一般描述》（BS ISO 1 1788—1—1997）等一系列标准[①]。

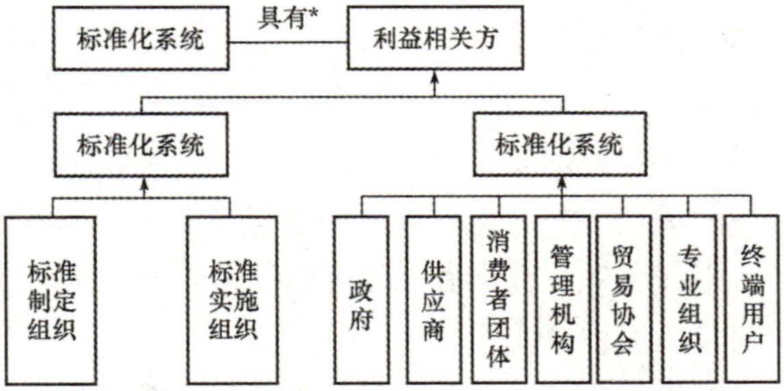

图 6–1　标准体系间的关联度

6.2.2　德国——数据规范化的信息标准体系

德国标准化学会（Deutsches Institut fur Normung，DIN）是德国的标准化主管机构，它是私有化的非营利协会，具有公益性。德国政府承认DIN是国家级标准化权威机构，但DIN不属于政府，二者实际上是平等的合作关系。DIN代表全国性标准化机构参加国际和区域的标准化活动，成为政府认可的唯一一家国家级标准化权威机构。目前，它的会员由约6 000个工业公司和组织组成，下设123个标准委员会和3 655个工作委员会。1951年，DIN加入国际标准化组织。由DIN和德国电气工程师协会（VDE）联合组成的德国电工委员会（DKE）代表德国参加国际电工委员会。在欧洲，DIN也注重积极参加由欧洲标准化委员会、欧洲电工标准化委员会（CENELEC）和国际标准实践联合会（IFAN）等筹办、组织的各种活动。在欧洲标准化活动中，DIN是参与标准制定最多的国家，而在国际标准化活动中，DIN的参与程度仅次于美国，位居第二。

1918年3月，德国工业标准委员会制定发布了第一个德国工业标准（DI-Norml锥形销）。目前，由DIN制定的标准涉及各个社会领域，如信息交流、电子消费品、化工、电工、安全技术、环境保护、卫生、消防、运输、家政等。目前DIN发布的标准总数已达到31 100项，每年大约制定1 500个标准。其中80％以上已为欧洲各国所采用[②]。

在农村信息化标准建设方面，20世纪50—60年代，德国意识到农业数据的重要性，开始重视农业农村基础数据资源的建设。20世纪70年代，他们把建设重点从农业农村基

① 曾小红，王强，方佳．国内外农业信息标准化建设研究进展[J]．世界农业，2010（9）：24-25.

② http://www.keyin.cn/news/qiyeyuanxiao/200909/24-260050.shtml，德国标准化协会DIN简介，2009-09-24.

础数据建设转向数据处理和数据库的开发。从20世纪80年代中期开始，德国的农村信息化建设全面铺开，至今，他们已经建立了农业领域的不同数据库，如病虫害防治、农药残留、作物保护及文献资源的各种数据库系统，这些信息数据的形成农村信息化的进一步推广打下了坚实的基础[①]。

在信息标准化方面，德国走在了世界的前列。1974年，联邦政府为了推进信息与文献规范工作，政府批准了第一个“四年发展计划”。同时，在其信息化建设初期又对本国立法进行了规范，1996年，德国颁布《电信法》，1997年8月1日，德国接着颁布并实施《信息和通讯服务规范法》，即《多媒体法》[②]，并制定了信息2000年——通往信息社会的德国之路（联邦政府报告），提出近几年内的任务；1999年，开始实施“21世纪信息社会的创新和工作岗位”的行动计划。

德国的农村信息化标准建设主要是基于各州农业局开发和运营的农业农村信息管理平台，通过规范信息数据，使农业生产、病虫害预防和防治以及农产品市场等信息能够更便捷地被农户接受。

6.2.3 法国——政府主导的信息标准体系

1918年，法国政府设立了标准化常设委员会（CPS）。1926年，重新建立了法国标准化协会（AFNOR）。1941年，AFNOR的性质从以前的公益性民间团体转变为政府专门领导的一个标准化机构，政府指定认AFNOR为全国标准化主管机构，并在政府标准化管理机构——标准化专署领导下，按政府指示组织和协调全国标准化工作，代表法国参加国际和区域性标准化机构的活动。1984年，法国政府又拓展了贸易与工业部，下设了二级机构，即标准化高级委员会（CSN），该委员会成为法国标准化最高咨询和指导机构。

AFNOR的最高极力机构是理事会。理事会下设国际合作、财政、人事等职能部门，以及发展部和技术事务部两大业务部门。其中，发展部负责国际关系、情报、咨询、培训、出版销售，以及对企业提供服务等项工作。技术事务部则负责标准的制定、修订工作及法国国家标准（NF）标志工作，下设信息技术、冶金、工业工程、运输、环境保护等10多个业务处。

法国的国家标准由AFNOR和各行业标准化局共同制定，标准必须由工业或农业部长批准后才成为正式的NF标准。因此，法国NF标志的产品质量认证制度，由AFNOR与制造商、试验室、消费者等共同建立的认证指导委员会管理，其常设机构设AFNOR。

① 刘继芬. 德国农业信息化的现状和发展趋势[J]. 世界农业，2003（10）：6.

② 解志勇，崔晓婧. 德国信息安全法概况及研究[J]. 信息网络安全，2009（8）：47.

法国的技术事务部在信息化标准方面主要制定了《情报和文献·书目数据元汇编·第2部分：采集应用》（NF Z44．007—1993）和《数据元和互换格式·信息互换·日期和时间的表示》（NF Z69—200—1993）[①]。

6.2.4　美国——多元化的信息标准体系

在国际上，美国最早关注信息标准建设，形成了基本完善的信息化标准体系，其自愿性标准体系具有100多年的发展历史，被认为是目前世界上最有效最完备的标准体系。美国政府鼓励政府部门参与到民间团体的标准化活动中，从而形成了相互竞争的多元化体系。在信息化标准建设的实践中，逐步形成了信息标准建设的组织体系，主要包括以美国国家标准学会（ANSI）为代表的全国自愿性标准体系管理和协调机构；以国家标准技术研究院（NIST）为代表的美国政府标准和技术研究机构；以美国国家安全局（NSA）为代表的美国军方标准化组织[②]。除此以外，在信息标准化建设过程中，美国电气电子工程师学会（IEEE）、通信工业协会（TIA）、保险商实验室（UL）等数百个机构也发挥着重要作用。

1918年，美国国家标准协会（American National Standards Institute，ANSI）正式挂牌成立。而当时的美国工程标准委员会（AESC）是由美国商务部、陆军部和海军部三大政府部门牵头，联合众多包括美国土木工程师协会（ASCE）、美国电气工程师协会（AIEE）、美国矿业与冶金工程师协会（ASMME）等在内的组织共同组建的[③]。到了1928年，美国工程标准委员会宣布改组为美国标准协会（ASA）。其后，为投身于国际标准化事业和消费品标准化研究工作，又先后于1966年8月和1969年10月6日分别改组为美利坚合众国标准学会（USASI）、美国国家标准学会（ANSI）。

虽然ANSI是一个非营利性质的民间标准化团体，但是实际上，经政府认可，它已经成为国家标准化中心；其主要职责就是调整全美各领域的标准化活动的开展，负责各项标准的制定、研究和具体实施，并为国内外供给相应的标准化情报[④]。

美国的标准体制是非常分散的，这是被其社会的多元性和自由化所决定的。所以，ANSI一般情况下并不起草标准，只是批准由ANSI接受的专业组织起草的标准，这些组织按照《美国国家标准的制定和协调的ANSI程序》的要求制定系列标准，并成为美国国家标准。简单地说，ANSI就是起着协调标准的起草和制定的作用，以提高标准的权

① 曾小红，王强，方佳．国内外农业信息标准化建设研究进展[J]．世界农业，2010（9）：24-25.

② 国家信息技术安全研究中心，美国信息安全标准化组织体制研究[J]．信息网络安全，2009（8）：16-19.

③ 郑鹰．美国国家标准化协会（ANSI）[J]．世界标准化与质量管理，2002（2）：33-34.

④ http://baike.baidu.com/link?url=lb7TDC6IahZNhoHPxg8ffiNsKBKbtuFtxSUJQW5ttG-NepTXozNtZsFq_RAhzHXgdgai-dRUvtbH5Wd3wQinU_.

威性。标准的制订不仅是由这些部门来完成，美国还有许多专业机构、学会、社会团体等组织来结合不同领域的情况，发布各专业的行业标准。

在信息类的标准制定中，国家信息标准组织（NISO）起着非常重要的作用。国家信息标准组织（NISO）成立于1939年，是一个非营利组织。最早是ANSI的Z39技术委员会，是唯一被ANSI认可的、有关信息服务的组织。该组织制定的标准以Z39开头，以制定、维护和出版用于信息服务、图书馆、出版社和其他与信息产生、存储、保存、共享、存取和分发有关业务的自愿的、一致性标准、标准为主要工作内容。NISO通过网站全面介绍其标准化活动和所制定的标准信息。目前，ANSI已经将NISO任命为美国技术顾问团参加ISO的TC6（信息和文献技术委员会）[①]。

通信工业协会（TIA）是经由美国国家标准协会（ANSI）认证、许可的，有权制订各种通信产品标准的组织。TIA的标准制订部门主要包括以下五个分支机构：用户室内设备分会（UPED）、网络设备分会、无线设备分会、光纤通信分会、卫星通信分会（SCD）。在TIA中，来自制造商、服务提供者、最终用户等不同方面的1 200余人共同参与有关产品性能测定和合格评定的标准。TIA代表美国参加各种国际性标准制订活动，如国际电信联盟（ITU）和国际电工委员会（IEC）等[②]。

20世纪90年代初，美国各部门业已制定了一系列数据处理标准和技术规程、规范，标志着美国的数据管理领域踏上了从庞杂混乱的状态转向有序运营状态的历史轨道。1993年，美国颁布了“全美信息高速公路计划”，该计划主张在不同工作领域里应该使用统一的标准推动信息化的发展，重点是要建立一个信息化基础设施平台。因此，美国政府为了制定统一的基础设施标准，专门成立了一个信息基础设施标准审查组（IISP）。该审查组成员由来自11个政府机构的人员组成，包括美国国家标准学会（ANSI）、美国国防信息系统局（DISA）、联邦通信委员会（FCC）、国家电信和信息管理局（NTIA）、国家安全局（NSA）和国家标准技术研究院（NIST）等，还联合了 28家国际知名企业和43个技术协会与标准团体。 1995年，由美国联机计算机图书馆中心（OCLC）与国家超级计算应用中心（NCSA）联合发起52位来自图书馆界和计算机网络界专家共同研究、参照图书馆卡片式目录的著录款目，创建了都柏林核心元数据（Dublin Core）标准[③]。该标准为后来的各种元数据标准的制定提供了参考和借鉴。

此外，美国不但在农业信息化建设方面强调政府在农业信息化建设中的主导作用，实现农业信息资源的共建共享，而且建立了完善的农业信息管理法律体系。追溯20世纪

---

① 杨思洛，韩瑞珍．美国的信息标准及其对我国的启示[J]．中国信息导报，2004（10）：50.

② http://baike.baidu.com/link?url=46d-jyqg_TlEqck-k0HxNNI6G9zc46juHulFpWv1yI85sp9-Ves1PEYkRW65FaQthWPbpMHlCBK0dN89fCrmEa.

③ 王益兵．都柏林核心元数据集的特点[J]．兰台世界，2005（3）：12-13.

中期以来的历史[①]，不难发现：美国政府部门先后颁布了一系列旨在引导、规范政府政务信息公开、信息采集和信息发布以及电子政府建设行为的法律法规，这也从侧面为美国的农业信息化发展提供了借鉴模型和法律制度框架。美国国会于20世纪中期签署的《1966年信息自由法案》首次规定了联邦机构依职权或依申请向社会公开信息的条例；随后颁布的《1995年文书精简法案》进一步提出了要对信息收集进行严格的程序审查之要求；而《2001财政年度国库和普通拨款法案》主要是对政府机构发布的信息的准确性、实用性和完整性提出了规范性要求[②]。以上这些法律法规及标准规范的相继出台，或直接或间接地为美国信息产业乃至美国农业信息化的发展提供了相应的制度保障和法律规范，保障了农业信息的有效供给。

6.2.5　日本——国家标准为中心的信息标准体系

1921年，日本成立了工业品规格统一调查会（JESC），从此日本的国家标准迈开了前进的步伐，直到1946年该组织解散。1949年，日本政府依据《日本标准化法》的规定建立了日本工业标准调查会（Japanese Industrial Standards Committee，JISC），它是全国性的标准化管理机构。1950年，根据《农林产品标准法》设立了农林产品标准调查会（JASC）。这两个组织分别制定日本工业标准（JIS）和日本农林标准（JAS），但是，日本主要以JISC作为国家标准化机构。

JISC隶属于经济产业省，代表国家参加国际标准化活动，标准会议下设29个部会，负责审查部会的设置与废除，协调部会间工作，负责管理调查会的全部业务和制定综合计划。由JISC审议的JIS标准和JIS标志项目，须经主管大臣批准，日本的标准化工作以政府为主导。虽然国家标准均由政府组织和制定，但标准的具体实施却是自愿的。JIS标准是日本国家级标准中最重要、最权威的标准，与JIS标志制度一并成为日本最重要的国家标准和认证制度，在世界上有着一定的影响力，到2013年年底，共有现行JIS标准近万个。

JASC隶属于农林水产省，是日本的农林产品标准化管理机构，负责组织制定、审议和调查日本农林标准（JAS）和标准的普及宣传工作，到2013年年底，日本共发布了JAS标准500个左右，涉及农产品、林产品、畜产品、水产品及以农林畜水产品为原料制造或加工等100多个物品[③]。

在信息服务产业标准方面，由于日本受到战争的影响，经济发展缓慢，信息标准的发展也异常缓慢。直到进入20世纪70年代，日本政府意识到信息标准化发展对农业和

① 肖黎，刘纯阳．发达国家农业信息化建设的成功经验[J]．新农村，2011（9）：37.

② 傅兵，曹卫星．美国农业信息化的特点与启示[J]．江苏农业科学，2006（6）：7-10.

③ 姜轩彬，崔凯．国际农业标准化管理对国内农业经营的启示[J]．安徽农业科学，2004，32（1）：179-180.

工业的重要性，修改了《工业标准化法》，对外开放了JIS认证。在日本规格协会JESC的领导下，政府设置了相关组织研究、编制、审议信息服务业的标准化草案，并积极参与到国际标准化的活动当中。如日本情报技术标准化中心（INSTAC）、情报处理学会、情报规格调查会（ITSC）等。其中，INSTAC是日本工业协会下属的组织机构。INSTAC所实施的是信息技术领域的调查研究以及标准化草案的制定，由于信息技术领域的技术进步速度飞快，在反应标准化需求的同时，每年制定和实施计划。从2000年开始，INSTAC设置了“IT标准化战略委员会”，从战略角度制定信息技术领域的标准化课题，促进标准化活动开展研究工作。情报处理学会（信息处理协会）是日本信息领域中最大的学会，受日本工业标准调查会委托从事信息技术国际标准化的业务，主要工作是编制国际标准草案和JIS草案，该学会对于日本IT产业的发展以及IT人才的培养发挥着重要作用。情报规格调查会ITSC（信息标准调查会）的工作主要是进行ISO、IEC等国际组织在信息技术相关的国际标准的审议及调查研究工作，同时，也对国内标准进行审议，并参与信息处理以及电子计算机的标准化的制定①。

总而言之，日本政府非常重视信息标准制定时各部门间的协调工作，重视标准内容的柔性化，鼓励民间标准化机构发挥作用。构建的农业信息系统数量不断增多，信息平台、信息系统和信息数据库的更新速度越来越快，运行效率也不断提高。可以看出，在农业标准化方面，日本采取了一系列得力措施推动农业产业的发展②。同时，日本在加强国内自身标准建设的同时，也积极地参与到了国际标准制定的工作当中，为了获取在国际标准制定上更大的发言权，与中国、韩国强强联手，相互合作。

综上所述，由于标准本身是不具有强制性特征的，法国、日本、美国等发达国家在标准体系的建设上均选择了自愿性的体系。但是，在美国、法国、德国、日本等发达国家的标准化工作中同样发挥着重要作用的还有民间组织与专业团体学会。目前，美国、德国、英国等发达国家都建立了并已经完成了切合自身社会经济发展需要的标准体系③。特别是在信息服务方面，各国政府与民间组织相结合，在信息标准的制定过程中，包括起草、审查、批准、发布、出版、发行以及信息服务等方面，政府和民间学会的标准相互补充，使信息标准的建设更加完善。

6.3 国外农村信息化标准体系建设经验对我国的启示

通过整理前文中对英国、德国、法国、美国、日本等发达国家的信息化及农村信

① 2011年日本信息服务产业标准化概述，http://wenku.baidu.com/link?url=aDuNeQq61HqsL_HC3Rv1FJ8Kn_iSUs4IBipOUu_uPUqwhVDPPs_TVs_dfC_JC44g_lC_d_ELcFmbVcYdQ12wGuX-GBn1yTvp6uwoVNL8M6G.

② 刘敏宣．美、日、中信息技术标准化的管理[J]．安顺师专学报（自然科学版），1996，（2）：58.

③ 梁燕君．发达国家标准体系的特色和启示[J]．标准生活，2009（11）：75.

息化标准体系的研究发现：虽然各国标准化管理体制各不相同，但几乎所有的标准管理都体现了标准制定过程中的市场主导原则和标准的自愿性原则。这样的考察和借鉴，对建立我国新型农村信息化标准体系无疑是有百利而无一害的。虽然我国的农业信息标准化工作有了一定的发展，起着标准作用的各类信息化制度、信息化方案等规范性文件渐渐形成，但是存在的问题也不容忽视，主要有：标准制定的数量不够、标准的内容不全面、标准的实施情况不规范和标准的评估体系不完善等问题。因此，在标准体系建设问题上有必要将发达国家的经验作为重要的参考依据，借鉴国外成功经验，进一步改革和完善我国的标准化管理体制，以此推进国家农业信息化进程持续快速的发展。

6.3.1　全社会的高度认同

早在20世纪中期，很多发达国家就非常重视信息标准的发展。英国、德国和美国等国家，甚至包括一些发展中国家，在信息收集、信息传递等方面都比较注重信息标准化及其应用工作，并相应地制定了各项政策规定以促进信息技术的发展，这非常值得借鉴。但是，信息领域的标准化一方面专业性较强，另一方面又与经济学、传播学、管理学等多学科都有交叉，因此，应该高度认识农村信息化标准体系的建设问题，将之纳入到国家电子政务工程重点业务信息系统建设和国家标准化体系建设系统中，依靠国家和政府促进信息化标准的制定，进一步推进农村信息化的建设。

6.3.2　多层次的组织结构

由于农村信息化是一个涉及多领域的综合性系统工程，单一的依靠某个部门、某个机构很难对农村信息化建设起着指导作用。欧美大部分国家在进行标准化建设时，都设有各领域专门的、完善的、高效的组织机构，负责农村信息标准的建设和实施工作，规范信息标准的一致性和农村信息标准的协同工作。正如美国的各社会团体，有些组织非常积极地参与标准制定活动。例如，图书馆系统厂商、图书馆服务组织（如图书发行商）以及NISO共同发起了“VIEWS计划（Vendor Initiative for Enabling Web Services）”，很多厂商主动参加了该项计划[①]。从美国、德国等国家的标准化组织可以看出，在国外的信息化标准体系中，标准制定和实施的机构是协会、企业等公益性的民间组织，政府在标准制定过程中的最大作用是确保标准制定程序的合理性。而我国原有的、统一的标准化组织机构难以很好地承担这项工作，因此应当参考发达国家相关标准建设的情况，特别是向农村信息标准化建设方面走在前列的日本和德国学习，在信息领

---

① 杨思洛，韩瑞珍．美国的信息标准及其对我国的启示[J]．中国信息导报，2004（11）：52.

域建立专门的、具有层次的标准化机构，负责信息领域的标准制定工作。具体来说要做到以下几点：第一，适时采用先进、前沿的国际标准，并积极参与到其从诞生至完备的这一发展过程中来；第二，在学习和借鉴国外成功经验的基础之上，立足于自身实际情况，建立一套联合式、开放性的信息标准体制；第三，配套建立并逐步完善相应的信息标准服务体系，尤其要注重实现此过程中政府职能的转变①，进而使信息标准化工作能够满足农村信息化发展的需要，满足信息化标准工作的需要。

大多数国外的标准都是采用自愿性原则来制定实施的，主要表现在两个方面：一是采用标准的自愿性。欧盟、美国和日本等主要西方国家和地区几乎所有的标准均是自愿采用，不加以强制性的约束；而我国现行的做法是将标准分为推荐性标准和强制性标准，以加强对各类组织机构行为选择的限制。二是标准制定的自愿性。以美国为例，在美国各类标准的制定主要是以市场为导向，制定权和掌控权交由私人部门，并注意加强与政府部门的密切合作。具体而言，在美国凡是经 ANSI认可的有资格制定标准的机构，均可自行选择制定标准与否，在获得ANSI批准后或可成为美国国家标准。

从美国、德国等国家的标准化组织可以看出，在国外的信息化标准体系中，标准制定和实施的机构是协会、企业等公益性的民间组织，政府在标准制定过程中的最大作用是确保标准制定程序的合理性。换而言之，各类标准制定机构及其技术委员会在制定标准的过程中具有较为充分的自主性，主要表现在标准的起草审查和出版发行等环节上。同时，由于各类标准制定机构的技术委员会成员主要来源于消费者、贸易机构和政府部门，因而能较大限度地均衡和满足各主体的利益诉求。

恰恰相反的是，我国各领域的标准制定工作多是在政府的绝对领导下完成的，因而具有上下畅通、便于管理的优势，但也难以回避标准化与市场需求脱节、利益相关者充分参与度低等潜在问题。鉴于此，笔者建议协调好政府与市场的关系，双管齐下，不偏不废。诸如对标准体系的宏观框架及结构的把握、对标准明细表的制定与修改等事项仍交由政府主导进行；而细化到具体标准的立项、制定则可放权给各类民间组织，积极吸纳企业、行业协会等利益相关者的关注和参与。通过借鉴国外自愿的、自由的和广泛参与的信息化标准制定机制，促进我国多元化标准制定体系的形成。

6.3.3 多渠道的资金投入

作为一项社会公益事业，标准化活动常用的运作模式主要是：由政府授权委托给非政府机构统一运作所有相关活动，由在政府提供资金支持的同时，根据标准制定机构所指定的严格的制度对受委托机构及受委托机构的具体操作进行监督。财政资金的支持主

① 杨思洛，韩瑞珍．美国的信息标准及其对我国的启示[J]．中国信息导报，2004（11）：50-52.

要以两种形式下达：一是以年度资金的形式，根据标准化活动的多少下拨资金；二是以专项资金的形式保障和支持重要的标准化研究工作的顺利进行。日本每年用于标准化活动的经费约60亿日元（折合为人民币4.2亿），而美国标准技术研究院每年从政府得到的科研经费约为7亿美元。另外，以市场机制的引入为标志的“谁投资谁受益”的原则在标准化工作中也得到充分彰显（典型表现是标准化团体通过标准版权、销售标准文本和相关服务获取经济回报），这是各种标准化组织运作经费的主要的来源之一[①]。

6.3.4　较完善的法规政策

互联网集合了信息采集、存贮、处理、传递和共享等一系列功能，是信息化发展进程推进过程中重要的媒介与载体。如1966年美国颁布了《信息自由法》，1986年又对该法案做了强制性和程序性的修订。《信息自由法》明确规定，政府在信息公开方面，应该将公共信息主动告知公众。20世纪90年代，美国关于信息化又提出了一项政策，命名为《完全开发的信息数据共享政策》，美国联邦政府将之作为信息时代的一项最基本的政策，它为数据信息的共享奠定了法律基础。从一定意义上说，这项法律制度也扮演了信息实施标准的重要角色。因此，我国的农村信息标准体系要想全面建设，就必须加强信息立法，使农村信息标准的建设和管理纳入政策轨道，确保农村信息化标准建设工作稳步推进。

6.3.5　国际化的信息化标准

无论是技术标准，还是工作标准和管理标准，标准已经渐渐成为社会生活必不可少的部分，也成为法律法规补充，成为市场准入、契约合同维护、贸易仲裁、合格评定、产品检验、质量体系认证等的基本依据[②]。

当前，西方国家对信息化标准制定更趋于向国际化发展，很多发达国家在制定标准时，都按照已有的国际标准进行改进和更新，并期望本国标准能够成为国际标准的一部分。美国在《国家标准化战略》中明确指出，要“为了使标准能够更接近地反映美国政府的原则，美国应致力于改进国际标准的工作程序”，并且“为了向其他国家宣传美国技术、标准和过程的价值，可以为这些国家提供外向型计划”，尤其强调把美国的“自愿原则”理念向全世界进行宣传和推广[③]。虽然我国现行的信息化标准与国际标准和发达国家标准还有所差距，而且解决这些差距需要一个长期的过程，但是，一方面，可以

① 梁燕君．发达国家标准体系的特色和启示[J]．标准生活，2009（11）：75.

② 梁燕君．发达国家标准体系的特色和启示[J]．企业标准化，2004，（3）：32-33.

③ 杨辉．美国技术标准战略概览[J]．中国质量技术监督，2008，（2）：64-65.

通过学习和采纳国外的先进标准；另一方面，我国应积极与国际组织联系，参与信息化标准的制定工作。这样不仅可以促进我国的信息化标准水平的提升，而且可以让国际社会颁布的标准能够反映我国现实。因此，我国在制定信息化标准体系时，也应该按照国际需求来制定信息化标准，在此基础上结合本国实际，修改并建立起一系列信息化标准，形成完善的信息化标准体系。

为了进一步促进我国农村信息化标准体系的健康有序发展，发挥信息化标准体系的重要作用，我国应当要更加积极主动地参与到国际标准化活动与事务处理中来，使我国自身在国际标准化系统中的地位和话语权得以巩固和提高。在标准化进程与国际接轨的过程中，必须要坚持“继承、改革与创新”的指导思想①，建立适应于我国基本国情和国内现实需求的标准体系，来适应我国社会经济发展的需要，促进我国社会主义市场经济的进一步发展。

本章小结

本部分阐述了国际信息化标准体系构建的组织部门，分析了国外农村信息化标准体系的发展现状，并试图借鉴国外的经验来构建我国的农村信息化标准体系。虽然我国目前的农村信息化标准体系建设还远远落后于发达国家，但是可以前瞻性地看到我国正在努力参照国际的做法，构建起以标准制定为中心的标准体系。信息领域的标准体系建设是一个新生事物，只有坚持专业的态度，认真对待，农村信息化的标准体系才能逐渐形成；只要坚持实事求是的态度，与时俱进地推进农村信息标准体系建设工作，高效且实用的标准才能建立起来，也才能满足我国农村信息标准化发展的需求。

① http://www.cantonbrand.com/info.aspx?id=3140&cn.

第7章　大数据时代完善农村信息化标准体系建设的途径

大数据时代，信息的流通方式趋向于渠道更广泛，数据更加多元化，涉及领域更多样化。基于信息标准化和农业信息化之间的内在逻辑联系，毫无疑问，信息的标准化是农业信息化重要的保障，进一步说，农业信息化标准体系的合理建设在一定程度上可以提升农业信息化发展的整体水平和效率。从战略角度出发把加快推进信息标准体系建设工作纳入议事日程具有高度的必要性和极强的现实意义。根据当前我国社会进步的阶段性特征，全力构建并日臻形成与农村信息化水平相适应的农村信息化标准体系。

7.1　积极调整大数据时代的农村信息化标准体系建设思路

按照标准体系的基本内容，湖南省可以从组织体系、内容体系和实施体系三个大方面入手。在具体实施时，农村信息化标准体系的形成首先需要理清相应的构建思路，具体思路如下（图7-1）。

第一步：通过学习相关课题的研究成果，为借鉴其理论与方法奠定基础。

第二步：根据相关的标准化方针、方法和政策，应用标准化原理，按照农村信息化标准化对农村信息标准的总需求，构建农村信息标准体系模型。

第三步：以理论模型为依据，确定湖南省农村信息化标准体系建设的组织、内容和实施路径。

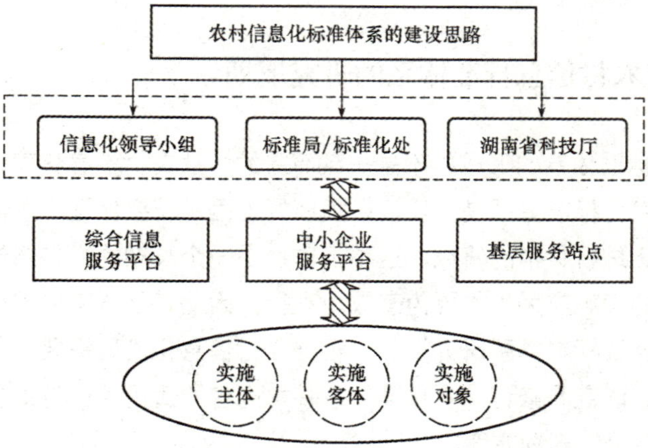

图 7-1　湖南省农村信息化标准体系建设思路

在此过程中，首先，以信息化工作领导小组为主导，以质量监督管理局下设的标准局或标准化处为标准起草、制定单位，以省科技厅为委托单位，共同组成湖南省农村信息化标准体系的组织体系；其次，以技术标准、管理标准和工作标准为类别，针对综合信息服务平台、中小企业服务平台和基层服务站点，形成内容体系；再次，以政府、龙头企业和行业协会为主体，以农户、基层服务站点等为客体，以一定的标准、规范、规程等为实施对象，最终构成农村信息化标准体系的基本框架。

7.2 稳固大数据时代农村信息化标准体系建设的组织体系

7.2.1 建立跨部门的信息化标准研究机构

从我国当前的实践水平来看，农村信息标准化活动中主要存在组织结构松散、资源整合能力不强、保障制度不健全等问题。如果要整合各部门的信息资源，提高资源共享程度，提升农村信息化的效率，就必须从战略的角度，立足于农业信息化整体水平提升的视角高瞻远瞩，重新认识信息标准体系建设在农村信息化建设中的战略性地位。这就急需建立一个由政府部门牵头建设的、由各涉农部门和涉农团体充分参与的农业信息化标准体系研究机构，以统一协调和完善各涉农部门的管理模式、工作内容和信息传递等方面的工作，包括信息获取渠道、加工方式、存储过程、人员培训、岗位设置、部门职责等。力争在满足各个群体现实需求的基础上，研究制定具有一定普适性的、统一的农村信息化标准体系，进而逐步在涉农部门之间建立高效的信息交流共享机制，推进涉农部门之间信息的有效流通，构建农村信息化标准体系的合理化内容，最终实现采用统一的信息技术标准程序，经由对口的工作岗位，依据一定的管理部门来获得的农村信息的在一定范围内高效推广和实施的目的。

7.2.2 制定农村信息标准体系的研究规划

农村信息化标准体系的形成并不是一蹴而就的，从农村信息化建设过程的长期性来看，建设农村信息化标准体系是一项复杂烦琐的工程。若要保证标准体系的合理性和有效性，必然要对之进行科学的研究，这项工作也是一个长期的、持续的过程，它可以使信息化标准体系的实施应用工作更为有效地进行。因此，从国家层面而言，我国必须制定农村信息化标准及标准体系研究规划，根据农村信息化发展需要，适时对农村信息化标准的规范性加以研究和修订，对标准体系基本内容的适用性进行调整，最终形成农村信息化标准体系建设的规划方案。

7.2.3 初步形成农村信息化标准体系建设的指导体系

随着现代农业的飞速发展，尤其是信息技术在农业和农村中的推广应用，其信息化特征趋势越来越明显。所以，为了迅速推广信息技术在农业和农村中的应用，加快现代农业和农村的信息化的建设步伐，有必要从国家层面，在充分探讨现代农村信息化建设的一般性特征基础之上，从农村信息化标准体系建设的组织建设、技术建设、人才建设等方面初步制定相应的指导体系，并由各级政府根据该地区资源禀赋条件，在国家农村信息化标准指导体系的基础上制定与本地农业发展相匹配的信息化标准体系，进一步规范农村信息化标准体系建设的内容。如此一来，既保证了各地区农村信息化建设水平的可比性，又保障了地方信息标准适当的政策制定权，增加了标准应用的灵活性，为进一步形成国家级农村信息化标准体系给予完整的方案和可借鉴的经验。

7.2.4 逐步建立标准体系管理的协调沟通机制

在信息化标准体系建设的过程中，需要信息产业部、工业与信息化部、科学技术部、农业部等政府管理部门的共同参与。由于农村信息化标准体系建设本身是一个从上而下，从高到低的过程，按照管理的纵向层级结构来看，需要建立起农村信息化标准体系沟通的上下级联动机制。也就是说对于农村信息化标准体系建设，需要国家从上到下各级涉农部门的参与，适当提出相关的政策指导，以利于各科研、涉农单位对信息标准化建设研究的开展；从管理的横向结构来讲，需要各层级不同部门的积极参与，以保证农业信息化标准建设体系的有效性和可行性。总而言之，关于农业信息化标准体系建设应该从纵向管理和横向协作两个方面来实现良好的协调和沟通。只有这样，才能尽快解决标准体系建设过程中出现的各种组织性的问题，才能及时修订标准内容体系的不适应性，才能更好地指导农村信息化标准体系的实施和应用。

7.3 完善大数据时代农村信息化标准体系建设的内容体系

信息化标准包括信息术语标准、信息分类与编码标准、信息技术标准和信息管理标准。但由于我国农村信息化标准体系尚处在起步阶段，各标准制定工作还处于起步阶段，农村信息化标准的内容还不规范，全国有效、统一的农村信息化标准体系还没有建立起来，使各地区实施的农村信息化标准内容不统一、标准指标设计不合理、标准不全面、信息描述不规范、标准之间的关联度不大等问题普遍存在。农村信息化标准体系的建立，顾名思义，其目标就是要求各地区标准达到一致性，以便真正实现统一标准本身的意义，实现农村农业自身所追求的经济结果和效益结果。

7.3.1 加快农村信息术语标准的制定

制定农村信息术语，首先，要确定农村信息的基本范畴，信息术语应是信息领域最基本、最常用的概念，应该涵盖农村经济、生活、文化的各个方面。农村信息术语要突出农村信息的专业特征，区别一般的、共性的信息概念，并对其进行规范和科学的界定。其次，用简洁、概括、规范的词语将农村信息概念的属性、特征描述出来，避免出现术语标准的解释含义不清及不规范。再次，农村信息术语标准的制定既要全面，又要能保证其广泛适用性。所以农村信息术语标准本身要立足于农村信息化标准体系本身，保证标准指标设置的全面性。同时，面对全球经济一体化发展的趋势，使得信息标准既能适应国内需求，又能适应国际需求。因此，可在全球范围内对已有的信息术语标准进行恰当的选择，使农业信息术语的确定具有前瞻性地在更大的范围内得以广泛接受和使用。

7.3.2 加快农村信息分类与编码标准的制定

加快农村信息分类与编码体系的研究制定是农村信息标准体系建设的一项重要工作，而国家在信息标准分类与编码标准方面已有相关的指导守则。其目的是保障信息分类与编码标准的规范，目前，关于信息分类与编码标准应遵照《国家经济信息系统建设与应用标准化规范》和《标准化工作导则：信息分类编码编制的基本原理和方法》的规范，建立农村信息分类编码标准。

7.3.3 加快农村信息技术标准的制定

农村信息化技术标准主要是围绕信息技术开发、设备研制和系统建设、信息系统运行、管理而制定的一系列标准。比如在农村信息技术标准方面，国内各级农业部门已经围绕现代农业的发展，开发出多套农业专家系统、农业地理信息系统、农业实时控制系统及农业模型模拟系统。这些系统是相互联系的，互为数据源，如果没有相应的技术规范统一标准，各系统之间就无法顺利地进行信息交换，资源共享的实现机制更无从谈起。农村信息技术标准应根据农村管理的需要以及农村信息化发展的特点有针对性地加以制定。鉴于我国农村信息化水平较低，而已有的信息技术标准主要是针对农业信息技术制定的，农业信息技术只是农村信息技术的一个方面，所以，必须加快农村信息技术标准的制定进程，使得信息技术标准能够涵盖农村经济、社会、文化的各个方面，逐步建立农村信息化数据库，通过该数据库资源的共享，实现信息在不同部门的无障碍沟通。

7.3.4　加快农村信息化工作标准和管理标准的制定

农村信息化标准体系是否协调一致关系到农村信息化建设能否实现互联互通、互操作以及成果共享。其中，农村信息化管理标准应包括农村信息的发布部门、信息标准的管理机构、农村信息的主要领导小组等内容。农村信息化工作标准涉及农村信息化的人员构成、工作职责、工作范围等内容。由于农村信息化标准体系建设涉及的范围广、工作量大，标准的制定不是唯一目的，并不是为了标准而标准，其最终的目标是为了提高经济效益和社会效益，遵循标准规定的技术、工作和管理行为。因此，加快并完善农村信息化的工作标准和管理标准的制定，将为农村信息化技术标准的推进起到后方保障作用。

7.3.5　建立农村信息化标准的研制、修订和维护机制

从一套信息标准产生与演变的时间逻辑视角来看，由于社会发展的信息化水平随着时代的发展而不断发生变化，信息化标准也处于不断发展和变化之中，因此，农村信息标准的制定和修改也必须随着现代社会新信息技术的发展和应用而不断变化。所以，必须建立和完善农村信息化标准的研制、修订和维护机制，实现农村信息化标准的与时俱进。首先，信息标准制定必须具有先行性，面对重大农村信息化工程项目，必须在项目开始之前就制定好相应的标准。当然，制定标准也必须切实符合现实需要，不能盲目地追求先进，脱离现实需求的虚高标准将会导致标准制定和实施成本无谓地增加；其次，要通过信息标准来整合农村内外部的相关信息，建立更加具有综合性和系统性的标准体系，促进更多的信息在农村中得到更广泛的利用；再次，实施过程中要持续不断地对标准加以调整和更新，既要保证标准与时俱进地符合社会现实的需要，又要保证标准的相对稳定性便于实施推广，这就要求专门的机构与专门的经费来进行专项运作；最后，要加强与国际标准化组织和其他西方发达国家的学术交流，学习先进经验，促进我国农村信息化标准体系的建设迈向国际化①。

7.4　强化大数据时代农村信息化标准体系建设的实施体系

目前，由于农村信息化标准体系建设还处于初步阶段，但从全国各省初步对农村信息化标准的研发和应用情况来看，存在着农村信息标准脱离农村实际需求、农村信息标准宣传力度不够、标准化的监管和评估机制缺失等问题，导致农村信息标准实施过程中的实用性不强。

① 陈晓玲．关于推进农业信息标准化的思考[J]．农业经济问题，2006（3）：75-77.

7.4.1 强化农村信息化标准体系建设示范区的作用

由于各地区实施农村信息化标准建设的时间先后不一，全国7个“国家农村农业信息化示范省”中，有些省份的农村信息化建设处于全国的先例水平，如山东省。所以，在农村信息标准体系建设方面，要突出地区的示范作用。一方面，应用现代技术手段，对该地区的先进成功经验进行推广，如制作光盘、远程教学培训等形式，在全国相关的机构进行集中学习，加快推广的速度；另一方面，也可通过实地考察、现场学习结合科研探讨等方式，在加强各地区对农村信息化标准体系建设经验交流的同时，进一步推进信息化标准体系建设及研究进程，不断巩固和完善农村信息化标准体系。

7.4.2 加强农村信息化标准体系建设的宣传力度

为有效避免农村信息化标准体系的标准编制与现实使用的情况脱节，对信息化标准体系进行宣传和培训就显得十分重要。农村信息化标准体系的建设首先应从理念、制度层面实现破旧立新。农村信息化标准体系的构建要牢牢把握强化公众的标准化意识水平这条主线。如何在农业生产实践和农村管理服务中更好地落实呢？各级政府可借助和利用国家标准化战略的研究成果，通过宣传、扶持和示范的手段，让农民、专业大户和龙头企业在真实案例中认识什么是农村信息化的标准，认识什么是农村信息化标准体系，认识到农村信息化标准体系建设可以在节约资源、高效增收和市场销售等方面起到巨大的作用。在建设过程中，要通过潜移默化的方式使农民认识到现代农业的发展绝不能仅限于各自对农业生产进行建设、生产和经营管理，只有通过对农村信息化标准体系建设的认同，农业和农村才能实现现代化的“三高”，即高科技、高标准、高效益，才能实现信息化和信息的标准化。因此，政府应通过宣传和技术引导，保障各类农村信息化标准的贯彻落实与适时革新。

7.4.3 提高农村信息化发展水平

农村信息标准体系建设是农村信息化水平不断提高的动力，农村信息化发展水平的提高又是信息化标准体系建设的反映，两者存在着相辅相成的关系，农村信息化发展水平催生了农村信息化标准体系，而农村信息标准化体系的有效实施促进了农村信息化发展水平。农村信息化发展水平的硬件表现，主要是指农村信息化基础设施的建设。目前农村信息化基础设施建设取得显著发展，主要包括电视、电话、宽带网络设施。我国现在已实现“村村通电话、乡乡能上网”；从电视的使用时间来比较，农村电视的普及率是最高的，基本上实现了一户一电视；同时，随着时代的发展，电话的应用率也不断提升。但是，功能最强大的宽带网络设施却由于各种因素，导致其在农村使用率并未得到有效提升，如电脑价格较贵、网络使用费过高、维护成本过高等。本研究认为农村信息化基础设施是搜集和传播信息的基本条件，是农村信息标准体系建设的重要载体，为保证信息的可达性，必须不断完善农村信息化基础设施：一方面，通过家电下乡、企业赠予、政府补贴等方式，降低电脑等各种网络基础设施的购买和使用成本，尽快促进网络进村进户；另一方面，对于大型的网络基础设施，如移动、联通、电信网络基站的建设，尽快覆盖到全国各地区，尤其是贫困地区，通过政府与企业的联合投入，加快建设步伐，以保障信息传输的通畅，以实现贫困地区的信息与外界的信息对接，从而推动该地区的经济发展；软件建设方面，主要是通过政府或企业为广大农户提供技术支持，让广大农村居民有效利用网络资源，开展生产、生活服务。此外，不断提高农村信息服务人员的服务水平，及时将先进的农业科技技术推广到农户，从而全方面地提高农村信息服务水平。

7.4.4　加快农村信息化标准体系实施的人才队伍建设

农村信息化标准体系从组织建设、标准制定到推广执行整个过程，涉及全国各级系统的信息化相关人员，包括系统开发人员、数据制作人员以及信息化成果推广应用人员和相关标准的研制人员等。人才队伍是标准体系建设和实施的关键因素。完善农村标准体系的人才培养模式，要落实如下几点要求：第一，大力培养标准专业化、人才国际化，强化对ISO/IEC国际标准审议规则等专业知识的认识与把握；第二，改革标准人才培养方式，加强人才培养的效率，采取全新的培训、考核与激励机制来促进人才层次和人才数量的上升。只有这样，才能为我国农村信息化标准体系建设的整体进程打下不可或缺的智库基础。所以，要对不同标准和不同的适用人群建立信息化标准培训机制，定期或不定期开展培训和指导，是保证信息标准化执行的有效保障，也是标准管理的重要环节。农村信息化标准体系建设是一项具有较高技术含量的工作，它需要配备一批符合一定硬性要求的专职工作人员：在品质上必须吃苦耐劳，乐于奉献；在思想上，必须严谨务实、勇于创新；在能力上必须具备过硬的专业知识和一定的沟通、领导能力。对于满足以上要求的人员，在入行之初，就要按照当前的时代要求和科技水平，以提高其专业水平为宗旨，对他们进行专业的技能培训。

7.4.5　加大对农村标准体系建设的资金投入

在科技发展日新月异的今天，任何一项具有独创性的科技成果的诞生都离不开大量物质资源的投入和使用，而信息标准体系的相关研究和实施工作也不例外。要使标准化成果转化为实际生产力，迫切需要各级政府投入大量的物质和资金作为支持和保障，同时要充分调动民间力量的积极性，鼓励企业与民间组织关注农村信息标准建设领域，形成拥有多层次资金渠道的农村信息化标准体系。

农村信息化标准体系从其性质上讲，是一项公共服务，它基本属于公共产品，具有非竞争性和非排他性的特征，主要由政府部门推动对农村信息标准化体系的构建及应用，这就决定了其投入的主体应该是我国的政府部门。在实施过程中，可通过课题招标、课题申报等形式加大对农村信息标准化相关科研的经费投入，通过科技研发项目促进农村信息化标准体系的建设。同时，农村信息化水平也取决于政府部门在农村信息化基础设施、农村信息人才培养等方面的投入水平，是农村信息标准化贯彻实行的重要保障。所以说，必须强调政府部门对农村信息化标准体系的投入责任，并将农村信息化水平纳入到政府部门的绩效考核当中，以促进农村信息化标准体系的建设。另外，要积极引导资金向信息化标准体系建设、信息化标准法律体系构建等方向流动，逐步调动和增强企业和行业对于标准化研究的投入和贡献。

7.4.6 建立与民众需求相对应的农村信息化标准体系

农村信息化标准体系的建设就是为了使来自不同区域的需求者对相关信息实现共享，并能准确把握其内涵，最终将信息使用的结果反馈或者应用到农业生产和农村生活的各个方面，为人类社会的发展提供服务。为了进一步规范发展农村信息化，提高农村信息化水平带动农村现代化、工业化，提高农村信息化标准对农村信息化水平和农业现代化建设的全面支撑作用，应建立与民众需求相对应的农村信息化标准体系的调查机制，根据农户、农业企业和农村信息应用部门对农村信息的需求情况及应用情况，制定相应的农村信息化标准体系，以明确农村信息化标准体系的组织部门，保障农村信息化标准的实用性，推进农村信息化标准体系的实施，使农村信息化标准体系建设能够切实反映农村信息化水平，使农村信息化标准体系建设发挥对现代农业的支撑水平。

7.4.7 形成“公益+市场”的农村信息化标准体系运行机制

作为标准化体系建设的重要组成部分的标准体系的运行是指导标准制定和具体实施的规定性、动态性程序。其效率的高低决定了标准体系建设的成败与否。无论是国外的成功范例还是我国的实践经验都表明：国家引导的自愿性标准运行机制有利于指定农村信息化标准的实施行为，它实质上会提高标准的使用水平。这也是“公益性”的体现。国家信息化标准体系是标准形成和标准服务的相统一，借助于规范性的文本模式，由政府来推动标准的制定，激发标准的实施活性，使之成为国家义务服务的一个成果。另一方面，标准的制定应该面向市场，体现它“市场性”的一面。根据市场需求，针对农民需要，有组织地在公开、公平、透明的环境中制定和讨论修改。通过农村信息化标准体系的建设，建立标准化工作机制，使之适应农村经济社会发展的需要；建立先进的建设标准体系，此体系应包含农村生活、生产需要等；在提高农业和农村一体化信息基础设施水平的基础上，可以增强信息化对现代农业、农村公共服务以及社会管理的支撑能力，充分发展乡村两级信息化服务组织，逐步完善农业、农村信息化可持续发展机制，使现代农业的发展以及社会主义新农村的建设对信息化的需要得到基本满足。

7.4.8　充分发挥农村行业协会的作用

要使行业协会在我国现行的农村信息化标准体系中发挥更大的作用，必须加快行业协会转型的步伐。主要可从以下几个方面入手：一是加快行业协会的体制改革，致力于改变传统的“强政府、弱协会”的失衡格局。加快行业协会与原主管单位脱钩的步伐，进一步落实政社分开的指导思想，重塑行业组织自治在标准化活动中的重要地位和巨大作用。二是要充分发挥企业的自主创新的先导作用，采取必要的激励措施，如对推动行业标准制定及实施工作有突出作为的企业给予一定的奖励和政策优惠，鼓励企业尤其是龙头企业加大技术创新力度和加快企业标准的制定速度，引导在行业内具有技术领先和指导意义的企业标准升级为行业标准。三是在加强行业协会对企业创立自主标准的信息、技术指导和服务的基础上，逐步推进以行业标准为重要补充的农村信息化标准体系的实施①。

7.4.9　健全农村信息化标准体系监督和评估机制

农村信息化标准体系建设的真正价值只有在应用过程中才能实现，从信息标准的应用情况来看，农村信息化标准的实施决定了信息化成果实现的程度，也是衡量农村信息化水平的标准，各级系统互联情况，各类数据库整合情况，都能不同程度地影响到信息化成果是否能够实现管理工作的需求。这就要求当高质量的标准制定完成后，在其实施过程中，必须有强有力的指导、监督、执行和评价机制。特别是，农村信息化标准体系的贯彻落实，需要建立标准化的监管和评估机制。一方面，需要各级机构监督相关部门严格按照农村信息化的标准体系来执行，包括信息产品的标准化、信息收集过程的标准化、信息发布的标准化、信息服务的标准化；另一方面，逐步建立农村信息标准化的评估机制，通过对各地区的农村信息化标准的执行情况进行评估，使农村信息化标准体系的执行部门从内部自觉落实相关政策，保证了标准化在执行过程中的有效性。

---

① 江振林．中国需求方导向标准战略[D].博士论文，浙江大学，2010.

本章小结

在大数据时代，农村信息化标准体系的建设，离不开农村信息化的发展。应在充分发展农村信息化水平基础上，通过农村信息标准化的建设进一步推动农村信息化水平提升，使农村信息化为农村的生产生活服务，产生最大的经济效益与社会效益，推动国民经济发展水平的提高。因此，要从组织体系、内容体系和实施体系三个层面来解决我国农村信息化标准体系建设的问题。尽快建立跨部门的农村信息化标准体系研究机构；加强信息标准化的宣传力度，强化标准意识；加快农村信息标准化的制定进程；不断提高农村信息标准化的实用性；建立“公益+市场”的标准化运行机制；加大对农村标准化建设的投入力度。通过从各方面努力，逐步建立和完善农村信息化标准体系，并加强对其应用推广，使其真正服务于“三农”，并进一步促进农村社会经济的发展。

第8章 大数据时代信息标准体系在农村公共危机防控中的应用

随着科学技术的日益演进和发展，大数据时代已开始覆盖到社会生活的各个方面。它不仅使数据仍然扮演着资源角色，也更深层次地成为一种新的思维方式，引领着新一轮的社会变革。目前，农村作为现代社会发展的基层单位，也毫不例外地面临着这样巨大的变革。“大数据”成为推动农村发展，改变农村传统生活生产方式，提高农村生活水平的重要选择。在农村生产生活中，大数据正通过数字化方式流入到生活中，特别是信息化时代的到来更为农村全方位进步发挥着一定的促进作用。但是，数据仅仅是科技运用的工具，它可以渗透在不同领域，却无法对各个领域内部形成统一的标志，因此需要对数字信息加以规范和制约，这也就是信息化标准在农村社会服务和社会管理中的体现和应用。当前，农村面临着潜在的危机，可能对农村生活造成较大的影响，如何对危机信息进行防控？如何用统一的标准来规范人类的防控行为？这些都成为农村公共危机防控的基本问题。

8.1 机遇：大数据与农村公共危机防控

公共危机是在长期的社会建设与经济发展过程中，各种矛盾和社会问题堆积引起的社会经济现象，一般指的是严重威胁与危害公共利益，并引发社会混乱和人民恐慌，需要以政府为主体的公共部门运用公共权力，整合社会资源加以应对和处理的紧急情况和非常态事件[①]。当前，在我国新农村建设不断推进，城乡一体化趋势日益明显的背景下，农村地区公共危机事件也不断增加，对公共危机的防控和治理不能单靠传统的人、财、物硬性整合而成的一个治理链，如今的公共危机更要依靠新形势下的新技术和新理念，而大数据就成为危机防控和治理的重要依托，它使潜在的信息聚集在一起，构成数据库系统，并使防控手段、方法及决策在数据系统中统一为标准化的整体，以提高公共危机的治理效率。可以说，大数据开启了一次重大的时代转型，也为农村公共危机的预防和控制提供了一个良好的契机，为农村进一步发展创造了条件。

8.1.1 大数据是农村公共危机防控服务标准化的新起点

大数据的大价值体现在数据挖掘（data mining）方面，它为发现大数据价值贡献了

① 夏书章. 行政管理学[M].北京：高等教育出版社，2008：387.

重要方法，往往提供了某种潜在的市场价值或治理方向。

1．大数据引导着社会治理的道路

大数据存在于人们日常生活和社会生活的方方面面，并潜移默化地影响着人们的行为方式和社会治理方式。从广度上看，大数据涵盖了工业、农业和服务业，对社会不同产业的发展产生了深刻影响；在深度上，大数据也影响着人们生产信息和市场信息的获取渠道。对于公共危机治理，大数据的主要意义在于“数据治国”思维和模式的确立[①]。数字化和信息化的大数据治理模式，可以将不同领域的信息进行有效集成，通过对危机信息的挖掘和分析以增强危机及突发事件防控的前瞻性战略能力；采用统一的、标准的方法进行协同治理，能够实现信息跨部门、跨区域共享，实现超越传统的治理模式，也改变着公共危机治理的方法和途径，从而使政府对于公共危机的治理方式和决策模式都做出适应性的改变。

同时，数字化信息化也是当今农村农业发展的主流方向，在信息技术逐渐现代化的条件下，伴随着数字和信息资源的大量使用，农村农业的发展也迎来了大数据时代，特别是在当前日益突出的农村公共危机预防和控制方面，大数据的出现又为潜在的农村危机治理提供了可能。当前，对于农村较复杂的公共危机防控，政府应采用精细化的服务方式，标准化的防控手段，才会为完成防控的核心任务创造有利条件，数据化、信息化、标准化也成为农村公共危机防控的机遇。

2．大数据引领着农村公共危机防控的方向

大数据已经成为农村公共危机防控服务标准化的新起点。它的到来伴随着海量信息的产生，“信息”成为21世纪日益火爆的热门话题。同时，对于信息掌握权的竞争也进入了愈加激烈的状态。谁拥有更多的信息？如何从数据中提炼有用信息？谁更擅长利用信息？怎样运用信息进行判断并实施精准的行动?这些都成为当前不可回避的问题，也是国家治理和政府服务关注的焦点。当前的农村公共危机防控服务已经进入基于信息化管理和规范的精细操作阶段，信息技术的发展使危机防控从平面空间向虚拟立体空间延伸。当政府提供的服务趋向于预警和控制农村公共危机时，统一的信息化标准就成为危机防控的关键因素。因此，在大数据时代，国家和政府只有对此予以高度重视，才会在社会前进、变迁的过程中，使危机防控和治理更吻合于农村的需求。

8.1.2 大数据是农村公共危机防控服务标准化的深度变革

大数据即信息服务将从农村公共危机的防控手段、信息获取、决策过程等方面为农村公共危机的防控带来深度变革。

---

① 贺宝成．“大数据与国家治理”，2014年3月27日，光明网，http：//tech．gmw．cn/2014—03/27/content-10813090．htm．

1．促进防控手段信息化标准化的变革

随着互联网的普及，公共服务主体能够借助网络，为公众提供服务，同时互联网也带来了“信息爆炸”，即海量的信息导致公共危机的受众难以辨识信息真假。但是，在大数据背景下，这种“信息爆炸”现象一定能够被合理有效地使用。通过大数据技术可以对社会内外部的海量数据库进行探索和整合，从中辨识出公共危机可能的发展范围和发展趋势，并对危机的受众做出方向性的指引。它依托一定事件而形成统一规范的信息传递标准，与农村公共危机进行密切融合，打破时间与空间的局限，从更深层次、更广领域促进政府与公众的互助，构建出政府引导、公众参与、双方互动的数据挖掘的危机治理新途径。这一途径将远远超越传统的危机信息上报、信息核实、决策渐进等方式，在统一的标准体系下，运用大数据技术对数据信息进行剖析，并做出危机发生的预测和控制，使农村公共危机防控服务体现出规范化、科学化的新型治理模式，并产生最大价值。

2．促使农村公共危机防控的信息获取方法科学化

农村公共危机涉及的内容较多，既包括农户生产过程中遇到的危机，也包括生活方面可能出现的冲突。而信息获取，特别是公共危机的信息获取是公共服务中最常用的途径，具体包括抽样调查、访谈及问卷调查等。在公共危机爆发前，许多部门会通过随机选择一些代表性的调查地点和对象以获取相应潜在的因素，了解当地的农民、企业或合作社等个人和组织对主要社会问题的看法。虽然调查者在此过程中尽可能选取足够广泛的、真实的数据，以使被调查对象能够具备充分的代表性，但是，在信息资源瞬间变化的时代，传统获取信息的途径已无法满足现有的社会需求。

在大数据时代，危机无时无刻不在，公共服务的信息获取将反映出更高的科学性和客观性。一方面，可以将传统的调查与信息化手段和标准化方法结合起来，调查部门可以通过对大量信息资源进行精准分析，然后准确地将信息推送至终端。凭借大数据储存的数据信息，公共危机防控服务的实施者可以运用系统性的方法对数据进行整合和分析，为后序的服务决策能力奠定基础。信息资源数据挖掘与传统的抽样调查有着实质区别。传统调查主要根据已经设计好的问题收集数据，通过选择合适的样本来显示调查具有代表性，但是，传统调查的前提是先设计出问题框架，如果问题设计的不科学，那么调查结果就会出现偏差，使数据的信度和效度不达标。然而，与传统信息获取途径不同的是，大数据时代的信息标准化则全部运用现实已存在的、不断补充完善的大数据，这些数据通过一定时期的、持续的、全面的调查而得，并直接通过分析得出结果，不会出现问题设计中的主观倾向，最终达到最大可能地充分利用数据。

危机时代的公共服务还将具有相当的时效性。传统的信息获取一般分为两个时间序列，一是公共危机爆发前期，通常会采取普通信息调查来了解和明确一个地区危机的潜在可能性及规律。由于传统的调查统计过程涉及问卷设计、信息采集、数据统计等多个阶

段，导致调查结果一般会滞后于社会发展现状，难以体现即时性。而当前的数据挖掘技术则可以通过专业的分析软件和检索工具进行实时监测，大数据正在弥补传统公共危机防控服务的不足，使农村公共危机防控更具备时效性。二是公共危机爆发中后期，当农村公共危机不可避免地发生时，可以通过对已有信息的精确统计，并予以积极回应，掌握主动权，设置新的决策计划，通过客观真实的、快捷的数据和结果使危机防控高效完成。

3．提升农村公共危机标准化的预测能力

在关于农村公共危机的研究中，危机预警一直都是难以把握的问题。现有的危机治理理论和公共服务理论主要着眼于对重大动态和危机进行预警，但是当前的预警方式常常也会受到来自外部现实的挑战。预警是提升公共服务效果的关键，是减少危机损失的必然，如果公共危机防控服务仅凭借非客观的推测，就有可能达不到效果。而运用大数据、多信息来挖掘分析潜在的危机可能，可以使科学性的手段对危机预警产生积极的效果。因此，信息部门和标准化部门的服务人员亦可能从现在新媒体平台（网络、媒体、新闻）中挖掘信息，并预测发展趋势，使数据化信息化成为服务决策的基石。

信息化支撑中的标准预警系统，将为农村公共危机防控服务的实施引导着高效的决策行为，有助于公共危机的实施更准确。大数据中的信息量可以使基层政府可以从外部环境、农业生产方式、农民生活方式、生产行为等获悉可能的突发状况，通过技术手段预测将要发生的突发性事件，并对已发生的事件进行标准化控制和评估，获得立体、多方位的判断，然后根据预测结果将农村公共服务资源精确地投入其中。

这一切将有助于政府逐步形成用数据挖掘分析问题和用数据治理社会的理念，实现大数据信息化标准化在未来危机决策中的灵活运用，最终实现基于信息化和标准化基础的理性行为决策。

4．强化农村公共危机决策行为的变革

公共危机决策一般包括决策主体、决策客体、决策过程三个方面。公共服务和公共治理中的决策行为可以对农村公共危机的防控起决定性作用。决策主体包括各级政府部门，决策客体是普通公众，决策过程一般指通过已获取的信息对危机的爆发和发展进行定性、制定计划、实施计划、评估的过程。信息标准化背景下的危机防控决策会比传统的危机防控表现得更有效、及时，危机损失也会更小，因为无论从防控服务内容、主体的信息量和决策的科学性等方面，大数据的农村危机防控都会在决策过程中体现出统一性。

大数据背景下的农村公共危机防控模式在决策主体、决策客体和决策过程方面与过去防控行为的区别在于决策特点存在着差异性。信息标准化下的农村公共危机决策行为将更加统一、严谨、细致，一改传统的危机爆发后的行为，而是先将系统化的数据分析作为决策的依据，再由专业人员分析数据特点，最终形成不同种类农村公共危机防控的技术标准和服务标准，这也是政府下一步公共服务的重要决策标准。在此过程中，政府作为决策主体，不一定要亲自进行信息源的收集，还可以对过程进行行业细分，只有这样才能体现出更加专业的大数据优势，使数据的分析结果更有助于决策部门准确地提出公共服务目标，再制定危机防控计划，使农村公共危机治理效果得到提升。

8.2 数据思路：农村公共危机防控服务的信息化标准构成

8.2.1 农村公共危机防控信息标准体系现状

公共危机通常具有前兆不明显、复杂性显著、潜在次生衍生危害巨大、破坏性严重等特点。首先，在危机环境中，多种致灾因子和不同承灾体的相互作用、相互影响，多种因素、多个条件的复合叠加，导致复杂多变、综合性强的突发事件；其次效率与公平、自由与安全、威胁度与成本等各种矛盾冲突，造成危机防控治理过程中应对目标的多元化选择；再次，道德规范、利益博弈、资源分配等因素制约，也影响着危机治理过程中的串联预测预警、公众保护、资源保障等。

正是基于公共危机的上述特点，我国关于公共危机治理的政策和标准建设近几年得到了快速发展。由于无论公共危机的发生地在哪里，都会对公众和全社会产生严重的影响，所以我国没有专门区分农村和城市之间的标准，主要以国家和地方的政策标准为参考。

从国家层面来看，2008年，国务院《特别重大、重大突发公共事件分级标准》中将所有公共危机突发事件划分为四大类，包括自然灾害、事故灾害、公共卫生事件和公共安全事件。2014年5月，在参照《中华人民共和国突发事件应对法》《国家突发事件总体应急预案》等现有相关法律法规、行业标准及规程规范的基础上，我国首个《突发事件基础数据处理标准（缩写EBDPS）》正式发布，包括突发事件基本要素信息、对经济社会影响的信息和数据来源信息三大类。每个大类又具体划分为多个子类。该标准是建设“突发事件数据库”的重要前提与“核心软件”，有助于掌握突发事件风险演化的规律，提升政府对突发事件的应急管理能力[①]。

目前，我国在卫生、气象、安全生产、动物检疫等农村生产生活方面有了一些标准。2003年，国务院颁布了《突发公共卫生事件应急条例》，2004年，国家出台了《中华人民共和国传染病防治法》；针对新发传染病和群体性不明原因疾病，亦制定了相关的指导意见和技术指南，如2009年原卫生部办公厅印发的《人感染猪流感预防控制技术指南（试行）》，2011年卫生部办公厅《关于做好突发事件紧急医疗救援信息报告工作的通知》等，无疑说明了我国在公共卫生事件的政策标准方面所做的努力。除此之外，我国在气象灾害标准方面严格按照要求，已经制定了31项国家标准，146项行业标准及

① http://news.xinhuanet.com/local/2014-05/29/c_1110920535.htm，新华网，2014-5-29.

82项气象相关标准[①]。其中包括：《气象灾害预警信号图标》（GB/T 27962—2011）、《气象灾害分级指标》（DB63/T 372—2011）、《气象灾害 定义与分级》（DB21/T 2014—2012）等。同时，近年来民政部也高度重视减灾救灾的标准建设，先后出台了大量灾害应急管理与救助方面的标准[②]，包括：《自然灾害管理基本术语》（GB/T 26376—2010）、《社会捐助基本术语》（GB/T 24440—2009）、《自然灾害风险管理基本术语》（MZ/T 027—2011）等标准。

这些政策标准在一定程度上减轻了社会可能受到的危机伤害，但在社会改革的道路上，这些并不足以解决当前农村遇到的危机。当前的农村公共危机防控服务，不仅缺少对于农村公共危机事件处置的规范化与标准化操作，缺乏危机信息的整合，并且在规范化与标准化管理上也相对缺乏，这些给危机治理的效率造成了极大的不利影响。因此，构建公共危机防控的信息标准化体系就成为提升农村公共危机治理效率的关键步骤。

8.2.2 农村公共危机防控信息标准体系构建思路

对于公共危机防控信息标准体系框架，过去通常采用二维结构进行描述，该结构可以描述两个维度要素之间的联系。但是，由于一般标准具有对象、级别和内容3个属性，当标准要素在框架空间交汇时，二维结构就不能完全表达出各个标准在体系框架空间中的准确定位，容易发生相互交叉，产生标准不全或者标准重复等情况。

构建农村公共危机防控信息标准体系框架模型的关键思路在于，要保证框架模型既完备又不会过于笼统，使得标准既不会缺失，又避免交叉重复，还可以充分指导实践工作。本文按照国际著名标准化理论与实践家魏尔曼（Verman L C）最早提出的标准体系三维结构理论来构建农村公共危机的标准体系。它不仅包括方法论的内容，还有从国际标准到组织标准各个层次的标准体系，在内容维度也可以根据现实发展的情况进行不断扩充。按此思路构建农村公共危机防控标准体系框架，可以保证体系框架的完备性、系统性及可操作性。

8.2.3 农村公共危机防控信息标准体系构建框架

农村公共危机信息标准体系的设计构建是建立在合法性与合理性一致、现实与发展兼顾、注重流程管理与实证等原则基础上，依照《国家突发公共事件应对法》中对应急处置流程的有关要求，结合公共危机防控工作的特点，将农村公共危机防控的层级维度

---

① 全国气象基本信息标准化技术委员会．[2014-3-16].http：//www.sac346.org.cn/cn/.

② 已发布减灾救灾国家标准和民政行业标准汇总．国家减灾网，[2014-3-16]．http：//www.jianzai.gov.cn/atieles/2e92018235318c5d0135327aeb91009f.html.

分为国际级、国家级、行业级、地方级、企业级五级；类别维度分为自然灾害、群体性事件、公共卫生事件、公共安全事件四类；内容维度分为工作标准、技术标准和管理标准三个部分（图8-1）。

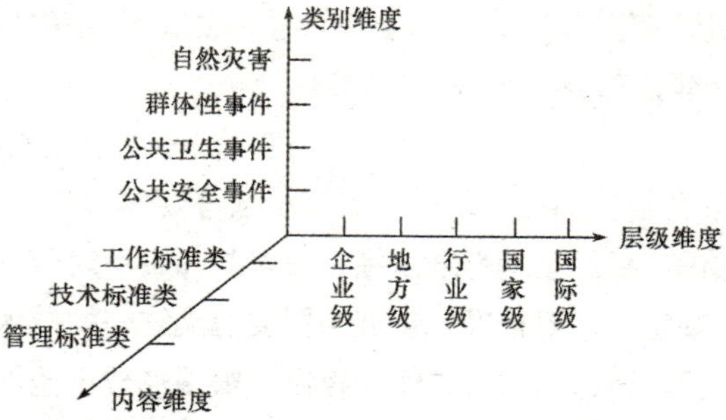

图 8–1　农村公共危机防控信息标准维度

农村公共危机防控信息标准体系框架模型的关键在于解决框架内标准体系的层级维度与内容维度。层级维度须从国际标准、国家标准、地方标准、行业标准和企业标准不同层级的需求分析中，找到符合当前形势发展要求，适用于我国农村公共危机治理的标准，完善与充实标准体系。而标准体系的内容维度来源应从以下几个方面加以考虑（图8-2）。

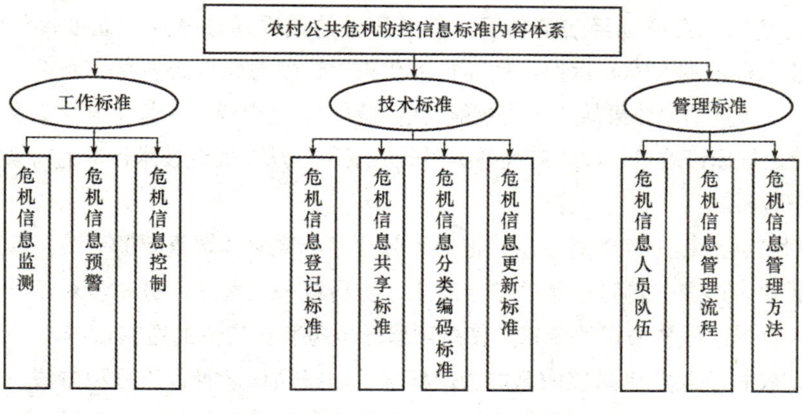

图 8–2　大数据时代农村公共危机防控信息标准

1. 工作标准

工作标准（work standards）在工作进程和许多管理治理活动中都起着重要的作用。工作标准是指在危机到来的事前、事中和事后，从事危机防控的信息人员按照规定完成一定量工作所需的时间。通过预先设定好的方法，使规定的工作定时完成，所以它也被称为时间标准。

农村公共危机防控的信息工作标准是对政府、企业而言，工作标准是以人或人群的工作为对象，对标准化领域中需要协调统一的工作事项制定一系列的标准，并对工作范围、责任、内容以及工作质量等所做的规定。农村公共危机防控的信息工作标准主要是规定危机发生的不同环节里，各个具体危机防控成员在防控活动中应尽的职责和应有的权限，包括危机监测、危机预警和危机控制，对各种阶段工作的量、质、期以及考核要求所做出的规定。危机防控工作的信息标准化管理，主要是确定危机信息的内容，科学制定工作标准，按照标准认真组织实施工作标准。

2. 技术标准

标准能发展成为自主创新的技术基础，大部分源于标准制定者拥有标准中的技术要素、指标及其衍生的知识产权。技术标准是指在日常工作中，对于不断重复的技术性事务在一定范围内加以统一规定的，对标准化领域中需要协调统一的技术事项所制定的标准。它以原创性技术为主，通常通过对核心技术的控制，很快形成排他性的技术垄断，尤其在市场竞争方面，技术标准可以采取是否许可的方式控制竞争对手能否进入市场的行为。

农村公共危机防控的信息技术标准的发展与大数据技术的进步密不可分，包括危机信息登记、共享、编码和更新几个部分。农村公共危机防控的技术标准是促进生产、减少损失、加强信息沟通的一种共同遵守的技术依据。当技术标准还不完美时，制订技术标准的程序就会涉及两个核心问题：制订标准的主体是政府还是企业，或者是第三方？危机防控的技术标准应当“开放式”还是“封闭式”？技术标准以数据、技术和实践经验的整合为基本；在市场经济条件下，科技研发的成果通过一定的途径转化为技术标准，通过技术标准的实施和运用，也即标准化来促进信息化成果转化为防控能力；而在技术标准实施以及信息成果转化为防控能力的过程中，社会信息和反馈又可以反作用于技术标准，使之被修订改进，以适应大数据时代的变革，从而促进技术标准的持续发展。

3. 管理标准

在农村公共危机防控中对信息的把握和管理是标准化领域重要的环节。管理标准即是将许多需要协调统一的管理事项结合起来，进行统一化管理，进一步对每一个工作程序和工作内容提出工作质量的要求，使各项管理业务有更具体的遵循依据。

首先，农村公共危机防控信息的管理标准可以按照信息管理流程和方法，对信息化工作进行协调和完善，它有利于管理标准的有效推行和巩固；其次，农村公共危机防控信息管理标准的制定将使危机信息更有效、顺畅地流通，有利于危机防控管理水平的提高；最后，农村公共危机防控信息的管理标准会涉及人员队伍建设，这有利于信息管理人员素质的提高，为管理人员的具体工作提出了明确的素质要求，也是考核管理人员的重要依据。

8.3 数据战略：农村公共危机防控信息标准化服务的实施

基于大数据的农村公共危机防控服务就是要充分利用信息资源和数据挖掘分析技

术，从对危机类型的细分来优化防控服务流程，进而提升危机治理效果和治理质量，推进危机防控服务工作的标准化。进入21世纪后，我国迅速发展成为全球第二大经济体，但农村的发展相较于国际而言还比较落后，对于农村公共危机的治理也没有形成体系化、统一化的流程。我国传统的农村公共危机防控服务方法主要基于直觉与经验的判断，缺乏科学、细致的评价，缺少完善的、标准化的实施策略。因此，我国农村公共危机防控服务要提升质量，需要借助对数据、信息的分析，以形成标准统一的决策。

8.3.1 提高农村公共危机防控信息标准化的权力

近年来，我国的信息化建设速度与水平不断提高，但在大数据建设方面起步较晚，比较落后。2010年，我国的手机使用率全年新增的数据量只有日本的5/8、欧洲的1/8，不及美国的1/10，到了2011年，我国的互联网用户达到了4.8亿，是美国的2倍，拥有近9亿部手机，用量是美国的三倍[①]。这也说明，我国的数据信息使用载体越来越多，人们对信息的使用程度也越来越高。即便如此，对于政府管理而言，有些公共服务部门还没有意识到信息时代的大变革，在管理和决策风格上仍然坚持传统的科层制度，依赖于由上至下的权威和由下至上的信息传播，导致缺乏相应的科学依据与数据分析。尽管公共危机的防控通过政府和社会的力量也可以建设大数据，但是由于数据的实地性和即时性，因此数据能力建设还需要基层政府将数据权力拓宽，对数据的实行开放与共享。政府服务急切需要树立大数据信息化意识，尽早建立公共服务大数据体系，特别是对于农村社会发展中的公共危机频发的状况，更需要来自社会各角落的信息源大量输送数据信息，并对信息进行标准化管理，通过积极引导相应政府部门和社会组织的力量共同建设并构建农村公共危机防控的大数据体系。随着科技的不断发展，当前，我国各级政府已在信息发布和信息公开层面均设置了相应的信息库。未来，政府还需要继续通过专业组织、机构等建立联系，大力推广我国农村信息数据的使用，努力构建信息标准化的服务模式。

8.3.2 充分发挥大数据标准在公共危机治理中的作用

目前，无论是农村还是城市，公共危机防控和治理手段尚不完善，大部分是基于突发性事件的出现而采取的措施，这种传统的防控和治理还停留在事后的治理和恢复，几乎还没有将大量的信息运用于危机预警中，更谈不上基于大数据技术的危机信息共享，这是因为危机防控缺少了信息的标准化、统一化。在大数据时代，加强基于大数据技术的危机治理，需要对数据信息进行处理和规范。首先，可以通过技术人员对社会基层数据进行挖

① 涂子沛.大数据：正在到来的数据革命以及它如何改变政府、商业与我们的生活[M].桂林：广西师范大学出版社，2012:315-317.

掘，充分了解各地区的信息资源，以统一的数据标准，构建成统一的信息标准体系，建设基于大数据技术的农村公共危机预警系统。其次，通过监测系统的预警和标准化分析，通过标准数据监测系统预测不同地区即将发生的、潜在的事件，甚至于利用大数据技术对社会舆情进行充分的客观分析，做好前瞻性应对，这可以使危机有效转化为公众能接受的能量，有助于我国各级政府做出应对预案，为农村公共危机提出有效的解决方案。

8.3.3 借助大数据技术变革农村公共危机防控决策模式

农村公共危机防控和治理如果要真正发挥有效作用，必须变革防控的决策模式，改变决策行为。在现代决策系统中，要逐步改变传统的基于经验和直觉的旧模式，建立起依赖大数据技术和信息化标准共同辅助的新模式。首先，我国的农村公共危机防控决策机构需要真正树立大数据意识，树立“数据治国”理念。这一理念将促使农村公共危机防控决策者更加追求决策的前瞻性、精准性、时效性。其次，需要通过信息技术人员的专业分析和数据挖掘，使危机决策者通过平时的收集，真正获得准确的、有用的信息。从而，可以在农村公共危机防控决策机构内部构建专门的技术分析机构，系统地对农村公共危机数据进行跟踪与分析。同时，政府作为主要的危机决策部门，不仅要在平时注重收集各地区的社会、经济、政治信息，还要将农村里的生产生活信息都尽可能地收集起来，并将所有信息结合到一起，构建成为一个专有的危机防控信息库，使决策者或者决策机构通过这个信息库，利用大数据挖掘提供技术分析服务，为潜在的危机或已发生的危机做出正确的判断，只有这样，我国的农村公共危机防控决策才会形成更加坚实可靠的技术基础。

本章小结

在大数据时代，“数据治理”“信息化管理”“标准化服务”已经成为社会发展趋势，它们对于农村公共危机防控效果的提升发挥着重要作用。大数据不仅可以推动当今农村公共危机治理模式的变革，还有利于关于农村公共危机防控标准化和防控效果的调查方法的科学化，进一步提高农村公共危机防控的预警能力和治理效果。同时，大数据还将促进农村公共危机防控决策思维、决策过程、决策行为的改进和完善，推动决策的数据化、标准化与精细化。对我国农村而言，加强农村公共危机防控大数据的数据获取权力已成为必然，我国不仅要充分发挥政府和社会力量共同构建大数据体系，对具体服务进行信息标准化管理，更要对大数据建设和信息获取渠道进行协调。此外，政府还需要积极推动大数据时代的农村公共危机防控和治理，运用大数据技术对重大危机、突发性事件和非常规事件做好精确分析，逐步建立有效的监测预警系统，努力做到大数据条件下的信息实时分析、及时决策、标准化应对及有效治理。

第9章　结论与展望

9.1　结论

本文全面分析了国内外信息化标准的现状，在农村信息化标准体系建设基本理论的基础上，分析了大数据时代农村信息化标准体系建设的目标和思路，并构建了大数据时代农村信息化标准体系的框架，通过实证方法阐述了农村信息化标准体系建设的现状及问题，将上四分位数法作为标准指标的一项重要运用，对湖南省农村信息化标准体系建设的原因进行了分析，并将之运用到具体领域，即农村公共危机防控和治理领域中，形成了农村公共危机防控的信息标准体系，最后提出了完善我国农村公共危机信息化标准体系建设的战略选择。本研究为农村公共危机信息化标准体系的标准制定和实施提供了有效的支持，主要研究结论总结如下。

9.1.1　深化了大数据时代农村公共危机信息化标准体系建设的目标和思路

通过阐述国内外的研究和发展现状，确定文章行文思路及研究方法，深入认识大数据时代农村公共危机信息化标准体系内涵，指出了大数据时代农村信息化标准建设以标准化理论、公共品理论、系统理论、信息资源规划理论和“双螺旋结构”理论为基本原理。在此基础上，明确了农村公共危机信息化标准体系具有指引、制约、组织、传播、调节的功能，指出在大数据时代建设农村公共危机信息化标准体系可以提高信息接受者对先进技术信息的获取，减少信息不对称，可以为建立我国农村信息化标准提供技术支撑。正确地选择农村公共危机信息化标准体系的目标、思路、理论方法以及全面地分析信息化的内容，对于农村公共危机信息化标准体系建设具有重要的意义。农村公共危机信息化标准体系构建的目标，从纵向来说，大数据时代农村公共危机信息化标准体系建设的目标包括：政府供给目标、经济发展目标、社会需求目标；从横向来看，大数据时代农村公共危机信息化标准体系建设的目标就是农村公共危机信息化标准体系中的各项标准、规范、制度等之间应达成统一协调发展。本研究还提出我国农村公共危机信息化标准体系的总体思路可总结为：大数据时代农村公共危机信息化标准体系的建设首先是在传统农业的基础上，发展现代农业发展，加快社会主义新农村建设，在市场机制的引导下，使农业增产、农民增收，建立并优化农村公共危机信息化标准体系，完善其系统功能，通过农业信息化过程中对龙头企业和农民专业合作经济组织进行信息化培训，促进他们积极主动地接受农村信息化标准，并将农村信息标准和实施推广落到实处，使农业、农村经济的可持续发展得到实现。因此，大数据时代农村公共危机信息化标准体系的建设是政府提升农村公共服务和社会管理水平的应有之义。

9.1.2 构建了大数据时代农村公共危机信息化标准体系的基本内容

我国大数据时代农村公共危机信息化标准体系建设要以系统性、科学性、兼容性、统一性、阶梯发展性等原则为准则，采用分类、层次构建、应用过程、三维坐标等方法，形成农村公共危机信息化标准体系建设的理论模型，总结出我国在大数据时代农村公共危机信息化标准体系建设应完善三个方面构建，包括组织体系、内容体系和实施体系三个方面。内容体系从技术标准、工作标准、管理标准三个方面阐述，技术标准体系包括基础设施技术类、信息资源技术类、信息共性技术类、应用体系技术类、应用服务技术类、信息安全管理类、信息化工程管理类、信息化文档管理类、信息化服务管理类等；农村信息化工作标准体系分为机构工作标准、岗位工作标准、通用工作标准、其他工作标准等；农村信息化管理标准包括针对不同载体的管理，如信息化领导小组、综合信息服务平台、中小企业服务平台和基层服务站点。

9.1.3 阐述了大数据时代农村公共危机信息化标准体系建设的成就与问题

本研究对我国大数据时代农村公共危机信息化标准体系建设的现状及存在的问题进行了深入的分析和总结。由于党和国家高度重视信息化的发展，我国国内农村公共危机信息化标准体系建设取得了一定的成就，农村信息服务机构得到了不断的加强，基层信息服务站点数量得到了扩增，信息服务平台建设在大力推进。最重要的是关于农村农业信息化的标准数量也不断上升，截止到2014年4月，我国已制定农村农业信息化地方标准13个，应该说这是该领域标准制定的根本性进步，同时，信息化标准的组织体系日益稳固，内容体系开始形成，“政策标准”发挥着重要作用。然而，取得成就的同时也出现了许多的问题，通过对我国31个省市直辖市所制定的关于农村信息化的政策和标准进行研究发现，在标准体系建设方面，包括标准数量不足、地区差异较大、标准制定修订速度过慢等；在标准体系内容方面，包括内容不全面、信息的描述缺少统一规定、部分标准之间互不关联等；在标准体系的实施和评估方面，包括标准体系建设战略不明确、管理缺乏有效的协调沟通、实施基础不扎实、实用性不高、标准化政策缺乏有效整合，主体未发挥作用等众多问题。

9.1.4 分析了大数据时代农村公共危机信息化标准体系建设的影响因素

本文以公共品理论、系统理论和信息资源规划理论为基础，提出了农村公共危机信息化标准体系建设影响因素问题，构建了湖南省农村公共危机信息化标准体系建设的指标体系，并运用DEMATEL模型和Tobit模型对湖南省118个县（市）的农村信息化标准的内生性、外生性变量进行了影响因素分析，得出了以下研究结论：对于影响农村信息化标准实施的内生性和外生性因素而言，二者都在一定意义上影响着农村信息化标准的建设实施。所有内生性变量在农村公共危机信息化标准体系建设过程中的重要程度有所差异，但“移动电话运营商信息平台服务用户数量”是目前影响农村公共危机信息化标准体系的中心问题，是最值得关注的内容；不同因素对农村信息化标准建设也有显著影响，信息服务热线、建立政府网站的乡镇个数、农村党员干部现代远程教育系统正常使用的村、配备电脑的农民合作社的数量、县级农业类电视广播节目播出时间、门户网站月均更新信息条数、信息服务业从业人员比重、乡镇综合信息服务站发布信息条数等因素都属于原因因素，对农村公共危机信息化标准体系起着直接的作用；对于影响农村公共危机信息化标准体系建设的外生性因素而言，农民受教育平均年限、年末总人口、行政村平均人口数、农民家庭纯收入、城镇化水平这五个因素在一定水平上呈显著相关。

9.1.5 构建了大数据时代系统化的地方标准文本

标准的制定是体系形成的核心。湖南省按照国家农村农业信息化示范省建设的实施方案要求，结合湖南省农村农业信息化建设的实际情况，课题组组员共同完成制定了不同层级、不同地域的51个地方标准文本。随后，在标准体系构建过程中，在湖南省质量技术监督局标准化处指导下，组织国内相关专家进行标准文本论证评审，并进行了修正。依据湖南省农村农业信息化的发展要求，重新修订了标准体系。按照“一体两翼”的规划，即一个综合信息服务平台，“百万农户、万家企业”两个服务对象，从服务平台直接链接到基层服务站点的扁平化服务模式，制定了关于领导小组、服务平台和基层服务站点的10个地方标准，包括领导小组的管理工作标准、综合信息服务平台及中小企业服务平台的管理、工作和技术标准、基层服务站点的管理、工作和技术标准。目前这些标准正准备接受相关部门的认证。

9.1.6 提出了大数据时代农村公共危机信息化标准体系建设的完善策略

依据我国农村公共危机信息化标准体系建设的具体情况及湖南省的现状和问题，借鉴了国外农村信息化发展的特点及成功经验，主要包括：要将对农村公共危机信息化标准体系建设的认识提升到一个非常重要的高度；借鉴其他国家信息化组织形式，建立多层次的组织结构；形成多元化的标准制定部门；加强信息化各方资金投入渠道的整合；完善现有法规政策，加快农村公共危机信息化标准体系建设；积极参与农村信息化标准建设的跨国交流，注重我国信息化标准的国际化发展。通过启示，从农村公共危机信息化标准体系的三个子体系建设方面，提出完善我国农村公共危机信息化标准体系建设的途径主要有：建立跨部门的信息标准研究机构；加强农村信息化标准的宣传力度，强化标准化意识，应从理念、制度层面实现破旧立新，建立适应市场经济的标准化运行机制，加大对标准化活动的投入力度，加强标准化队伍的建设；建立和完善信息标准的研制、更新和维护机制，促进我国农业信息标准与国际接轨的发展进程；充分发挥行业协会等社会第三方组织的作用，加快我国行业协会转型的步伐。

9.2 研究展望

大数据时代农村信息化标准体系研究是一项烦琐的、系统的、宏大的工作，涉及的领域很多。本文虽然对大数据时代农村信息化标准建设过程中的现状和影响因素进行了研究，但只能是一个初步的成果，笔者未来准备研究的问题集中在以下几点。

9.2.1 大数据时代实施评估的可行性推进

本文重点在大数据时代农村信息化标准体系建设的现状及存在问题、内生和外生性影响因素与实现途径等方面开展了系列研究，虽然也借鉴了国内外关于农村信息化标准体系建设的成功经验，但是由于这类的研究并不多，加之前期研究的局限性，所以对农村信息化标准体系建设的实施评估的研究关注度不够，研究也不充分，今后仍需要进行更多实践探索，在研究示范、推广及评估等方面做更多的工作。

9.2.2 大数据时代标准体系框架的权威性选择

虽然大数据时代农村信息化标准体系建设已经有一些国家和研究机构提出了各自的方案，但还没有形成统一的标准，这将会给农村信息化标准体系的后续研究带来较大的阻力与困扰。因此，在农村信息化标准体系研究的过程中，必须要根据科学的理论选择相对权威、具备可操作性的体系构架。

9.2.3 大数据时代内容分析的广泛性研究

由于条件的限制，在运用DEMATEL模型和Tobit模型对大数据时代农村信息化标准体系建设的内生性和外生性影响因素进行探讨时，只考虑了湖南省118个县（区），虽然这些县（区）能够较全面且具有代表性地体现湖南省农村信息化标准体系建设的基本情况，但是，由于我国地域广，各地区经济、社会发展差异较大，如果想建立一套适合于全国的标准体系，还需在后续研究中更全面广泛地在全国范围内展开相关研究，并持续地开展农村信息化标准体系建设的研究，以更好地反映我国农村信息化标准体系建设情况，促进我国农村信息化标准体系建设的快速稳定发展。

附　录

湖南省标准体系制定过程中，根据国家批准的农村农业信息化的实施方案要求，在湖南省质量技术监督局标准化处指导下，组织国内相关专家进行标准文本论证评审，并进行了修正。目前，依据湖南省农村农业信息化的发展要求，重新修订了标准体系。按照“一体两翼”的规划，即一个综合信息服务平台，“百万农户、万家企业”两个服务对象，扁平化地制定了关于领导小组、服务平台和基层服务站点的10个地方标准，包括领导小组的管理工作标准、综合信息服务平台及中小企业服务平台的管理、工作和技术标准，基层服务站点的管理、工作和技术标准，如下表：

标准对象	标准名称
领导小组	领导小组管理工作标准
综合服务平台	湖南省国家农村农业信息化综合服务平台技术标准
	湖南省国家农村农业信息化综合服务平台工作标准
	湖南省国家农村农业信息化综合服务平台管理标准
中小企业服务平台	湖南省国家农村农业信息化中小企业服务平台技术标准
	湖南省国家农村农业信息化中小企业服务平台工作标准
	湖南省国家农村农业信息化中小企业服务平台管理标准
基层服务站点	湖南省国家农村农业信息化基层服务站点技术标准
	湖南省国家农村农业信息化基层服务站点工作标准
	湖南省国家农村农业信息化基层服务站点管理标准

由于标准的数量众多，本处只列出了基层服务站点的相关标准，如下：

ICS
00/09

DB

湖南省国家农村农业信息化示范省建设地方标准

DB43/T XXX－2014

湖南省农村农业信息化示范省建设
基层服务站点技术标准

2014—XX—XX发布　　　　2015—XX—XX实施

湖南省科技厅　　湖南农业大学　　发布

目 次

前 言

为促进湖南省农村农业信息化示范工程建设，本着“统一领导，统一规划，统一标准，整合资源”的指导思想，按照技术合理，方便实用，便于理解，易于操作的原则制定本标准，以确保长株潭农村农业信息化系统整合提升、高效实用和稳定安全。

本规范主要包括湖南省基层站点信息化示范工程基础设施、共享技术、平台技术和安全技术等基层技术标准内容。

本标准由湖南省科技厅提出并归口。

本标准起草单位：湖南农业大学。

本标准主要起草人：略。

本标准于2014年×月×日首次发布。

本标准由湖南省科技厅负责解释。

湖南省农村农业信息化示范省建设基层站点技术标准

1　范围

本标准包含湖南省农村农业信息化基层服务站点示范工程建设的基础设施、资源共享、平台建设、安全防范等方面的村级技术标准，适用于基层服务站点信息化示范建设中的村级层面。

2　规范性引用文件

下列文件中的条款通过本标准的引用而成为本标准的条款。凡是注日期的引用文件，其随后所有单（不包括勘误的内容）或修订版均不适用于本标准。然而，鼓励根据本标准达成协议的各方研究是否可使用这些文件的最新版。凡是不注日期的引用文件，其最新版本适用于本标准。

GB/T 2260—1999	《中华人民共和国行政区划代码》
湖南省国家农村农业信息化示范省建设试点工作领导小组	《湖南省国家农村农业信息化示范省建设实施方案》
湖南省人民代表大会常务委员会	《湖南省信息化条例》
湖南省科技厅、湖南农业大学	《长株潭区“三网融合、三产融合”农村农业信息化示范工程建设技术标准》
工信部、农业部、科技部、商业部、文化部	《农村农业信息化行动计划（2010—2012年）》
GB/T 15237.1—2000	《术语工作　词汇　第1部分：理论与应用》
GB/T 2887—2011	《计算机场地通用规范》
GB 50174—2008	《电子信息系统机房设计规范》
YD/T 5040—2005	《通信电源设备安装工程设计规范》

idt ISO 7498:1984	《信息处理系统开放系统互连基本参考模型》
YD 5121－2010	《通信线路工程验收规范》
YD/T 838.1	《数字通信用对绞/星绞对称电缆》
ISO/IEC IS11801	《用户建筑综合布线》
ANSIFDDI	《光纤分布式数据接口高速局域网标准》
ANSITPDDI	《铜线分布式数据接口高速局域网标准》
IEEE802.3	《CSAM/CD接口方式》
IEEE802.5	《令牌环接口方式》
TSB－67UTP	《布线系统传输性能测试标准》

3 术语

本规范采用下列定义。凡在本规范中使用但未定义的术语按相关国家标准或规范解释，无相关国家标准或规范的，按学术界惯例解释。

3.1 村级综合信息服务站整合配套建设

按照“共建一座庙，各烧各的香”的村级综合信息服务站整合思路，为了尽快建立村级综合信息服务站的建设，整合，运行模式，采取“先建一座庙，再请各家神”的模式，即先建设再整合的方式来建设村级综合信息服务站，以打消各部门对整合的疑虑。

3.2 设备

是指用于连接至网络的物理实体。包括：计算机、集线器、交换机、网桥、路由器、网关、网络接口卡（NIC）、无线接入点（WAP）、打印机和调制解调器等。

3.3 场所

是基层站点从事具体服务的地点，可以借助于农村专业合作组织、村支部等地方。

3.4 信息员

具备一定的电脑知识、文化水平相对较高、服务意识，思想活跃、乐与接受新知识和事物、拥有良好的服务精神的专业人才。

4 具体标准

湖南省国家农村农业信息化示范省基层信息服务站点建设要达到“六个一”标准和要求，即：一处固定场所、一套信息设备、一名信息科技特派员、一套培训制度、一套管理制度和一个长效机制。

4.1 一处固定场所

基层信息服务站点要因地制宜，根据现有条件，利用原有的店铺、活动场所、办事大厅等为固定的服务场所。服务示范站点要具备防火防盗等安全防护措施，有统一的标识并配备信息公告栏，实用便民。

4.2 一套信息设备

每个基层信息服务站点至少配备一部电话、一台接入互联网的电脑以及摄像头、麦克风等。有条件的地方可以配置电视机、机顶盒、打印机、投影仪、数码相机、触摸屏等设备，也可以利用大喇叭、大屏幕显示等方式扩大信息传播途径。

4.3 一名信息科技特派员

每个基层信息服务站点要配备1～2名信息科技特派员。可由掌握信息技术操作技能的村干部、大学生村干部、科技特派员、种养殖大户、农民经纪人、农业技术推广员、龙头企业的专业技术人员等兼职担任，有条件的地方可设专职信息科技特派员。

4.4 一套培训制度

为基层信息服务站点信息员制定一套培训制度，统一编制、配发培训教材，定期开展专业知识、操作技能等方面的培训，提高信息员综合素质，便于示范站点的日常管理、维护。

4.5 一套管理制度

基层信息服务站点要制定安全保卫、服务登记、服务项目公示、定时开放、设备管理、信息采集上报、信息科技特派员职责等方面的管理制度。每项制度都要具有针对性、可操作性，保证落实到位。

4.6 一个长效机制

基层信息服务站点应有稳定的资金保证机制，所需资金主要用于服务站点建设、运行维护、信息员报酬等方面。要积极争取专项资金支持，充分利用政府、企业和社会等各方面的资金。鼓励公益性服务与有偿性服务相结合，推行“技、物、信”一体化服务模式，探索“公益+市场”的长效机制。

ICS

00/09

DB

湖南省国家农村农业信息化示范省建设地方标准

DB43/T XXX－2014

湖南省农村农业信息化示范省建设
基层服务站点工作标准

2014—XX—XX发布　　2015—XX—XX实施

湖南省科技厅　　湖南农业大学　　发布

目 次

前　言

为了规范国家农村农业信息化示范建设，特制定本标准。

本标准的附录A为规范性附录。

本标准由湖南省科技厅提出并归口。

本标准起草单位：湖南农业大学。

本标准主要起草人：略。

湖南省农村农业信息化示范工程基层站点工作标准

1 范围

本部分给出了湖南省国家农村农业信息化建设基层站点的岗位设置、人员管理、工作内容、实施管理的基本要求。

本部分适用于我省国家农村农业信息化基层站点示范建设。

2 规范性引用文件

下列文件中的条款通过本标准的引用而成为本标准的条款。凡是注日期的引用文件，其随后所有单（不包括勘误的内容）或修订版均不适用于本标准。然而，鼓励根据本标准达成协议的各方研究是否可使用这些文件的最新版。凡是不注日期的引用文件，其最新版本适用于本标准。

（1）GB/T 4754国民经济行业分类与代码

（2）GB/T 12366（所有部分）综合标准化工作导则

（3）GB/T 20000（所有部分）标准化工作指南

（4）GB/T 20001（所有部分）标准编写规则

（5）GB/T 20002（所有部分）标准中特定内容的起草

（6）GB/T 12366.3—1990 综合标准化工作导则农业产品综合标准化一般要求

（7）《计算机信息系统国际联网保密管理规定》

（8）《计算机病毒防治管理办法》

（9）国务院《推进“三网融合，三产融合”的总体方案》

（10）工信部、农业部、科技部、商业部、文化部《农村农业信息化行动计划（2010—2012年）》

（11）湖南省国家农村农业信息化示范省建设试点工作领导小组《湖南省国家农村农业信息化示范省建设实施方案》

（12）湖南省人民代表大会常务委员会《湖南省信息化条例》

（13）湖南省人民政府 《湖南省人民政府关于加快推进“三网融合，三产融合”试点工作的意见》

3 术语和定义

本标准采用以下术语和定义。

3.1 工作标准（Duty standard）

对农业信息化标准领域中需要协调统一的工作事项所制定的标准。

注：“工作事项”主要指在执行相应管理标准和技术标准时与工作岗位的职责、岗位人员基本技能、工作内容、要求与方法、检查与考核等有关的重复性事物的概念。

3.2 信息服务（Information service）

信息服务是指通过研究用户、组织用户、组织服务，将有价值的信息传递给用户，最终帮助用户解决问题。从这一意义上看，信息服务实际上是传播信息、交流信息，实现信息增值的一项活动，包括良种服务、农资服务、农技服务、培训服务、信息服务、流通服务等方面的内容。

3.3 监督（Supervise）

对信息化建设工程中或某一特定环节、过程进行监视、督促和管理，使其结果能达到预定的目标。

4 总则

长株潭区国家农村农业信息化基层站点示范建设应遵从以下原则：

——具备专业的信息服务人才队伍；

——符合相关制度和法规。

5 机构设置

建设基层信息服务站：以村党支部、龙头企业、专业合作组织、农业科技园区（基地）等为依托，建立村信息服务点，主要帮助农民查询、下载、发布信息。

6 岗位设置

6.1 信息员

每个基层信息服务站点要配备1～2名信息员，同时兼任广播员。可由掌握信息技术操作技能的村干部、大学生村干部、科技特派员、种养殖大户、农民经纪人、农业技术推广员、龙头企业的专业技术人员等兼职担任，有条件的地方可设专职信息科技特派员。

6.1.1 职责与权限

负责为农户提供解决生产中实际问题的信息服务，服务方式相对灵活，收集、上传、下载农村农业综合信息；为本地政府领导和涉农部门提供服务；直接面向农村用户服务。

6.1.2 工作内容与要求

6.1.2.1 负责村级信息服务平台的管理及维护，每周进行一次数据软备份，每两周进行一次数据硬备份，确保各类数据的安全，保证系统的安全正常运行。

6.1.2.2 监察、发布各类信息，做好网上文件的整理工作及网络内容的更新。

6.1.2.3 负责建立上级单位与本地农户的联系，配合有关部门做好宣传工作。

6.1.2.4 负责收集、整理当地农业信息，发布上级信息。

6.1.2.5 负责设备规格及配置单、网络管理记录、网络运行记录、网络检修记录等资料备份。

6.1.2.6 负责用户账号的管理，提供包括开户、修改、暂停、注销等服务。

6.1.2.7 注册进入省农村农业信息化综合服务平台。

7 工作流程

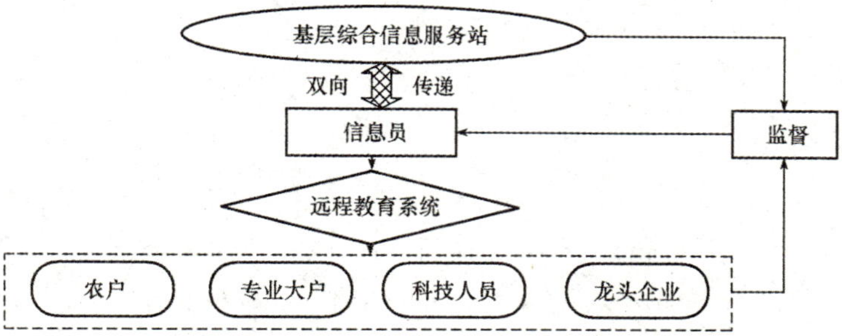

8 检查与考核

8.1 由上级相关领导按照此标准进行检查。

8.2 考核工作由上级领导在每年年底依据本标准进行考核。

8.3 将信息化工作纳入基层年度综合考核。

ICS
00/09

DB

湖南省国家农村农业信息化示范省建设地方标准

DB43/T XXX－2014

湖南省农村农业信息化示范省建设基层服务站点技术标准

2014—XX—XX发布　　　　2015—XX—XX实施

湖南省科技厅　　湖南农业大学　　发布

目　录

前 言

为促进我省农村农业信息化的发展，根据国家有关规定，对我省基层服务站点示范建设项目实行规范管理，避免重复建设，发挥资金使用效益，达到资源共享、互联互通、突出应用效果和便于推广应用的目标，结合本省实际，制定本标准，为基层服务站点建设提供指导。

为加强农村农业信息化示范省建设的管理，特制定本标准。

本标准由湖南省科技厅提出并归口。

本标准起草单位：湖南农业大学。

本标准主要起草人：略。

本标准于2014年×月×日首次发布。

本标准由湖南省科技厅负责解释。

湖南省农村农业信息化示范省建设基层站点管理标准

1　范围

本规范主要包括长株潭“三网融合，三产融合”信息化示范工程建设管理原则、管理范围、管理机构与职责、村级综合信息服务站点建设与管理、信息员队伍建设与人员培训、配套管理制度等方面的内容，适用于长株潭村级农村农业信息化示范建设。

2　规范性引用文件

下列标准所包含的内容，通过本标准的引用而构成本标准的组成部分。本标准出版时，所示版本均为有效。所有标准都会被修订，使用本标准时应探讨使用下列标准最新版本的可能性。

（1）国务院《推进“三网融合，三产融合”的总体方案》

（2）湖南省国家农村农业信息化示范省建设试点工作领导小组《湖南省国家农村农业信息化示范省建设实施方案》

（3）湖南省人民代表大会常务委员会《湖南省信息化条例》

（4）工信部、农业部、科技部、商业部、文化部《农村农业信息化行动计划（2010—2012年）》

（5）国务院“三网融合，三产融合”工作协调小组办公室《关于“三网融合，三产融合”试点工作有关问题的通知》

（6）湖南省人民政府《湖南省人民政府关于加快推进“三网融合，三产融合”试点工作的意见》

3　术语

本规范采用下列定义。凡在本规范中使用但未定义的术语按相关国家标准或规范解释，无相关国家标准或规范的，按学术界惯例解释。

3.1　村级综合信息服务站

以农村党员干部现代远程教育网络基层服务站为主体，通过场地和设备共享、数据资源共享、人员共享，整合省经信委、省农业厅、省卫生厅、省文化厅、省商务厅、省广电局、省气象局、省供销社、湖南电信等部门和单位的农村信息服务站点资源，建设“多站合一、多员合一、一站多能、多模式服务”的村级信息综合服务站。

3.2　村级信息员队伍

村级信息员是村级综合信息服务站点正常运行的重要保障，由工作认真、责任心强、熟悉本村情况、具有一定微机操作能力的人员担任或兼任，从科技特派员、大学生村干部、村支两委、一村一大、回乡优秀青年（含退伍军人、返乡创业民工）、回乡退休干部与科技人员、村级教师等中选拔，做到“多员合一”。

4　管理原则

基层站点建设管理应遵从以下原则：

——科学规划，统筹协调；

——资源整合，共建共享；

——服务全局，服务民生；

——符合相关制度和法规，适合公共管理的特点。

5　管理范围

基层站点建设管理工作主要包括：

组织村级农村农业信息化示范站点建设与日常管理；

组织村干部、党员、农业龙头企业、农民专业合作社、种养大户、农村经纪人、农民参加县乡开展的农村农业信息化培训；

制定村级综合信息服务站点配套管理制度。

6　管理机构及职责

6.1　从村支两委干部中确定一名同志担任行政村信息化建设主管领导，专门负责本村信息化建设的工作。

6.2 基本职责：

6.2.1 积极了解和掌握“农村信息化”政策和相关知识，协助推进农村电子政务到组应用示范、农村广播电视互动节目入户工程应用示范及农村开展宽带互联网接入服务工作。

6.2.2 村支两委主要干部能操作计算机和熟练操作村级综合信息服务平台，能利用该平台有效地进行村务管理和向群众提供方便的信息咨询服务。

7 基层信息服务站点建设与管理

7.1 村委会提供一间独立房间作为村级综合信息服务站点用房。

7.2 站房内配置的电脑、打印机、电脑桌椅等设备和设施，由村委会管理，建设期间由建设单位维护。

8 信息员队伍建设与人员培训

8.1 村级综合信息服务点至少配备一名专兼职信息员。村级信息员由工作认真、责任心强、熟悉村本情况、具有一定微机操作能力的人员担任或兼任，从科技特派员、大学生村干部、村支两委、一村一大、回乡优秀青年（含退伍军人、返乡创业民工）、回乡退休干部与科技人员、村级教师等中选拔。负责村级综合信息服务站的日常管理和维护。

8.2 按照湖南省国家农村农业信息员队伍建设相关要求，对国家农村农业信息员统一编制、配发培训教材，定期开展专业知识、操作技能等方面的培训，提高信息员综合素质，便于示范站点的日常管理、维护。信息员必须参加培训，并取得资格证书。

8.3 组织村干部、党员、农业龙头企业、农民专业合作社、种养大户、农村经纪人、农民参加县乡政府及相关部门组织的农村农业信息化培训。

9 配套管理制度

规范农村农业信息化示范村管理制度，制定《村级综合信息服务站工作职责》《信息员工作职责》《计算机网络管理办法》《计算机网络保密管理制度》《计算机机房管理制度》等。

参考文献

[1] 安森东．区域性农业信息化建设模式研究[D].中国海洋大学，2011.

[2] 白列湖．协同论与管理协同理论[J].甘肃社会科学，2007（5）.

[3] 曹光祥，李金林，等．标准体系的使用期的模型与分析[J].数据统计与管理，2006（1）.

[4] 曹学章，唐晓燕，张更生．开发建设中生态保护与恢复标准体系研究[J].生态与农村环境学报，2008（4）.

[5] 曹寅．全唐诗（748卷）[M].上海：上海古籍出版社，1986.

[6] 陈晓华．推进农业信息化促进现代农业发展[J].农村工作通讯，2010（12）.

[7] 陈晓玲．关于推进农业信息标准化的思考[J].农业经济问题，2006（3）.

[8] 陈振明．政策科学：公共政策分析导论[M].2版.北京：中国人民大学出版社，2004.

[9] 陈仲常，张峥．我国地方政府公共财政支出效率的影响因素分析——基于DEA-Tobit模型的实证研究[J].南京财经大学学报，2011（5）.

[10] 成燕辉．符合共享和一致性原则的地理信息标准体系研究[D].博士论文，武汉大学，2005.

[11] 丁疆辉，刘卫东，吴建民．农村信息化空间作用的影响因素与影响机理[J].地域研究与开发，2012，31（6）.

[12] 杜璟，李道亮，陈英义．我国农村信息化影响因素的关系结构分析[J].江西农业学报，2013（7）.

[13] 房崇珺，李旭辉．安徽省农村信息化体系构建影响因素分析[J].农业网络信息，2011（9）.

[14] 冯根福，李再扬，姚树洁．信息产业标准的形成机制及其效率研究[J].中国工业经济，2006（1）.

[15] [美]冯•贝塔朗菲．一般系统论：基础、发展和应用[M].北京：清华大学出版社，1987.

[16] 逄征虎，王益谊，白殿一．英国标准学会（BSI）技术组织的体系结构[J].世界标准化与质量管理，2007（1）.

[17] 符少辉，刘纯阳．湖南农业史[M].长沙：湖南人民出版社，2012.

[18] 傅兵，曹卫星．美国农业信息化的特点与启示[J].江苏农业科学，2006（6）.

[19] 傅柯萌．国外信息资源标准现状研究[J].情报杂志，2012（1）.

[20] 高复先．信息资源规划——信息化建设基础工程[M].北京：清华大学出版，2002.

[21] 高培勇．公共经济学[M].北京：中国人民大学出版社，2010.
[22] 高齐圣，路兰．农产品质量安全影响因素分析—— 基于DEMATEL和QFD方法[J].复杂系统与复杂性科学，2013（3）.
[23] 高万林．新农村信息化探索[M].北京：中国农业大学出版社，2011.
[24] 高显连，彭松波．全国森林资源管理信息化标准体系研究[J].林业资源管理，2008（2）.
[25] 葛宝山，李军．中国农业信息化发展影响因素辨识及系统分析[J].农业图书情报学刊，2007（9）.
[26] 关欣，乔小勇，等．信息化发展对科技进步的影响作用机理及地区性差异研究——基于我国内地31个省（直辖市、自治区）的面板数据[J].科技进步与对策，2013（7）.
[27] 郭淡泊，雷家骕，等．国家创新体系效率及影响因素研究—— 基于DEA-Tobit两步法的分析[J].清华大学学报（哲学社会科学版），2012（2）.
[28] 郭婧，等．农业信息化“最后一公里”问题的典型调研与分析[J].河北农业大学学报（农林教育版），2006（4）.
[29] 郭庆旺，赵志耘．财政学[M].北京：中国人民大学出版社，2002.
[30] 郭新宇，赵春江，王素英．数字农业信息标准研究[J].农业信息科学，2005，Vol. 21No.5.
[31] 郭新宇，赵春江，王素英．数字农业信息标准研究[J].中国农学通报，2005（5）.
[32] 郭新宇．初析农业信息标准化[J].中国标准化，2001（11）.
[33] 郭永田．试论发展农村信息化[J].农业经济问题，2007（1）.
[34] 国家标准化管理委员会．农业标准化[S].北京：中国计量出版社，2004.
[35] 国家信息技术安全研究中心，美国信息安全标准化组织体制研究[J].信息网络安全，2009（8）.
[36] 郝春荣．辽宁市农业标准化的工作实践与思考[J].农业经济，2005（11）.
[37] 何振，周伟．电子政务信息资源共建共享的基石—— 信息标准化问题分析[J].情报理论与实践，2005（6）.
[38] 侯倩茹，林阳，郭鹏飞．我国农业信息化现状及对策研究[J].中国农业信息，2011（3）.
[39] 胡大平，陶飞．农村信息化建设的基本内涵及解决对策[J].科技进步与对策，2005（3）.
[40] 黄景文．信息安全风险因素的DEMATEL识别[J].情报杂志，2007（9）.
[41] 贾善刚．农业信息化与农业经济发展[J].农业经济问题，1999（2）.
[42] 蒋勇，罗利平，祁春节．现代农村综合信息服务模式设计及制度安排—— 基于湖北省的实证分析[J].情报杂志，2010（3）.

[43] 解志勇，崔晓婧．德国信息安全法概况及研究[J].信息网络安全，2009（8）.
[44] 金雪军，等．提高国际竞争力的技术标准体系战略研究—— 以浙江省为例[M].浙江：浙江大学出版社，2006.
[45] 景东升，毕思文．数字人体信息标准化体系和内容研究[J].中国医学影像技术，2003，19（204）.
[46] 李傲霜，张冬青．3G在我国农业信息化建设中应用策略研究[J].黑龙江史志，2011（17）.
[47] 李春田．标准化概论[M].5版.北京：中国人民大学出版社，2010.
[48] 李春田．标准化概论[M].4版.北京：中国人民大学出版社，2007.
[49] 李春田．现代标准化方法——综合标准化[M].北京：中国质检出版社，2012.
[50] 李道亮．农村信息化与数字农业[M].北京：中国建筑工业出版社，2010.
[51] 李道亮．农业信息资源开发利用[J].中国信息界，2008（6）.
[52] 李道亮．现代农业与农业信息化[J].中国信息界，2008（5）.
[53] 李道亮．中国农村信息化发展报告（2008）[M].北京：电子工业出版社，2008.
[54] 李道亮．中国农村信息化发展报告（2011）[M].北京：电子工业出版社，2011.
[55] 李鑫，袁锋．农业标准体系结构研究初探[J].世界标准化质量管理，2003（11）.
[56] 李燕华，等．全面建设小康社会的基石—— 农业信息化[J].统计与决策，2004（9）.
[57] 李燕凌，甄苗．农村信息化公共服务中农户需求满意度研究[J].中国行政管理，2013（10）.
[58] 李燕凌．农村公共品供给效率论[M].北京：中国社会科学出版社，2007.
[59] 李燕凌．农村科技服务与管理[M].北京：高等教育出版社，2011.
[60] 李燕凌．企业社会责任研究[M].北京：人民出版社，2005.
[61] 李燕凌．县乡政府财政支农支出效率的实证分析[J].经济研究，2011（10）.
[62] 李中东，孙焕．基于DEMATEL的不同类型技术对农产品质量安全影响效应的实证分析[J].中国农村经济，2011（3）.
[63] 郦晶，朱海鹏，等．农业信息化标准分类方法研究[J].安徽农业科学，2007（31）.
[64] 梁菲．行政服务标准体系构建及应用研究[D].博士论文，山东大学，2012（10）.
[65] 梁敬东．我国新农村信息化建设现状、内涵与技术对策[J].南京农业大学学报，2006（9）.
[66] 廖桂平，等．湖南农业农村信息化现状与发展[J].情报杂志，2011（2）.
[67] 林青，孙黎莹．交通行业信息标准体系表的研究[J].交通标准化，1999（1）.
[68] 林宁．全国信息技术标准化技术委员会采用国际标准工作经验[J].信息技术与标准化，2008（4）.

[69] 林万龙．经济发展水平制约下的城乡公共产品统筹供给[J].中国农村观察，2005（2）.
[70] 林毅夫．信息化——经济增长新源泉[J].科技与企业，2003（8）.
[71] 林中，周超．湖南省农业信息化发展现状调查研究[J].现代农业科技，2012（4）.
[72] 刘继芬．德国农业信息化的现状和发展趋势[J].世界农业，2003（10）.
[73] 刘丽伟．农业信息化与农业经济增长[M].沈阳：东北大学出版社，2009.
[74] 刘世洪，胡海燕，郦晶，等．农业信息化标准体系框架研究[J].农业网络信息，2006（2）.
[75] 刘世洪．论我国农村信息化可持续发展的战略任务[J].农业图书情报学，2005（2）.
[76] 刘世洪，等．农业信息化标准体系框架研究[J].农业网络信息，2006（2）.
[77] 刘玮，李燕凌．科技创新成果转化与产业链发展[J].科学管理研究，2014（1）.
[78] 刘玮，李燕凌．县域农业信息化发展水平评价研究[J].江苏农业科学，2014（5）.
[79] 刘晓利．吉林省农业标准化问题研究[D].博士论文，吉林农业大学，2012（06）.
[80] 卢新璞，吴明．北京市外来农村流动人口家庭医疗支出的影响因素—— 模型方法[J].北京大学学报，2010（10）.
[81] 马莉，邬莎莎，等．煤炭行业信息化标准体系研究[J].煤炭工程，2010（12）：115.
[82] 农业部农村社会事业发展中心，农业标准化理论与实践[M].北京：中国农业出版社，2011.
[83] 普朗克．世界物理图景的统一性.转引自黎鸣．试论唯物辩证法的拟化形式[J].中国社会科学，1981（3）.
[84] 钱巍，盛苏伦．农业信息资源开发和利用的标准体系探讨[J].信息技术，2006（6）.
[85] 钱学森，许国志，王寿云．组织管理的技术——系统工程[N].文汇报，1978.9.27.
[86] 秦向阳，等．中国农村信息化研究[M].贵阳：贵州人民出版社，2010.
[87] [英]桑德斯．标准化的目的与原理[M].北京：科学技术文献出版社，1974.
[88] 舒辉．技术标准战略关键影响因素的识别与分析[J].软科学，2011（8）.
[89] 松浦四郎．工业标准化原理[M].北京：技术标准出版社，1972.
[90] 宋燕华，施韶亭，由源清．我国农村信息化发展影响因素分析[J].图书与情报，2012（4）.
[91] 苏俊斌．信息技术标准的社会形成[J].中国数字电视，2007（5）.
[92] 孙冰．企业自主创新动力系统的协同论解释[J].商业经济与管理，2008（4）.
[93] 田文勇，张会嵥，李冬梅．实施农业标准化生产行为的影响因素分析—— 基于四川省种植类农民专业合作社的实证研究[J].开发研究，2013（4）.

[94] 涂俊，吴贵生．基于DEA-Tobit两步法的区域农业创新系统评价及分析[J].数量经济技术经济研究，2006（4）.

[95] 王恒玉．甘肃农业信息基础设施建设问题研究[J].开发研究，2005（3）.

[96] 王军霞，崔晓红，温江．浅议我国农业信息化建设的对策[J].内蒙古农业科技，2005（B12）.

[97] 王来．农村信息化发展“最后一公里”问题浅议[J].农业科技管理，2011（3）.

[98] 王明，杨书源．对我国信息化水平测度方法的思考[J].情报杂志，2005（1）.

[99] 王朋．英国标准协会和英国标准战略框架[J].全球科技经济瞭望，2005（1）.

[100] 王生辉，张京红．网络化产业中的技术标准战略[J].科学管理研究，2004（4）.

[101] 王淑芹，丁玲，段建军．我国农业信息化发展探析[J].现代化农业，2009（9）.

[102] 王伟．医学信息学[M].北京：高等教育出版社，2006.

[103] 王益兵．都柏林核心元数据集的特点[J].兰台世界，2005（3）.

[104] 王正瑄．农村信息化知识读本[M].哈尔滨：哈尔滨地图出版社，2008.

[105] 维纳.控制论[M].2版.郝季仁，译．北京：科学出版社，1963.

[106] 魏凤，等．基于计量学的技术标准体系布局及方法研究—— 以太阳能技术标准为例[J].科技管理研究，2011（6）.

[107] 魏清凤．农业网络信息资源现状与标准化思考[J].农业图书情报学刊，2008（3）.

[108] 魏延栋，史亚军．北京都市型现代农业标准体系建设研究[J].中国农学通报，2010（14）.

[109] 文立玉．信息标准技术研究与信息安全法律研究[D].博士论文，成都：电子科技大学，2005.

[110] 吴棉国，林彦铨．大力推进甘蔗标准化体系建设的对策及建议[J].中国农学通报，2011.

[111] 吴志刚．我国信息化标准体系建设的思考[J].信息技术与标准化，2005（8）.

[112] 肖黎，刘纯阳．发达国家农业信息化建设的成功经验[J].新农村，2011（9）.

[113] 谢方，等．农业信息到户“最后一公里”问题探讨[J].西北农林科技大学学报（社会科学版），2005（4）.

[114] 谢伟．标准竞争的特点和信息产业[J].软科学，2004.18（4）.

[115] 谢翔燕，刘雪涛，吴慧敏．北京市标准体系建设研究[J].中国标准化，2007（7）.

[116] 邢立强．数据标准化框架研究[J].世界标准化与质量管理，2007（12）.

[117] 徐金杰，武忠．基于AHP和DEMATEL法的技术创新网络知识转移研究—— 以江苏省风电产业技术创新联盟为例[J].情报杂志，2012（9）.

[118] 徐明华，史瑶瑶．技术标准形成的影响因素分析及其对我国ICT产业标准战略的启示[J].科学学与科学技术管理，2007（9）.

[119] 徐晓雯．中国政府科技投入经验研究与实证研究[M].上海：上海三联书店，2011.
[120] 许国志．系统科学[M].上海：上海科技教育出版社，2012.
[121] 许合先，常静．从技术标准竞争影响因素看我国通信产业TD -SCDMA标准推广策略[J].科学管理研究，2008（6）.
[122] 杨春时，邵光远，刘伟民，等．系统论、信息论、控制论浅说[M].北京：中国广播电视出版社，1987.
[123] 杨国才．农业农村信息化云服务平台集成关键技术研究[D].博士论文，西南大学，2011.
[124] 杨辉．浅议我国信息标准体系的完善[J].信息化建设，2008（9）.
[125] 杨曙辉，宋天庆．加速标准化建设，促进农业科持续发展—— 大理州农业标准化建设的实践与思考[J].产业与科技论坛，2008（2）.
[126] 杨思洛，韩瑞珍．美国的信息标准及其对我国的启示[J].中国信息导报，2004（10）.
[127] 岳高峰，张成宇．浅析标准体系的原理和基本概念[J].中国标准化，2011（11）.
[128] 岳高峰，赵祖明，邢立强．标准化理论与实务[M].北京：中国计量出版社，2011.
[129] 曾小红，王强，方佳．国内外农业信息标准化建设研究进展[J].世界农业，2010（9）.
[130] 张洪程．农业标准化概论[M]，北京：中国农业出版社，2004.
[131] 张家麟等．论农村信息化建设与我国农村可持续发展[J].农业科技管理，2006（2）.
[132] 张立新．试论农业和农村信息化建设[J].农业经济，2011（2）.
[133] 张五常．高斯的灯塔，卖桔者言（增订本）[M].香港：花千树出版有限公司，2000.
[134] 张勇，宋名顺．标准化是改变农业弱质性的必然选择—— 浙江省农业标准体系构建的思考[J].商业研究，2005（3）.
[135] 张玉香．关于加强农业信息化、标准化和市场化建设的思考[J].农业经济问题，2005（9）.
[136] 张燏．我国农业服务信息化分析[J].中国农业信息，2012（5）.
[137] 张召华，雷玲．陕西农业生产效率评价以及影响因素分析—— 基于DEA -Tobit两步法[J].农机化研究，2011（5）.
[138] 章家恩，陈建军，骆世明．我国农业标准化发展面临的机遇、挑战及其战略思考[J].农业现代化研究，2004（3）.
[139] 章玲，周德群，汤建影．基于DEMATEL方法的高等教育教学质量影响因素分析[J].南京航空航天大学学报（社会科学版），2009（3）.

[140] 赵春江．数字农业信息标准研究-作物卷[M].北京：中国农业出版社，2004.1-3.
[141] 赵苹．我国农业信息的标准化建设[J].管理世界，2002（5）：88-90.
[142] 郑建明．信息化指标构建理论及测试分析研究[J].中国社会科学出版社，2011.
[143] 郑鹰．美国国家标准化协会（ANSI）[J].世界标准化与质量管理，2002（2）.
[144] 中国标准化研究院．国家标准体系建设研究[M].北京：中国标准出版社，2007.
[145] 中国工程院信息与电子工程学部．中国信息化持续发展战略研究[M].科学技术文献出版，2007.
[146] 中国社会科学院语言研究所词典编辑室．《现代汉语词典》[M].5版.北京：商务印书馆，2005.
[147] 钟太洋，黄贤金，张秀英，等．基于Tobit模型的农户层次农业土地用途变更分析[J]，水土保持通报，2008（10）.
[148] 钟义信，舒华杰，吕廷杰．信息化水平测度的新方法（CIIC）[M].北京：经济科学出版社，2001.
[149] 钟义信．信息科学[J].自然杂志，1979（3）.
[150] 周宏仁．信息化论[M].北京：人民出版社，2008.
[151] 周清明，李燕凌，吴松江．政府效能与行政体制[M].湖南：湖南人民出版社，2012.
[152] 周三多，陈传明，鲁明泓．管理学—— 原理与方法[M].3版.上海：复旦大学出版社，1999.
[153] 朱帮助，吴万水等．基于超效率DEA的中国省际能源效率评价[J].数学的实践与认识，2013（5）.
[154] 朱虹，等．我国信息分类编码标准研究综述及展望[J]，标准与标准化研究，标准科学，2011（11）.
[155] 朱金周．以信息化带动新农村建设的思考[J]，人民邮电，2007.
[156] Alvin Toffler, The Third Wave, Bantam Books ISBN 0-553-24698-4, 1980
[157] ArrowK.J..Social Choice and Individual Valuea[M],New York:Wiley,1951
[158] B.S.Blackmore, "An Introduction of Precision Farming" ,Outlook on Agriculture, Vol.23, No.4,1994.
[159] Berg, M., standardization in action: Achieving local Universality through medicalprotocols, Social Studies of science, 1997, 27（2）:273-305
[160] Black,Duncan.On the Rationale of Group Decision Making[J].Journal of Political Economy,1948,56:23-24
[161] Blind K. Driving Forces for the Introduction of Quality Standards in Innovative Services Company: an Empirical Analysis for Germany,Technological Forecasting and Social Change, New York: American Elsevier Publications Co. , 2003, 29-44

[162] Buchanan, James M., “Breton and Weldon on Public Goods”, The Canadian Journal of Economics and Political Sci-ence / Revue canadienne d’Economique et de Science politique, vol.33, 1967, pp.111-115.

[163] Buntin M B,Zaslavsky AM.Too much ado about two-part models and transformation? Comparing methods of modeling medicare ex-penditures [J].J Health Econ, 2004, 23（3）:525 -542.

[164] Carl Shapiro, Hal R. Varian, The art of standards wars, California Management Review, 1999, 41（2）: 8-32

[165] Clarke, Edward H., “Multipart Pricing of Public Goods”, Public Choice, vol.11, 1971, pp.17-33.

[166] Claude.E.Shannon:The Mathematical Theory of Communication[J].BSTJ, 1948, Vol.47

[167] CLEMENTS M T. Inefficient Adoption of Technological Standard: In-ertia and Momentum Revisited . Economic Inquiry, 2005, 43（3）: 50-518

[168] David Just and David Zilberman, Information Systems in Agriculture, Giannini Foundation of Agricultural Economics, 3-6

[169] David.Somenevv standards of the economics of standardization in the information age, in. PDasugPta & RStoneman（eds） Economic Policy and Tehcnologieal Peorfmrnaee[M]. Cambridge University Press.1987

[170] De Vries. Stnndardization: A Business App roach to the Role of Nmional Standards Organizations Schweizer Fran2 ken: Kluwer Academil Publishers, 1 999

[171] Demsetz, H., “The Private Production of Public Goods”, Journal of law and Economics, vol.13, 1970, pp.293-306.

[172] Dianne Church, Problems in the Midst of Plenty（Information Series on Current Topics）, Development of information systems for apiculture, report of an APO study meeting, American Agriculture, 25, February 6th, March, 1992

[173] Disco C., Meulne B., Getting New Technologies Together: Studies in Making Sociatechnical order, London: Water de Gruyter,1998

[174] Dosi,Giovnani.Technological Paradigms and technological trajectories[J].Research Policy,1982,11:85-93.

[175] Downs,Anthony.AnEconomic Theory of Democracy[M].New York:Harper& Row, 1957

[176] Egyedi T., Shaping Standardization: A Study of Standards Processes and Standards Policies in the Field of Telematics Services: Dissertation for Ph.D.,Amsterdam; Delft University, 1996

[177] Feng P., Studying standardization: a review of the literature. In: Standardization and Innovation in Information Technology, Burnaby: IEEE, 2003. 99-112.

[178] GoerkeL,M.Holler.Voting on Standardization[J].PublicChoice.1995,83:337~351.

[179] Golinski J., Making Natural knowledge: Constructivism and the History of Science, Cambridge: Cambridge University Press, 1998.

[180] Gregory Tassey.The role of govemment in supporting measurement standards for high-tehcnology indusrites [J].Researhc Policy Volume11（1982）,5:311-320.

[181] Hawkins.R. Determining the Significance of Industrial Standards as Indicators of Technical Change,Science Policy Research Unit final report, Brighton:University of Sussex,1996,1.

[182] Helgesson C F , Hulten S, Puffert D J.Standards as institutions:problems with creating all-European standards for terminal equipment.Groenewegen J Pitelis C Sjostrand.On Economic Institutions.Edward Edgar Publishing, 1995:162-184.

[183] Henk de Vries, A Business Approach to the Role of National Standardization Organizations [M], Kluwer Academic Publishers, 1999.

[184] Holt D A, Sonka.S T.Virtual, agriculture: Developing and transferring agricultural technology in the 21st century [EB/OL].http://www.agr.uiuc.edu/virtagl.html,2003.

[185] Hori, Shinichiro and Shimizu, Yujiro: Designing Methods of Human Interface for Supervisory Control Systems, Control Engineering Practice, 7:1413-1419,1999.

[186] http://www.informationr.net/ir/13-2/paper343.html.

[187] J. Gaillard , Industrial Standardization: Its Principles and Applications[M].1934,H. W. Wilson Co. New York.

[188] John Gaillard,Industrial Standardization:It’ s Principle and APPlication,the H.W.Wilson ComPany.,1934.

[189] Johns Wilson.Advancing the WTO Agenda on Trade and Standards:A Developing Country Voice in the Debate [R].The World Bank.2001:3-8.

[190] Jon Holt.Paul Meneillis, The role of systerms engineering in global standardlisation, 2006

[191] Kindlebergre. Standards as Public,Collective and Private Goods[J].Kyklos,1983, Vol.36, 377-397.

[192] Kreutzer,RalfThomas. Marketing-Mix Standardization: An Integrated Approach in Global Marketing. European Journal of Marketing, 22（10）, 1988, 19-29.

[193] Kursat Demiryurek, Huseyin Erdem, Vedat Ceyhan, Savas Atasever and Osman Uysal, Agricultural information systems and communication networks: the case of dairy farmers in the Samsun province of Turkey.

[194] L.Brillouin.Science and Information Theory[M].New York:Academic Press Inc, 1956.

[195] Loconto A, Busch L. Standards, techno-economic networks, and playing fields: Performing the global market economy. Review of International Political Economy, 2010, 17（3）: 507-536.

[196] Musgrave,Richard A.,The Theory of Public Finance[M],New York:McGraw-Hill, 1959,p.44.

[197] Norbert Wiener.Cyberbetics and Society[M].Houghton Mifflin Company, 1950.

[198] Peter Grindle. Standards Strategy and Policy:Casesand Stories[M].oxofrd:Oxoford University Press,1995.Chpater 2:Framework for Standards Strateg.

[199] Rober P.C, Rust, R.H.etc.Precision Agriculture. ASA-CSSA-SSSA, 2009.

[200] ROBERT H ALLEN, RAM D SRIRAM. The Role of standard in in-novation. Technological Forecasting and Social Change, 2000, 64（2-3）: 171-181.

[201] Robin Mansell and Uta When, Knowledge Societies: Information Technology for Sustainable Development, Oxford University Press, 1998.

[202] Samuelson P. A., "Aspects of Public Expenditure Theories", The Review of Economics and Statistics, vol.40,1958, pp.332-335.

[203] Shapiro, C. and H. R. Varian.The art of standards wars, Califomia Management Review,1999, 4 1（2）, 8-32.

[204] ShiPP JL.Clarlce ND, Jarvis WR.Expert system for integrated crop management of green house cucumber[J]. Bulletin-OILB-SROP, 1992, 16（2）:149-152.

[205] Sinn, H. -W.The Subsidiarity Principle and Market Failure in Systems Competition, Dissussion Paper NO. 1 03MVnchen: 1 996. CES（Center for Ecnomic Studies）.

[206] Swann.The Economics of Standardization,Final RePort for Standards and Technical Regulations Directorate De- Partment of Trade and Industries.2000.

[207] Tideman, T. Nicolaus and Tullock, Gordon, "A New and Superior Process for Making Social Choices", Journal of Po-litica1 Economy, vol.84, 1976, pp.1145-1160.

[208] Tiebout, Charles M., "A Pure Theory of Local Expenditure", Journal of Politica1 Economy, vol.64, 1956, pp.416-424.

[209] Tom Dave. Performance Management and Measurement in Small Comities. Government Finance Review. 2009, 2: 54-59.

[210] William A. Darity, Jr.International Encyclopedia of the Social Sciences . Macmillan Reference USA , 2008.

后　记

本书即将付梓，心中涌动无尽感慨。作研究的旅程总是既短暂又漫长，短暂是因为知识积累的不足，漫长是因为毅力考验的艰辛。当一字一句跃然纸上，当多份修改稿存于电脑中时，思绪良多。我虽只是学术领域的一颗小砂砾，却对学问有着神圣的敬仰之心。湘中之地，唯楚有才，唯恐自己的懒散和不足会成为本学科的瑕疵，因此，只有时刻铭记“盛年不再来，一日难再晨”，努力鞭策自己向着更广泛的阅读和思考迈进。

在长达四年的博士学习生涯结束后，我耗费至少一年以上的时间对自己的研究成果作进一步深化研究。非常有幸参与到我的导师李燕凌教授主持的国家社科基金重大项目“突发性动物疫情公共危机演化机理及应急公共政策研究”之中，即以大数据为背景展开农村公共危机防控信息化标准建设研究工作。众所周知，在大数据时代背景下，农村公共危机治理不能再单纯依靠传统的管理手段，而要与信息、数据相联系，整合为一个可持续的体系，这种体系更需要一个标准规范来约束。围绕大数据时代农村信息化标准体系建设这一问题，本书与大多数研究的不同之处在于，它论证了大数据时代农村信息化标准体系建设的现状和影响因素。当前大数据背景下农村信息化标准体系是一个“集大成的综合系统”，从“应然”角度来看，它可以围绕组织体系、内容体系和实施体系三个方面加以构建，其中将内容体系按照“三维结构”归纳为技术标准、工作标准和管理标准，最终形成一套完整的标准体系；从“实然”角度来看，由于农村信息化标准体系建设与数据信息之间密不可分，是基层政府、农民、企业、社团依赖各自的信息源共同营造出的多元化体系，所以，它无疑是政府公共服务的重要组成部分，但它的发展和建设也会受到来自社会外部和体系内部建设的根本影响。正是基于实然与应然之间的差异，本书才试图在现实基础上来构建适合社会发展、推动农村现代化建设的标准体系，并将之具体应用于农村公共危机领域的推广。

“饮其流者怀其源，学其成时念吾师”。本书的完成离不开导师李燕凌教授的教诲和指导。恩师在我从事研究的过程中花费了大量心血，从选题到结论，从构思框架到整个撰写过程，多次给予我悉心指导。在定稿阶段，恩师对我谆谆善诱、常以鞭策、精心指导、严格把关，甚至在病床上还指导我进行修改，并提出大量宝贵意见。恩师深邃睿智的科研方法、创新型的思维方式和严谨务实的治学态度，以及“望之俨然、即之也温”的学者风范，都是我今后治学和做人的楷模，这份师恩无以为报，只能道声“谢谢老师”。同时，还要感谢师母李立清教授，李教授不仅仅在生活上给予了我许多关怀，在学术研究方面，也指导着我慢慢进步，将我这个定量研究方面的“门外汉”引入定量研究的门槛，深表感激！

特别感谢农业科技服务与管理博士点领衔人周清明教授。周教授不仅是博士点的导师，还是本校的书记，工作非常之繁忙，但是周教授在百忙之中常常抽空利用课堂、学术讲座等方式给我们讲解知识，传授科研方法，给予专门的指导。博士生导师、湖南农业大学校长符少辉研究员在我博士论文研究的每个环节，都给予我悉心的指导、坦诚的批评，使我受益匪浅。在研究过程中，我还经常向中国农业科学院信息化研究所的刘世洪教授进行专业知识方面的请教，刘老师不厌其烦，哪怕在夜深时，也会对我的疑问进行网络答疑解惑。博士班的同学吴松江、胡扬名、熊春林、张胜利、丁彦、邬玉香等，学院的领导徐合奎书记、张云英副院长等都给予我许多热忱帮助和关心。与此同时，我的家人、我的孩子，他们在情感上给我的安慰和支持正是本书得以完成的后方保障。在此一并表示感谢！本书写作历时三年，前后又多次修改，个别修改首尾难全，或出现遗漏与错误，在本著出版之后，作者仍期待同行的批评、指教，以匡悖谬。

本书是国家社科基金重大委托项目“突发性动物疫情公共危机演化机理及应急公共政策研究”（11&ZD171）的阶段性成果，并得到了湖南省高校科技创新团队“农村公共危机演化机理与防控政策”、湖南农业大学公共管理“十二五”省级重点学科的资助。本书的出版得到了湖南农业大学生公共管理与法学学院的资助，在此表示最真挚的谢意。最后还要衷心感谢北京理工大学出版社的编辑老师对本书的最后校对和精心设计。在此一并感谢。

刘　玮

2015.11